中國學術思想 研究輯刊

二三編

林慶彰 主編

第 7 冊

張湛《列子注》與道家思想

周美吟 著

花木蘭文化出版社

國家圖書館出版品預行編目資料

張湛《列子注》與道家思想／周美吟 著 — 初版 — 新北市：
花木蘭文化出版社，2016〔民 105〕
目 2+252 面；19×26 公分
（中國學術思想研究輯刊 二三編：第 7 冊）
ISBN 978-986-404-558-7（精裝）
1.（晉）張湛 2. 學術思想 3. 玄學
030.8   105002143

ISBN-978-986-404-558-7

9 789864 045587

中國學術思想研究輯刊
二三編　第 七 冊　　　　　ISBN：978-986-404-558-7

張湛《列子注》與道家思想

作　　者　周美吟
主　　編　林慶彰
總 編 輯　杜潔祥
副總編輯　楊嘉樂
編　　輯　許郁翎
出　　版　花木蘭文化出版社
社　　長　高小娟
聯絡地址　235 新北市中和區中安街七二號十三樓
　　　　　電話：02-2923-1455／傳真：02-2923-1452
網　　址　http://www.huamulan.tw 信箱 hml 810518@gmail.com
印　　刷　普羅文化出版廣告事業
封面設計　劉開工作室
初　　版　2016 年 3 月
全書字數　217757 字
定　　價　二三編 24 冊（精裝）新台幣 46,000 元

張湛《列子注》與道家思想

周美吟　著

作者簡介

周美吟

Ph.D. in ANU College of Asia and the Pacific, Australian National University
國立臺灣師範大學國文研究所碩士
國立臺灣師範大學國文系學士

提　要

　　本文第一章以張湛注《列子》的幾個特色：一、對原書內容加以修正，不論是（一）校訂錯字、（二）指出另有版本、（三）以史實質疑原書內容年代問題、（四）指出原文內容有「重出」的現象。二、明白指出《注》文出處，不論是（一）其他書籍，或（二）他人的注解等。三、坦承未聞未解之處。四、有注解錯誤或為原書圓說者；辨《列子》一書並非張湛偽作；第二章是張湛「天道觀」與魏晉王弼、阮籍、嵇康、郭象等人的承接情形；第三章「知識論」討論張湛以為妨礙認知的因素與認知的正確態度；第四章人生論「命」與「生死」兩節分辨張湛對「命」的觀點與《列子》原文相同與相異之處；「聖人」一節以「聖人無夢」為討論中心，探究聖人須具備的涵養，亦即成其所以為「聖人」的條件；「名教」一節以為張湛並不否定「名教」，分析他不提倡名教的原因，並揭示他對「名教」所採取的態度。結論總論張湛思想，並指出其貢獻。

目

次

第一章　緒　論 ……………………………………………… 1

　第一節　辨《列子》一書之眞僞 …………………………… 1

　第二節　辯《列子》非張湛僞作 …………………………… 11

　第三節　張湛及其《列子注》 ……………………………… 32

第二章　天道論 ……………………………………………… 35

　第一節　道之性格 …………………………………………… 36

　　一、獨立性 ………………………………………………… 36

　　二、永恒性 ………………………………………………… 39

　　三、完整性 ………………………………………………… 41

　　四、無限性 ………………………………………………… 45

　　五、周遍性 ………………………………………………… 51

　　六、超越性 ………………………………………………… 54

　第二節　道之作用 …………………………………………… 57

　　一、非人格神 ……………………………………………… 58

　　二、無意志性 ……………………………………………… 66

　　三、無所偏私 ……………………………………………… 68

第三章　知識論 ……………………………………………… 71

　第一節　認知之限制 ………………………………………… 71

一、認知主體的侷限性 ⋯⋯⋯⋯⋯⋯⋯⋯ 72

二、名言的侷限性 82

三、認知對象的流變性 ⋯⋯⋯⋯⋯⋯⋯ 86

四、認知標準的不穩定性 ⋯⋯⋯⋯⋯⋯ 87

第二節　認知的正確態度 ⋯⋯⋯⋯⋯⋯⋯⋯ 92

一、不強求知 ⋯⋯⋯⋯⋯⋯⋯⋯⋯⋯⋯ 92

二、去除成心 ⋯⋯⋯⋯⋯⋯⋯⋯⋯⋯⋯ 94

三、把握眞知 ⋯⋯⋯⋯⋯⋯⋯⋯⋯⋯⋯ 97

四、收拾反觀 ⋯⋯⋯⋯⋯⋯⋯⋯⋯⋯ 100

五、全面觀照 ⋯⋯⋯⋯⋯⋯⋯⋯⋯⋯ 102

六、化而又化 ⋯⋯⋯⋯⋯⋯⋯⋯⋯⋯ 105

第四章　人生論 ⋯⋯⋯⋯⋯⋯⋯⋯⋯⋯⋯⋯ 117

第一節　命 ⋯⋯⋯⋯⋯⋯⋯⋯⋯⋯⋯⋯⋯ 117

一、「命」涵蓋的範圍 ⋯⋯⋯⋯⋯⋯⋯ 117

二、「命」形成的原因 ⋯⋯⋯⋯⋯⋯⋯ 122

三、因應之道 ⋯⋯⋯⋯⋯⋯⋯⋯⋯⋯ 136

第二節　生　死 ⋯⋯⋯⋯⋯⋯⋯⋯⋯⋯⋯ 147

第三節　聖　人 ⋯⋯⋯⋯⋯⋯⋯⋯⋯⋯⋯ 165

一、去知去欲 ⋯⋯⋯⋯⋯⋯⋯⋯⋯⋯ 165

二、自然無爲 ⋯⋯⋯⋯⋯⋯⋯⋯⋯⋯ 177

三、專一純和 ⋯⋯⋯⋯⋯⋯⋯⋯⋯⋯ 187

四、恬淡寂靜 ⋯⋯⋯⋯⋯⋯⋯⋯⋯⋯ 189

五、智周萬物 ⋯⋯⋯⋯⋯⋯⋯⋯⋯⋯ 199

第四節　名　教 ⋯⋯⋯⋯⋯⋯⋯⋯⋯⋯⋯ 206

一、貌似反仁義 ⋯⋯⋯⋯⋯⋯⋯⋯⋯ 207

二、非享樂主義 ⋯⋯⋯⋯⋯⋯⋯⋯⋯ 210

三、關仁義之弊 ⋯⋯⋯⋯⋯⋯⋯⋯⋯ 216

四、行仁義之道 ⋯⋯⋯⋯⋯⋯⋯⋯⋯ 227

第五章　結　論 ⋯⋯⋯⋯⋯⋯⋯⋯⋯⋯⋯⋯ 237

第一節　張湛《列子注》思想概述 ⋯⋯⋯⋯ 237

第二節　張湛《列子注》的貢獻 ⋯⋯⋯⋯⋯ 243

重要參考文獻 ⋯⋯⋯⋯⋯⋯⋯⋯⋯⋯⋯⋯⋯⋯ 247

第一章　緒　論

第一節　辨《列子》一書之眞僞

　　《列子》一書長久以來一直受到很大的爭議。學者質疑：其書作者是否眞爲戰國時的列禦寇？抑或是魏晉士人僞託列子而爲？這本書疑爲僞作，爲時甚早。劉向作序，已言：「章亂布在諸篇中。或字誤，以盡爲進，以賢爲形，如此者眾。」「穆王、湯問二篇，迂誕恢詭，非君子之言也。」〔註1〕近人胡適也說：「列子這部書是最不可信的。」〔註2〕

　　首先必須辨明：指《列子》爲「僞書」，其意究竟爲何？意即：何謂「僞書」？梁啓超認爲：「僞書者，其書全部分或一部分純屬後人僞作，而以託諸古人也。」嚴靈峰則認爲：「就是『僞託』，是有人存心作僞，假造這一部書，以欺騙世人。」〔註3〕

　　可議的是：梁氏力主《列子》是僞書，而嚴氏則力辯《列子》不僞；但他們卻以「作僞」、「僞託」這種詞語來定義何謂「僞」書，等於根本沒有定義〔註4〕。事實上，學界對於何謂「僞書」，並沒有一個清楚的界定，主張《列子》是否是僞書的雙方，彼此也沒有共識，則雙方不過是各說各話、沒有交

〔註1〕　見楊伯峻《列子集釋》，華正書局，民國76年初版，頁277、278。
〔註2〕　轉引自嚴靈峰《列子辯誣及其中心思想》（文史哲出版社，民國83年8月文1版），頁235。
〔註3〕　分見梁啓超《中國歷史研究法》（商務印書館，民國70年），頁126、嚴靈峰《列子辯誣及其中心思想》，頁266。
〔註4〕　見謝如柏《列子「命」概念及其相關問題研究》，臺灣大學中文研究所碩士論文，1999年，頁32。

集。看來還是得從懷疑《列子》是僞書者所質疑的點切入：

一、《列子》書中載有列子身後的人、物、思想等，不應爲戰國作品〔註5〕。

二、與其他書籍內容重複者不在少數〔註6〕。

三、據張湛〈序〉，其得書源流，輾轉不離王氏，來歷曖昧不明，殊可疑〔註7〕。疑爲王弼之徒，或即張湛所僞造。

四、晉世玄風正盛，清談之流於老莊佛之外，未嘗及此書一字〔註8〕。

因此，對「今本《列子》的作者爲誰」的觀點，又可分成兩類：

一、疑：古雖有此書，但今本《列子》相較先秦舊本，已非原貌，今本內容多後人所增竄者。贊成此說的有：柳宗元、葉大慶、姚際恒、劉汝霖、武內義雄、周紹賢、嚴捷、嚴北溟、王博、任繼愈、鄭基良等；姚鼐、蕭登福等認爲：注者張湛或許亦增添新的材料。

二、疑：先秦直無此書，而係後人——或許是魏晉士人——僞造。可能是會萃眾說、眾書而成。贊成此說的有：宋濂、鈕樹玉、吳德旋、錢大昕、俞正燮、何治運、李慈銘、陳三立、陳旦、陳文波、楊伯峻、徐復觀等；至於僞造者誰？馬敘倫說是王弼之徒；顧實、梁啓超、呂思勉以爲：或即注解《列子》的張湛。張湛甚至還可能假造向〈敘〉以取信於人。圖示如下〔註9〕：

〔註5〕 張湛注書，亦指其失，如仲尼篇：「公孫龍」下注云：「公子牟、公孫龍似在列子後，而今稱之，恐後人所增益以廣書義。」見《列子集釋》，頁138。

〔註6〕 如：高似孫子略謂：「是書與莊子合者十七章，其間尤有淺近迂僻者，特出於後人會萃而成之耳。」轉引自《列子集釋》，頁288。

〔註7〕 如：梁啓超《中國歷史研究法》：「列子八篇，據張湛序言，由數本拼成，而數本皆出湛戚屬之家，可證當時社會絕無此書，則吾輩不能不致疑。」轉引自《列子辯誣及其中心思想》，頁234、235。馬敘倫：「晉世玄言極暢之時，列子求之不難，何以既失復得，不離王氏？」轉引自《列子集釋》，頁302。

〔註8〕 梁啓超《古書眞僞及其年代》：「若眞列子果是眞書，怎麼西晉人都不知道有這樣一部書？」轉引自《列子集釋》，頁300。

〔註9〕 一、認爲此書眞僞摻雜的有：
柳宗元：「其書亦多增竄非其實。」
葉大慶：「而宋康王事又後于公孫龍十餘年，列子烏得而預書之？信乎後人所增有如張湛之言矣。」
姚際恒：「意戰國時本有此書，或莊子之徒依託爲之者；但自無多，其餘盡後人所附益也。」

武內義雄：「向序非偽，列子八篇非禦寇之筆，且多經後人刪改。然大體上尚存向校定時面目，非王弼之徒所偽作。」

劉汝霖：「裏面就不免有許多後人補充的材料，眞偽攙雜……此書若是張湛偽造，他竟寫出自己都不能明白的話，又寫出與事實不合的事情而加以解釋，這種騙人的伎倆，未免太笨了……可以斷定此書是漢時的作品……至晚是西漢晚年的作品。」

（以上引自《列子集釋》，頁 287、290、293、306、309～311）

周紹賢：「張氏所得者，已非劉向所校之全本，顯然有後人竄入之文……張注已指出爲後人所增益……然列子殘餘之眞言仍在此書中，別無可尋。古書殘壞，有後世補綴之文，不僅列子一書爲然，不能因此而否定全書」「其書雖有後人增竄之錯誤，然不可謂爲偽書。」「其中有後人修補輯綴之痕跡，疑問自所難免，然不能因此而強判列子爲晉人之偽造。」見《列子要義》（臺灣中華書局，民國 72 年 7 月初版），自序頁 1、2、正文頁 10。

嚴捷、嚴北溟：「居然有人會代爲立言，而且偽造得如此言之鑿鑿，乃至釀成千古公案……從《列子》文氣簡勁宏妙、內容首尾呼應自成一體的特點看，似乎不可能在這樣一個長時期內經過多人多次的增竄而成，而只能出于一家之手筆……如果雜纂諸家之言，最多只能弄出一個大拼盤，怎會造出《列子》這樣有整個思想體系的重要著作？妥當的解釋是，其一，偽作者自有其一貫之道，他據此來剪裁諸家之說；其二，偽作者當有所本……今本《列子》中有部分章節正是先秦《列子》的佚卷，在偽造時作爲索被補綴進去，因此它並非全盤偽造，而是偽中雜眞。」見《列子譯註》（仰哲出版社，民國 76 年 11 月），前言頁 2～4。

王博：「它應該被看作是列子學派的資料彙編，而不完全是列子本人之作品。……到魏晉時，雖經戰亂，該書多有散亂……但〈楊朱〉、〈說符〉尚存，所以這兩篇應是相對更爲可靠的資料。」見《道家文化研究》第 15 輯（三聯書店，1999 年 3 月北京第 1 版第 1 次印刷），頁 143。

任繼愈主編《中國哲學發展史‧魏晉南北朝部》：「思想體系是魏晉人的，而書中若干資料時間較早，很可能含有古《列子》的遺文。」「魏晉人重新編集《列子》時，並非毫無古《列子》斷簡殘篇引作依據」、「今本《列子》的主要內容係後人偽託當無疑義。」、「享樂主義的人生論……只有在禮教鬆弛的魏晉時期才會出現……《列子》所說的正是這些名士們所做的，《列子》的眞作者只能是這些人。」（人民出版社，1998 年 5 月第 1 版第 2 刷），頁 260、263、274。

鄭基良：「或許《列子》書成於春秋末期或戰國初期，該書可能有些部分由列子撰成，後由列子門人編纂，再由後學者增編校訂……從整體來說，今本《列子》一書由張湛編訂，而張湛乃承劉向的校本而定，是先秦舊有的典籍資料，並不是六朝人士的杜撰。」見〈列子生死學研究〉（《哲學雜誌》第十四期，1995 年 11 月出版），頁 142。

二、認爲張湛增添材料的有：

姚鼐：「今世列子書，蓋有漢魏後人所加。其文句固有異於古者……《列子》出於張湛，安知非湛有矯入者乎？吾謂劉向所校列子八篇，非盡如今之八篇也。」（轉引自《列子集釋》，頁 294、295）

蕭登福：「張湛在重訂《列子》書時，曾取佛家語以補足其書……由於《列子》摻有後人增纂之語，因而有小部分為偽。但整體而言，今本《列子》雖由張湛編訂，但大體都是承自劉向校本而來，乃是先秦舊籍，非六朝人偽撰。」「《列子》書雖然有些部份為張湛所偽竄，但不能斷言全書皆為張氏之作品。」見《列子探微》（文津出版社，民國79年3月出版），頁18、52。

三、認為後人所偽的有：

宋濂：「決非禦寇所自著，必後人會萃而成者。」

鈕樹玉：「其辭氣不古，疑後人雜取他書而成其說。」

吳德旋：「列子書非列子所自作，殆後人剽剝老莊之旨而兼采雜家言傅合成之。」

（以上轉引自《列子集釋》，頁291、295、296）

徐復觀：「列子在先秦必有其人，而未必有其書。現行列子一書，我認為是秦漢之際治黃老者所纂輯而成。其中有先秦的材料，也有漢初的材料。因係纂輯而成，故劉向敘錄，已指出其『不似一家之言。』」見《中國人性論史》（臺灣商務印書館，民國79年12月第10版），頁425。

四、認為晉人偽作的有：

錢大昕：「列子書晉時始行，恐即晉人依託。」

俞正燮：「列子晉人王浮、葛洪以後書也。」

何治運：「疑為魏晉人偽撰……其書又出典論後」

李慈銘：「列子一書，後人所緝輯，蓋出於東晉以後……疑出於張湛以後，其注云云，亦非湛語也。」

陳三立：「疑季漢魏晉之士，窺見浮屠之書，就楊朱之徒所依託，益增竄其間，且又非劉向之所嘗見者；張湛蓋頗知之而未之深辨也。」

陳旦：「斷其出於魏晉間好事之徒，絕非原書。」

陳文波：「列子篇中思想之玄，與夫縱性縱慾之言，頗似魏晉時之出品。」

楊伯峻：「（列子）是一部魏晉時代的偽書，也已經為大多數學者所肯定。」

（以上引自《列子集釋》，頁294、296、297、299、312、319、327）

辛冠潔：「到此為止，世傳《列子》是一部偽書的結論，大致已可以落實。」「《列子》是東晉時的作品，其中間或有引自先秦的材料。至于是不是張湛所作，目前可暫置不論，因為與這部書關礙不大。」見〈列子評述〉（《中國哲學史研究》，1986年第3期），頁41、45。

五、認為王弼之徒偽作的有：

馬敘倫：「其書必出偽造……魏晉以來，好事之徒，聚斂管子、晏子、論語、山海經、墨子、莊子、尸佼、韓非、呂氏春秋、韓詩外傳、淮南、說苑、新序、新論之言，附益晚說，成此八篇，假為向敘以見重……夫輔嗣為易注多取諸老莊，而此書亦出王氏，豈弼之徒所為與？」（引自《列子集釋》，頁301～305）

六、認為張湛偽作的有：

顧實：「據張湛序文，則此書原出湛手，其即為湛託無疑」「周穆王篇取穆天子傳，疑此書即湛所綴拾而成也……（楊朱）全性保真者，謂守清靜，

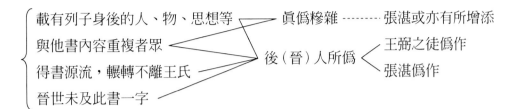

以下針對這幾個疑點分別加以討論：

一、《列子》書中言及列子身後人、物、思想等

這裡要解決幾個問題：其一，這些部分究竟是戰國《列子》所本自具有？抑或果為後世所撰？如何證明其必出於後人之手？其二，即使這些部分的確出於後人之手，是否為後人所增入，能否以此斷定：《列子》為偽書？

蕭登福的解釋是：

（一）先秦典籍多由作者與門人合撰成書，如《孟》、《荀》、《呂》、《韓》等；或全由弟子集結編纂成書，如《墨子》、《論語》等，未有自己獨力完成之例。《列子》有部分為列子弟子所撰，難免夾雜列子身後人、事、思想等。

（二）可能是後人增入，只能說：增入部分，非原書所有，而不能據此推斷：《列子》為偽。書籍幾經輾轉傳鈔，後人增刪者所在多有：

1. 《左傳》記春秋史事，其文末載韓、魏、智伯之事，並舉趙襄子之諡號。
2. 《漢志》載《莊子》五十二篇，今所見向郭本只有三十三篇。
3. 司馬遷撰《史記》，褚少孫每多以意增補。

漢朝以後的書尚且如此，我們不疑其為偽書；先秦之書增刪更多，更不能因《列子》書有後人增入之事物，而推斷此書為偽〔註10〕。

離情慾，而列子楊朱篇乃一意縱恣肉慾，仰企桀、紂若弗及，直是為惡近刑，豈不大相刺謬哉？此篇尤當出湛臆造，非有本已。」（按：〈周穆王〉一篇是否抄自《穆天子傳》是一回事，是不是張湛所抄的，又是另一回事；且不知何以〈楊朱〉表現縱欲主義即可證明為張湛所偽？）

梁啟超：「有一種書完全是假的……列子乃東晉時張湛——即列子注的作者——採集道家之言湊合而成。」

呂思勉：「湛蓋亦以佛與老、莊之道為可通，乃偽造此書，以通兩者之郵也。篇首劉向語，更不可信。」

（以上轉引自《列子集釋》，頁 294、308、299、309）

〔註10〕見《列子探微》，頁 10、19。

如認爲：非一人一時之作即爲僞書，則先秦幾乎所有書籍都是僞書，這是不合理的。莊萬壽認爲：「這些詞彙、字句上的意義，也不能代表所有篇章的整體思想，因此，其中若某條辨認爲魏晉的材料，也不能就判決本章或其他文字就是魏晉的作品；反之，若辨認是魏晉以前的材料，也不能就判決不是魏晉的作品。」「古書的眞和僞沒有明確的界限，是否原作者一人所作的才是眞書呢？那麼可斷言：先秦，甚至秦漢之交流傳至今的古書沒有一本是一人一時之作，像莊子便是先後經劉安門客、劉向父子所蒐集編校而成的，其中材料有先秦的，也有漢初的；作者有莊派、老派的學者，並且也有受儒家、陰陽家影響的作品：如此是否要視莊子爲僞書呢？列子與莊子也是一樣，只是集結的材料延長到魏晉而已……對古書材料的分析斷代是需要的，若要勉強論定某書是眞是僞，就大可不必了。」〔註11〕

特別是認爲《列子》書「涵有後世思想，因此此書晚出」的論點還須謹愼。這種觀點大多先認定：魏晉時期的時代風尚或學術風氣爲某種型態，然後再從《列子》書中揀出二者相近之處，以之證明「此書爲魏晉人所爲」。然而，「《列子》是承襲某人的思想而來」不過是假設，我們也可以反過來說：「某人受到《列子》的影響。」這種推論是不會有確切結論的，更無法作爲《列子》後出之證據。

由此看來，《列子》是否爲本人自作，與它是否爲僞書是兩回事。諸子書非本人自作本是常態〔註12〕。即使《列子》書有後世的資料，僅能推論：《列子》非一時一地一人之作，卻不能因此斷定：先秦本無此書，甚至判《列子》爲僞書。

二、《列子》與其他書籍內容重複者衆 〔註13〕

認定《列子》是僞書的學者試圖證明：《列子》有許多文句和其他古籍相同，可知：是《列子》抄襲這些古籍，因此，《列子》是僞書。然而，他們卻往往沒有說明：爲何由「《列子》有許多內容和其他古籍相同或相近」這一現

〔註11〕 見《列子讀本》（三民書局，民國80年2月第6版），頁8、15。

〔註12〕 蕭登福認爲：「先秦子書雖然以某子爲名，但大都是某一學派的集體創作，並非一人一時之作。因而我們在說研究某子思想時，其實是在研究以某子爲主的這一學派思想。」見《列子探微》，頁57。

〔註13〕 黃美媛將《列子》與他書重出者一一羅列，可資參考。見《列子神話寓言研究》（師範大學國文研究所碩士論文，民國74年10月），頁60～77。

象，就可得出「《列子》抄襲這些古籍」此一結論。關於「《列子》有許多內容和其他古籍相同」這一現象，莊萬壽先生認爲：先秦材料有限，除非有明顯證據，否則不能證明彼此之間有抄襲關係〔註 14〕。蕭登福則認爲：可由四方面來考慮：（一）抄襲。（二）同樣取自古老傳說或當時社會流傳之事蹟。（三）僅借其故事來演述自己的哲理，與抄襲無關。（四）一段文字或故事，傳抄既久，常會出現兩屬或多屬的現象。此係傳抄、傳聞致譌，亦與抄襲無關，皆不能證明《列子》是僞書〔註 15〕。筆者同意這樣的看法。

三、今本《列子》的來歷與流傳

在此要合併討論兩個疑點：其一，張〈序〉自述《列子》的來源，輾轉不離王氏；其二，西晉玄風特盛，何以不言《列子》？這兩個問題，與今本《列子》的來歷有關。

想要證明《列子》不是僞書，先得證明：先秦確有《列子》此一本書存在，蕭登福提出的理由如下：

（一）從《列子》書本身來看

1. 《列子》書中多假借字，多古字古義，及部分章節重出現象，皆是先秦古籍常有的特徵。
2. 《列子》所載名家論題如「孤駒未嘗有母」等可與先秦名、墨書相發明〔註 16〕。

（二）由其他書籍稱引《列子》書的情況來看

1. 張湛〈序〉說：「《韓非》、《尸子》、《淮南子》、《玄示》、《旨歸》多稱其言。」可見《列子》一書當時已然存在，不成於魏晉。
2. 《漢志》有記錄。

〔註 14〕見《列子讀本》，頁 8。

〔註 15〕見《列子探微》，頁 10～14。

〔註 16〕任繼愈主編《中國哲學發展史‧魏晉南北朝》認爲：「這一段話（按：指〈仲尼〉篇中山公子牟與樂正子輿論公孫龍一段）……答案簡練精粹，在公孫龍、墨經基礎上有所發揮，乃邏輯行家所爲。『無意』、『無指』非先秦名家思想，而與玄學貴無論相合。兩漢人不重名學，無能爲此。魏晉人辨名析理，邏輯學復受重視，而有西晉魯勝《墨辯注》出現。名理是清談重要內容……〈仲尼篇〉的辯學文字乃西晉玄學家所寫。」見頁 264。這個論點的邏輯是：因爲魏晉重名理，因此先秦還不可能出現這樣的理論高度。筆者認爲，無論先秦是否已有這樣的水平，皆不足以證明全本《列子》爲僞。

3. 東漢應劭《風俗通義》云：「鄭有隱者列禦寇，著書八篇，號列子。」
4. 高誘注《呂氏春秋・審己》、〈不二〉，亦有相近之語。可見《列子》書漢世仍在。
5. 劉向〈列子新書目錄〉說：「孝景皇帝時貴黃老術，此書頗行於世」，是此書漢時仍流行。（按：前提是相信向〈敘〉不僞。）
6. 張湛在〈序〉中明言渡江後尙有殘本〔註17〕。（按：前提是相信張〈序〉爲眞。）

　　這種觀點試圖證明：此書戰國實有，不成於魏晉，因此它不是僞書。但即使戰國時確有《列子》一書，然此書迭經變故，原書或已散亂亡佚，今本《列子》仍有可能爲後人所僞。我們還得推究：今本《列子》是否即先秦之舊，或尙存劉向校書時之面貌。這牽涉到今本《列子》的流變。

　　《列子》書中，常有「子列子」、「列子」之稱出現，一般而言，冠「子」於氏上者，蓋著其爲師。則《列子》其書大部分爲列子弟子及再傳弟子所記述編纂，也可能有部分係列子自撰。內及趙襄子、東門吳子、韓娥之事，其底本成書可能在三家分晉之後，秦始皇統一六國之前，在先秦曾有人研習過〔註18〕。

　　秦皇焚書之後，《列子》等典籍即未全毀，所存恐亦斷簡殘編。西漢初年雖崇道家之學，然莊列之書俱未盛行；其書在西漢景帝之時尙流行於世；但景帝以後，《列子》已遭遺落：「散在民間，未有傳者」。可能是衛綰、董仲舒用事後，武帝獨尊儒術。《列子》因是道家之書，遂遭遺棄，民間甚少流傳。自成書後，從戰國至晉世，屢經後學及好事者增刪編訂，其中最有名者，如劉向。劉向〈列子新書目錄〉說：

　　天瑞第一　黃帝第二　周穆王第三　　仲尼第四一曰極智
　　湯問第五　力命第六　楊朱第七一曰達生　說符第八

　　右新書定著八章。護左都水使者光祿大夫臣向言：所校中書列子五篇，臣向謹與長社尉臣參校讎太常書三篇，太史書四篇，臣向書六篇，臣參書二篇，內外書凡二十篇，以校除復重十二篇，定著八篇。

〔註17〕　見《列子探微》，頁53。
〔註18〕　徐復觀則說：「大抵列子一書，乃係由秦漢之際，治黃老言者所綴輯而成。也和西漢初年，許多儒者綴輯先秦儒家遺簡以成《禮記》中之若干篇一樣。」見《中國人性論史》，頁4。

中書多，外書少。章亂布在諸篇中。或字誤，以盡爲進，以賢爲形，如此者眾。及在新書有棧。校讎從中書已定，皆以殺青，書可繕寫。列子者，鄭人也，與鄭繆公同時，蓋有道者也。其學本於黃帝老子，號曰道家。道家者，秉要執本，清虛無爲，及其治身接物，務崇不競，合於六經。而穆王、湯問二篇，迂誕恢詭，非君子之言也。至於力命篇，一推分命；楊子之篇，唯貴放逸，二義乖背，不似一家之書。然各有所明，亦有可觀者。孝景皇帝時貴黃老術，此書頗行於世。及後遺落，散在民間，未有傳者。且多寓言，與莊周相類，故太史公司馬遷不爲列傳。謹第錄。臣向昧死上。護左都水使者光祿大夫臣向所校列子書錄。永始三年八月壬寅上 [註19]。

馬敍倫以向〈敍〉與《列子》同出依託，即因：劉向將列子年代判爲鄭繆公時人，與子書中言及的列子事蹟不符。

嚴靈峰爲之辯解：

1. 向〈敍〉所指明該書錯簡、誤字的情況，與今本《列子》相合。

2. 向〈敍〉謂《列子》的內容：「合於六經」，與張湛所說「大歸同於老莊」相矛盾，故向〈敍〉不可能爲張湛僞作 [註20]。

馬氏以向〈敍〉所言列子時代有疑，而斷向〈敍〉爲僞作，證據固然不夠充分；然依嚴氏所言，第一則理由亦並不能證明向〈敍〉不僞。因爲，能正確指明《列子》錯誤的人，不必然是劉向，且僞造向〈敍〉者與僞造《列子》者也有可能即爲同一人；至於第二則，只能證明向〈敍〉非張湛僞作，卻不能證明：向〈敍〉一定是劉向所爲。不過，向〈敍〉既對《列子・力命》與〈楊朱篇〉的「二義乖背」提出質疑，如向〈敍〉爲僞，至少向〈敍〉僞作者與《列子》作者似不應爲同一人。無論如何，在未有堅實的證據足以證明向〈敍〉確爲僞造之前，我們認爲：向〈敍〉還是有它的參考價值，張〈序〉亦然。

劉向名所著書爲「新書」，即欲別於校書所本「舊書」——即諸家及祕府所藏官書，可見，漢代所藏《列子》舊書傳本不一，篇章散亂，字句多誤，他說：「穆王、湯問二篇，迂誕恢詭，非君子之言也。至於力命篇，一推分命；楊子之篇，唯貴放逸，二義乖背，不似一家之書」，只因「各有所明，亦有可

[註19] 見《列子集釋》，頁 277、278。
[註20] 見《列子辯誣及其中心思想》，頁 239。

觀」，故仍保存舊編。劉向時，《列子》篇章已有可疑，復經劉向校讎編纂，去取復重，則「新書」更非先秦《列子》舊貌；而現存之《列子》，又爲劉向校定之《列子新書》之殘缺、雜亂者。

及東漢，班嗣、馬融等始注重《莊子》，而以《列子》之言與《莊子》相類，《莊子》似乎可以涵括《列子》，故仍無人注意。

自漢末至魏晉，變亂未熄，京師屢遭兵禍，公家及私人藏書皆有損失，《漢志》所載之書失滅者多在此時，而《列子》之書，當然亦難保無恙。

《列子》最後的編訂者爲張湛，張湛的本子是怎麼來的呢？張湛〈列子序〉說：

> 湛聞之先父曰：吾先君與劉正輿、傅穎根，皆王氏之甥也，並少游外家。舅始周，始周從兄正宗、輔嗣皆好集文籍，先并得仲宣家書，幾將萬卷。傅氏亦世爲學門。三君總角競錄奇書。及長，遭永嘉之亂，與穎根同避難南行，車重各稱力，並有所載。而寇虜彌盛，前途尚遠。張謂傅曰：「今將不能盡全所載，且共料簡世所希有者，各各保錄，令無遺棄。」穎根於是唯齎其祖玄、父咸子集。先君所錄書中有列子八篇。及至江南，僅有存者。列子唯餘楊朱、說符、目錄三卷。比亂，正輿爲揚州刺州，先來過江，復在其家得四卷。尋從輔嗣女壻趙季子家得六卷。參校有無，始得全備。
>
> 其書大略明羣有以至虛爲宗，萬品以終滅爲驗；神惠以凝寂常全，想念以著物自喪；生覺與化夢等情，巨細不限一域；窮達無假智力，治身貴於肆任；順性則所之皆適，水火可蹈；忘懷則無幽不照。此其旨也。然所明往往與佛經相參，大歸同於老莊。屬辭引類特與莊子相似。莊子、慎到、韓非、尸子、淮南子、玄示、旨歸多稱其言，遂注之云爾〔註21〕。

循張〈序〉的線索，最初的源頭應追溯至王粲。而王粲的《列子》又從何得來？《三國志・魏書・鍾會傳》注引〈何劭王弼傳〉附〈博物記〉曰：

> 蔡邕有書近萬卷，末年載數車與粲，粲亡後，相國掾魏諷反，粲子預焉；既被誅，邕所與書悉入業，業字長緒，位至謁者僕射。子宏字正宗，司隸校尉；宏，弼兄子也〔註22〕。

〔註21〕 見《列子集釋》，頁279、280。
〔註22〕 見《三國志》（台北鼎文書局點校本，民國76年版），頁796。

可知：蔡邕將大批圖書贈與王粲，《列子》當亦在其中；王粲死後，因二子被誅而絕嗣，這批書遂落入族兄王凱的兒子王業手中，王業傳給二子王宏、王弼與二人從弟王始周。其後，王弼傳給女婿趙季子；始周傳給外甥張嶷——即張湛的祖父——與劉陶；後遭永嘉之亂，張嶷在避難途中保錄了《列子》八篇。及至江南，此書又散亡大半，僅存〈楊朱〉、〈說符〉、〈目錄〉三卷。其中〈目錄〉一卷，當即劉向〈列子新書目錄〉。張嶷之子張曠於劉陶處得到四卷、趙季子處得到六卷，與所存三卷共十三卷相互參校，增刪取捨，這就是張湛據以作注的八篇本所由來。

西晉遭永嘉之亂，繼之晉室南渡，書多亡缺，經張湛之祖多方蒐集而成，難免竄雜錯亂。在湛時，已不復爲劉向「新書」矣。況在避難途中，倉卒鈔錄，其錯誤散亂，更不待言。輯錄散亡的過程，不免屬雜他籍。復經張湛蒐羅整理：一方面以手邊永嘉之亂前的版本與遺卷對照，一方面憑印象將眼前資料儘可能編排成最初他所見的原貌，並爲之注，於是形成了今日吾人所見的八篇本《列子》。此書之經歷，事實清楚，徵諸《後漢書·蔡邕傳》、《三國志·魏書·王粲傳》等史籍，由蔡邕至王氏家族，最後到張家，此書的流傳十分合情合理，並無來歷曖昧不明之嫌。

現存《列子》真偽雜陳，前人多已言之。其書本非禦寇自著，其殘闕、譌誤，所在多有。始劫於秦火，繼亂之於劉向，復失之於兵燹；迭經散佚，經後人之竄雜附益，原已與先秦之原書不盡相同。張湛纂輯散亡，更非原書之舊。能流傳至今，實已歷百劫而幸存。今本《列子》不但與先秦之書有異，即與劉向所校之書亦不盡同。惟雖有後人會萃補綴之跡，然其中亦蘊藏列子之真言，不可輕言其爲偽書，而一筆抹煞其價值。

第二節　辯《列子》非張湛偽作

現存有關張湛的資料僅如下：

> 《世說新語·任誕》：「張湛好於齋前種松柏，時袁山松出遊，每好令左右作挽歌。時人謂張屋下陳屍，袁道上行殯。」劉孝標注引《張氏譜》曰：「湛祖嶷，正員郎。父曠，鎮軍司馬，湛仕至中書郎。」又引《晉東宮·官名》曰：「湛字處度，高平人。」又引裴啓《語林》曰：「張湛好於齋前種松、養鴝鵒。」同篇：「張騑酒後挽歌，甚淒

苦。」注曰:「驎,張湛小字也。」〔註23〕

《宋書‧良吏傳》:「(湛)晉孝武世時以才學爲中書侍郎,光祿勳。」〔註24〕

《晉書‧袁山松傳》:「時張湛好於齋前種松柏,而山松每出遊,好令左右作挽歌。人謂:『湛屋下陳屍,山松道上行殯。』」〔註25〕

《隋書‧經籍志》著錄「張湛《列子注》八卷」注云:「字處度,光祿勳。」〔註26〕

《晉書‧范寧傳》「初,寧嘗患目痛,就中書侍郎張湛求方。湛因嘲之曰:『古方宋陽里子少得其術以授魯東門伯,魯東門伯以授左邱明,遂世世相傳。及漢,杜子夏、鄭康成、魏高堂隆、晉左太沖,凡此諸賢並有目疾。得此方云:用損讀書一,減思慮二,專內視三,簡外觀四,旦晚起五,夜早眠六。凡六物,熬以神火,下以氣篩,蘊於胸中七日,然後納諸方寸。修之一時,近能數其目睫;遠視尺捶之餘。長服不已,洞見牆壁之外。非但明目,乃亦延年。』」〔註27〕

　　根據以上的資料略能得知:張湛,字處度,高平人。生卒年代約在325AD～400AD 之間,大約爲東晉中葉時人〔註28〕。《晉書》無其傳,僅在〈范寧傳〉中保留一點資料。其事蹟於《世說新語》置於〈任誕篇〉,可見其行爲被認爲具任誕的習氣。張湛可能精於醫術,經學家范寧去找他治眼疾,他以玩世不恭的態度,將這位治經文士及前代經師們嘲諷一通,反映了他對保守禮教者的蔑視。據新舊《唐書》載,張湛除《列子注》外,尚有《養生要集》十卷、《延年秘錄》十二卷(《新唐書》著錄,《舊唐書》不著撰人),《莊子注》及《文子注》等著作,但大部分已亡佚〔註29〕。現在,就只能依據《列子注》來探討張湛與玄學的關係了。

〔註23〕劉義慶著,余嘉錫箋疏《世說新語箋疏》(上海古籍出版社,1993 年第 1 刷),頁 757、758。

〔註24〕楊家駱主編《宋書新校本三‧良吏傳》(鼎文書局,民國 66 年初版),頁 2271。

〔註25〕見《列子集釋》,頁 276。附錄一〈張湛事蹟輯略〉。

〔註26〕同註 25。

〔註27〕楊家駱主編《晉書新校本》(鼎文書局,民國 66 年初版),頁 1988、1989。

〔註28〕許抗生等著《魏晉玄學史》(陝西師範大學出版社,1989 年第 1 刷),頁 421。

〔註29〕同註 25。

　　由於張湛爲《列子》作注，且《列子》確實是在張湛手中重見天日的，他也因此成了《列子》辨僞聚訟紛紜的中心人物。然而，懷疑張湛僞造《列子》的說法，都提不出有力的證據。這些學者企圖證明：《列子》成書於魏晉。但是，《列子》是不是魏晉的作品是一回事，是否爲張湛僞造，又是另一回事。亦即：即使《列子》確爲魏晉士人的作品，也不表示：就一定是張湛所僞。更何況，根本就不存在堅實可靠的證據，足以證明《列子》爲魏晉士人所僞。我們認爲：《列子》並非張湛的僞作。這樣的論點，可由張湛注《列子》的幾個特色得到支持：

一、修正原書內容

　　張湛對《列子》原書的遣詞、用字、事蹟，若有所懷疑，則一一挑出。此書如係張氏僞作，似乎沒有必要多此一舉。以下表格中的頁碼，採用的版本仍爲楊伯峻《列子集釋》，以下不一一說明。

（一）校訂錯字

頁碼	《列子》原文	張湛注文
18	終進乎？不知也	進當爲盡。此書盡字例多作進也。
19	道終乎本無始，進乎本不久。	「久」當爲「有」
27	又有人鍾賢世	鍾賢世宜言重形生
30	損盈成虧，隨世隨死	此世亦宜言生
32	其人舍然大喜	舍宜作釋，此書釋字作舍。
39	養正命	正當爲性
40	黃帝乃喟然讚曰	讚當作歎
	朕之過淫矣	淫當作深
43	而帝登假	假當爲遐
47	心庚念是非，口庚言利害	庚當作更
49	魚語女	魚當作吾
50	彼將處乎不深之度	深當作淫
54	宿於田更商丘開之舍	更當作叟
63	游於棠行	棠當作塘，行當作下。

	向吾見子道之	道當為蹈
67	漚鳥之至者百住而不止	住當作數
75	因以為茅靡，因以為波流，故逃也	茅靡當為頹靡
82	二者亦知	亦當作易
83	狀不必童	童當作同
99	世以為登假焉	假字當作遐
159	太形王屋二山	形當作行
165	肆咤則徒卒百萬	肆疑作叱
	視撝則諸侯從命	視疑作指
179	穆王薦之	薦當作進
214	行假念死乎	行假當作何暇
265	發於此而應於外者唯請	請當作情

　　這些字大多為同音假借、或抄寫時形似而誤。如果《列子》為張湛偽造，何以先寫錯字，再以同音之字校正，復加以註解？

（二）另有版本

頁碼	《列子》原文	張湛注文
72	罪乎不諓不止	罪或作萌
73	灰然有生矣	灰或作全
	子之先生坐不齋	或無坐字
76	忿然而封戎	戎或作哉
93	王實以為清都、紫微、鈞天、廣樂，帝之所居	一說云趙簡子亦然也。
124	果若欺魄焉，而不可與接	欺魄，土人也。一說云：欺頹。
147	殷湯問於夏革	革字，莊子音棘
151	名曰歸墟	莊子云「尾閭」
156	終北之北	莊子云「窮髮」
～157	有魚焉……其名為鯤。有鳥焉，其名為鵬……	莊子云，鯤化為鵬

166	越之東有輒沐之國	（沐）又休
167	秦之西有儀渠之國者	（渠）又康
229	禽骨釐聞之	（骨）又屈

可見張湛看過別的版本，經取捨決定今本的說法。

（三）質諸史實

頁碼	《列子》原文	張湛注文
80	楊朱南之沛，老聃西遊於秦，邀於郊。至梁而遇老子。	莊子云楊子居，子居或楊朱之字，又不與老子同時。此皆寓言也。
138	而悅趙人公孫龍	公子牟、公孫龍似在列子後，而今稱之，恐後人所增益以廣書義。苟於統例無所乖錯，而足有所明，亦奚傷乎？諸如此皆存而不除。
157	觸俞師曠方夜擿耳俛首而聽之，弗聞其聲。	師曠，晉平公時人，夏革無緣得稱之，此後著書記事者潤益其辭耳。
202	子產執而戮之，俄而誅之	此傳云子產誅鄧析，左傳云駟歂殺鄧析而用其竹刑，子產卒後二十年而鄧析死也。

張湛既然知道：楊朱不與老子同時，而公子牟、公孫龍等人，年代在列子之後，又加入書中，再自稱：「此皆寓言也」、「恐後人所增益」，師曠距商湯一千數百年，張湛寫夏革對商湯談師曠，又自注：「此後著書記事者潤益其辭耳。」明白指出：《列子》書中記載之不實；第四則說明《左傳》的記載與《列子》所言殊異。這些都是用人物出現時間的不符，來否定張湛所見《列子》本子的原始性，作偽者豈能如此自寫供狀？不過張氏對這些材料「皆存而不除」，亦可見他作注態度之謹慎。

（四）指明重出

頁碼	《列子》原文	張湛注文
127	〈仲尼〉篇「子列子學也」一段	黃帝篇已有此章，釋之詳矣。所以重出者，先明得性之極，則乘變化而無窮；後明順心之理，則無幽而不照。二章雙出，各有攸趣，可不察哉？
184	〈湯問〉篇十四則	此一章義例已詳於仲尼篇也。
203	不可以生，不可以死，或死或生，有矣。	此二句上義已該之而重出，疑書誤

| 249 | 〈說符十一〉 | 黃帝篇中已有此章而小不同，所明亦無以異，故不復釋其義也。 |

重出的現象在先秦古籍中較常見。如《莊子・逍遙遊》鯤化為鵬一事，一篇中出現兩次，又如《公孫龍子・跡府》篇載公孫龍與孔穿之辯論，亦一篇而重出。對於這種現象，蕭登福認為，可能的原因有三：

1. 由於《列子》書中「子列子」、「列子」等名稱多次出現，可見《列子》是由弟子或後學集結編纂而成。這樣的成書方式，難免會有文義相近的章句出現。如：《墨子》一書，〈尚賢〉、〈尚同〉、〈兼愛〉等篇皆分上、中、下；三篇內容與文字都很相近。或許是因為：這一本書是墨子弟子等各自筆錄其師所授，為求完整，同樣的內容，卻將不同學生的筆記一併收入；《列子》亦然。

2. 可能是後人讀書時，將相似的資料附錄於旁，經輾轉傳抄而誤入本文。

3. 亦可能是斷簡所造成。讀者不能確知該片斷簡文句應屬於哪一篇，因而兩篇都予補入，以致造成了一文兩屬的情形〔註30〕。

總之，「重出」應該是書籍傳抄久了以後才會有的現象，不應是原書作者有意的安排。上表中，〈仲尼〉篇「子列子學也」一段，與〈黃帝〉篇載列子學於老商氏事，文字幾乎全同。張氏雖為《列子》解釋重出之由，但如張言屬實，二章何以不一前一後，置於一處？可能是錯簡，則可證明張湛未偽造《列子》，他所得的本子也散亂錯雜，尚待整理〔註31〕。後二則係張湛指出《列子》書有「重出」的現象，還懷疑是「書誤」。《列子》若係張湛所偽，他豈會唯恐讀者不曾察覺，還特意提供這條線索？

二、明引相關文獻

這一部分處理張湛在注文中引用資料的情況。張湛作注時，引用了大量其他典籍的文字，似乎是想作為篇章內容的印證和補充〔註32〕。

〔註30〕 見《列子探微》，頁52。

〔註31〕 莊萬壽認為，如果張湛所校注的列子為劉向定本，則斷不致錯簡如此，因此劉向的本子斷不是張湛的注本。見《道家史論》（萬卷樓圖書，民國89年4月初版），頁214。

〔註32〕 見鄭宜青《張湛列子注與列子思想關係之研究》（政治大學中文研究所碩士論文，民國89年6月），頁26，註14、15。

（一）書籍

頁碼	《列子》原文	張湛注文
3	黃帝書曰：谷神不死	夫谷虛而宅有，亦如莊子之稱環中。
4	是謂玄牝	老子有此一章
	生物者不生，化物者不化	莊子亦有此言〔註33〕。
6	太易者，未見氣也	如易繫之太極，老氏之渾成也。
7	易無形埒	老子曰，「視之不見名曰希」
8	清輕者上爲天，濁重者下爲地	此一章全是周易乾鑿度也〔註34〕。
12	若蛙爲鶉	事見墨子
16	亶爰之獸自孕而生曰類。	山海經云：「亶爰之山有獸，其狀如狸而有髮，其名曰類，自爲牝牡相生也。」
	河澤之鳥視而生曰鶂	莊子曰，「白鶂相視，眸子不運，而風化之也。」
	思士不妻而感，思女不夫而孕	大荒經曰，「有思幽之國，思士不妻，思女不夫。精氣潛感，不假交接而生子也。」
	后稷生乎巨跡	傳記云，高辛氏之妃名姜原，見大人蹟，好而履之，如有人理感己者，遂孕，因生后稷。長而賢，乃爲堯佐。即周祖也。
	伊尹生乎空桑	傳記曰：伊尹母居伊水之上，既孕，夢有神告之曰：「臼水出而東走，無顧！」明日視臼出水，告其鄰，東走，十里而顧，其邑盡爲水，身因化爲空桑。有莘

〔註33〕 今本《莊子》無此文。

〔註34〕 嚴靈峰說：「既知係乾鑿度之文，不足以欺世人：何必混入書中，又從而註其出處：此豈作僞者之所爲乎？」見《列子辯証及其中心思想》頁237。又：「下註云：『此一章全是周易乾鑿度也』是則此段文字，在張湛未註之前已有：必非湛所纂入：否則，何至註明其抄襲他書？」另又提出：(1)《列子》的易是實存的本體；〈乾鑿度〉的易是《易》之爲書的《易》；(2)〈乾鑿度〉作者把《列子》的「沖和氣者爲人」一句刪掉，只剩「上爲天」、「下爲地」，因爲沒有了「人」，所以只能說：「乾坤相並俱生」，與易的「三才」之說不合：(3)〈乾鑿度〉「三畫而成乾」只據「陽爻」而忘卻了「陰爻」，與重卦之後不合。證明是〈乾鑿度〉抄襲《列子》，而非《列子》抄襲〈乾鑿度〉。見〈老列莊三子書中被廣泛誤解的幾個問題〉（《東方雜誌》復刊第15卷第6期），頁49、50。

		氏女子探桑，得嬰兒于空桑之中，故命之曰伊尹，而獻其君。令庖人養之。長而賢，爲殷湯相。
21	其在嬰孩，氣專志一，和之至也；物不傷焉，德莫加焉。	老子曰，「含德之厚，比於赤子。」
26	仲尼曰：「生無所息。」	莊子曰：生爲徭役。
	望其壙，睪如也，宰如也，墳如也，鬲如也，則知所息矣。	莊子曰，死爲休息也。
～27	人胥知生之樂，未知生之苦；知老之憊，未知老之佚；知死之惡，未知死之息也。	莊子曰：大塊載我以形，勞我以生，佚我以老，息我以死耳。
29	運轉亡已，天地密移，疇覺之哉？	此則莊子舟壑之義。孔子曰：「日夜無隙，丘以是徂。」
37	天地萬物不相離也；仞而有之，皆惑也。	老子曰，「吾所以有大患，爲吾有身」；莊子曰：「百骸六藏，吾誰與爲親？」
41	華胥氏之國在弇州之西，台州之北	淮南云，正西曰弇州，西北曰台州。
	指擿無痟癢	痟癢，酸痟也；義見周官。
44	列姑射山在海河洲中	見山海經
45	土無札傷，人無夭惡，物無疵厲，鬼無靈響焉	老子曰：「以道涖天下者，其鬼不神。」
46	列子師老商氏，友伯高子；進二子之道，乘風而歸。	莊子云，列子御風而行，泠然善，旬五日而後反。
73～75	鯢旋之潘爲淵，止水之潘爲淵，流水之潘爲淵，濫水之潘爲淵，沃水之潘爲淵，氿水之潘爲淵，雍水之潘爲淵，汧水之潘爲淵，肥水之潘爲淵，是爲九淵焉。	此九水名義見爾雅。
80	楊朱南之沛，老聃西遊於秦，邀於郊。至梁而遇老子。	莊子云楊子居，子居或楊朱之字〔註35〕
85	其國人數數解六畜之語者，蓋偏知之所得。	春秋左氏傳曰：「介葛盧聞牛鳴，曰，是生四子，盡爲犧矣。」

〔註35〕如爲張湛抄自《莊子》，何不逕改「楊朱」爲「陽子居」？何必多所週折又詳加註解？

93	王實以爲清都、紫微、鈞天、廣樂，帝之所居	傳記云：「秦穆公疾不知人，既寤，曰：『我之帝所甚樂，與百神游鈞天廣樂，九奏萬舞，不類三代之樂，其聲動心。』」
97	遂宿於崑崙之阿，赤水之陽。	山海經云：「崑崙山有五色水也。」
～98	遂賓於西王母，觴於瑤池之上。	（西王母）出山海經
98	西王母爲王謠	詩名白雲。
	王和之	詩名東歸。
	西觀日之所入	穆天子傳云：「西登弇山。」〔註36〕
	後世其追數吾過乎	自此已上至命駕八駿之乘事見穆天子傳
101	夢有六候	六夢之占，義見周官
103	將陰夢火，將疾夢食。飲酒者憂，歌儛者哭。	即周禮六夢六義
	神遇爲夢，形接爲事	莊子曰：其寐也神交，其覺也形開。
111	饗香以爲朽	月令曰，其臭朽。
116	夫樂而知者，非古人之所謂樂知也。	莊子曰：「樂窮通物非聖人。」
130	由生而生，故雖終而不亡，常也。	老子曰：「死而不亡者壽。」
138	欲惑人之心，屈人之口，與韓檀等肄之	莊子云：「桓國公孫龍能勝人之口，不能服人之心，辯者之囿。」
139	吾笑龍之詒孔穿	世記云，（孔穿）爲龍弟子。
141	有指不至	惠子：「指不至也。」
	有物不盡	惠子曰：「一尺之棰，日取其半，萬世不竭也。」
	有影不移	惠子曰：「飛鳥之影未嘗動也。」
142	影不移者，說在改也	墨子曰：「影不移，說在改爲也。」
	髮引千鈞，勢至等也	墨子亦有此說也。
	白馬非馬，形名離也	白馬論曰：「馬者，所以命形也；白者，所以命色也。命色者非命形也。」
147	殷湯問於夏革	革字，莊子音棘

〔註36〕明白指出：《列子》書中脫去「西登弇山」四字，若爲張湛作僞，當不致此。

149	朕以是知四海、四荒、四極之不異是也	四海、四荒、四極，義見爾雅。
～150	朕亦焉知天地之表不有大天地者乎？	鄒子之所言，蓋其掌握耳〔註37〕。
151	渤海之東不知幾億萬里，有大壑焉，實惟無底之谷	事見大荒經。詩含神霧云：「東注無底之谷」。
	名曰歸墟	莊子云「尾閭」
153	乃命禺彊	大荒經曰：北極之神名禺彊，靈龜爲之使也。
	使巨鼇十五舉首而戴之	離騷曰：巨鼇戴山，其何以安也？
155	至伏羲神農時，其國人猶數十丈	山海經云：東海之外，大荒之中，有大人之國。河圖玉板云：從崑崙以北九萬里，得龍伯之國，人長四十丈，生萬八千歲始死。
	從中州以東四十萬里得僬僥國，人長一尺五寸	事見詩含神霧
	東北極有人名曰諍人，長九寸	見山海經。詩含神霧云：「東北極有此人。」
156	終北之北有溟海者	（終北，）莊子云「窮髮」
157	翼若垂天之雲，其體稱焉	莊子云，鯤化爲鵬。
158～159	吳楚之國有大木焉……地氣然也。	此事義見周官
160	投諸渤海之尾，隱土之北	淮南云：「東北得州曰隱土。」
161	操蛇之神聞之	大荒經云：「山海神皆執蛇。」
162	道渴而死。棄其杖，尸膏肉所浸，生鄧林。鄧林彌廣數千里焉。	山海經云：「夸父死，棄其杖，而爲鄧林。」
167～168	秦之西有儀渠之國者……而未足爲異也。	此事亦見墨子。
172	自有知其然者也	墨子亦有此說（指「均不絕」之理）
	引盈車之魚	家語曰：「鯤魚其大盈車。」

〔註37〕鄒衍爲列子身後之人。

180	與盛姬內御並觀之	穆天子傳云：盛姬，穆王之美人。
182	彀弓而獸伏鳥下	戰國策云，「更贏虛發而鳥下也」。
184	造父之師曰泰豆氏	泰豆氏見諸雜書記
190	（火浣布章）	此周書所云
239	子知持後，則可言持身矣。	老子曰：「後其身而身先。」

全書引用古籍共有二十種之多〔註38〕，其中，明白指出引用《莊子》本文者有十五處之多，或稱：「莊子曰」或「莊子云」，或稱：「莊子有此言」。作僞者如果存心剽竊《莊子》之文以造僞書，自不至於舉出來源至十五處之多。此書如係張湛裒集群書所僞造，則張湛必不會在注中明言：此章文字與哪些古籍相似了。況且，既已標明其相關參考資料，似未可指爲「剽竊」。

（二）他注

頁碼	《列子》原文	張湛注文
4	是謂玄牝	王弼注曰：「無形無影，無逆無違，處卑不動，守靜不衰；谷以之成而不見其形，此至物也。處卑而不可得名，故謂之玄牝。」
	玄牝之門，是謂天地之根。綿綿若存，用之不勤。	王弼曰：「門，玄牝之所由也。本其所由，與太極同體，故謂天地之根也。欲言存邪？不見其形；欲言亡邪？萬物以生，故曰綿綿若存。無物不成而不勞也，故曰不勤。」
	生物者不生，化物者不化	向秀注曰：吾之生也，非吾之所生，則生自生耳。生生者豈有物哉？故不生也。吾之化也，非物之所化，則化自化耳。化化者豈有物哉？無物也，故不化焉。若使生物者亦生，化物者亦化，則與物俱化，亦奚異於物？明夫不生不化者，然後能爲生化之本也。
9	天有所短，地有所長，聖有所否，物有所通。	王弼曰：「形必有所分，勢必有所屬；若溫也，則不能涼；若宮也，則不能商。」

〔註38〕 莊萬壽則認爲，張湛注列子所旁引的古書並不太多，可能有兩個原因：一是魏晉三玄興起，注家以思想爲宗，與漢人注經大異其趣，根本用不著引證古書。二是張湛個人所看到的書，似乎不多。如〈天瑞篇〉有晏子的一段話，張湛注：「假託所稱」，楊伯峻以爲「處度未嘗見晏子書耳」見《列子集釋》，頁16。不過就當時而言，張湛能引出那麼多與《列子》有關的資料，確實是可貴的。見《道家史論》，頁212。

18	形動不生形而生影，聲動不生聲而生響	郭象注莊子論之詳矣。
34	汝身非汝有也，汝何得有夫道？	郭象曰：夫身者非汝所能有也，塊然而自有耳。有非所有，而況無哉？
	性命非汝有，是天地之委順也。	郭象曰：若身是汝有，則美惡、死生當制之由汝。今氣聚而生，汝不能禁也；氣散而死，汝不能止也。明其委結而自成，非汝之有也。
48	至人潛行不空	郭象曰：其心虛，故能御羣實也。
49	行乎萬物之上而不慄	向秀曰：天下樂推而不厭，非吾之自高，故不慄者也。
	物與物何以相遠也？	向秀曰：唯無心者獨遠耳。
	夫奚足以至乎先？是色而已。	向秀曰：同是形色之物耳，未足以相先也。以相先者，唯自然也。
51	死生驚懼不入乎其胸，是故遻物而不慴。	向秀曰：遇而不恐也。
	彼得全於酒而猶若是	向秀曰：醉故失其所知耳，非自然無心也。
	而況得全於天乎？	向秀曰：得全於天者，自然無心，委順至理也。
	聖人藏於天，故物莫之能傷也。	郭象曰：不闚性分之外，故曰藏也。
	鏑矢復沓	郭象曰：矢去也，箭鏑去復往沓。
	方矢復寓	郭象曰：箭方去，未至的，以復寄杯於肘，言敏捷之妙也。
52	夫至人者，上闚青天，下潛黃泉，揮斥八極，神氣不變。	郭象曰：揮斥猶縱放也。夫德充於內，則神滿於外，無遠近幽深，所在皆明，故審安危之機而泊然自得也。
～53	今汝怵然有恂目之志，爾於中也殆矣夫！	郭象曰：不能明至分，故有懼而所喪者多矣，豈唯射乎？
58	時其飢飽，達其怒心	向秀曰：達其心之所以怒而順之也。
60	善游者數能	向秀曰：其數自能也，言其道數必能不懼舟也。
	乃若夫沒人，則未嘗見舟而謖操之者也	向秀曰：能鶩沒之人也。
61	以瓦摳者巧，以鉤摳者憚，以黃金摳者惛。	郭象曰：所要愈重，則其心愈矜也。

65	纍垸二而不墜，則失者錙銖	向秀曰：累二丸而不墜，是用手之停審也，故承蜩所失者不過錙銖之間耳。
	若厥株駒	崔譔曰：「厥株駒，斷樹也。」
66	不以萬物易蜩之翼，何爲而不得？	郭象曰：遺彼故得此也。
70	有神巫……知人死生……期以歲、月……如神。鄭人見之，皆避而走。	向秀曰：不喜自聞死日也。
	列子見之而心醉	向秀曰：迷惑其道也
～71	始吾以夫子之道爲至矣，則又有至焉者矣。	郭象曰：謂季咸之至又過於夫子也。
71	吾與汝無其文，未既其實，而固得道與？眾雌而無雄，而又奚卵焉？	向秀曰：夫實由文顯，道以事彰。有道而無事，猶有雌無雄耳。今吾與汝雖深淺不同，然俱在實位，則無文相發矣；故未盡我道之實也。此言至人之唱，必有感而後和者也。
	夫故使人得而相汝	向秀曰：尢其一方以必信於世，故可得而相也。
72	向吾示之以地文	向秀曰：塊然若土也。
	罪乎不誫不止	向秀曰：萌然不動，亦不自止，與枯木同其不華，死灰均其寂魄，此至人無感之時也。夫至人其動也天，其靜也地，其行也水流，其湛也淵嘿。淵嘿之與水流，天行之與地止，其於不爲而自然一也。今季咸見其尸居而坐忘，即謂之將死；見其神動而天隨，便謂之有生。苟無心而應感，則與變升降，以世爲量，然後足爲物主而順時無極耳，豈相者之所覺哉？
	是殆見吾杜德幾也	向秀曰：德幾不發，故曰杜也。
73	向吾示之以天壤	向秀曰：天壤之中，覆載之功見矣。比地之文，不猶外乎？
	名實不入	向秀曰：任自然而覆載，則名利之飾皆爲棄物。
	而機發於踵	郭象曰：常在極上起
	是殆見吾善者幾也	向秀曰：有善於彼，彼乃見之；明季咸之所見者淺也。
	子之先生坐不齋	向秀曰：無往不平，混然一之。以管窺天者，莫見其崖；故以不齋也。

	向吾示之以太沖莫眹	向秀曰：居太沖之極，浩然泊心，玄同萬方，莫見其迹。
～75	鯢旋之潘爲淵，止水之潘爲淵，流水之潘爲淵，濫水之潘爲淵，沃水之潘爲淵，氿水之潘爲淵，雍水之潘爲淵，汧水之潘爲淵，肥水之潘爲淵，是爲九淵焉。	向秀曰：夫水流之與止，鯢旋之與龍躍，常淵然自若，未始失其靜默也。郭象曰：夫至人用之則行，舍之則止。雖波流九變，治亂紛紜，若居其極者，常澹然自得，泊乎無爲也。
75	向吾示之以未始出吾宗	向秀曰：雖進退同羣，而常深根寧極也。
	吾與之虛而猗移	向秀曰：無心以隨變也。
	不知其誰何	向秀曰：汎然無所係者也。
～76	因以爲茅靡，因以爲波流，故逃也。	向秀曰：變化頹靡，世事波流，無往不因，則爲之非我。我雖不爲，而與羣俯仰。夫至人一也，然應世變而時動，故相者無所用其心，自失而走者也。
	然後列子自以爲未始學而歸，三年不出	向秀曰：棄人事之近務也。
	爲其妻爨	向秀曰：遺恥辱
	食豨如食人	向秀曰：忘貴賤也
	於事無親	向秀曰：無適無莫也
	雕琢復朴，塊然獨以其形立	向秀曰：雕琢之文，復其真朴，則外事去矣
	忿然而封戎	向秀曰：真不散也
	壹以是終	向秀曰：遂得道也
77	內誠不解	郭象曰：外自矜飾，內不釋然也
	形諜成光	郭象曰：舉動便辟成光儀
	而鼇其所患	郭象曰：以美形動物，則所患亂至也。
	其爲利也薄，其爲權也輕，而猶若是。	郭象曰：權輕利薄，可無求於人，而皆敬己，是高下大小無所失者。
79	而汝不能使人無汝保也	郭象曰：任平而化，則無感無求。無感無求，乃不相保。
	感豫出異	郭象曰：先物施惠，惠不因彼豫出而異也。

82	以此勝一身若徒，以此任天下若徒，謂不勝而自勝，不任而自任也。	郭象曰：聽耳之所聞，視目之所見，知止其所不知，能止其所不能，用其自用，爲其自爲，順性而不競於物者，此至柔之道也。故舉其自舉，持其自持；既無分銖之重，而我無力焉。
83	兵彊則滅	王弼曰：物之所惡，故必不得終焉。
87	異雞無敢應者，反走耳	郭象曰：養之以至於全者，猶無敵於外，況自全乎？
102	二曰蘁夢	周官注云：蘁當爲驚愕之愕，謂驚愕而夢。
200	勿已，則隰朋可	郭象曰：「若有聞見，則事鍾於己，而羣下無所措其手足，故遺之可也。未能盡其道，故僅之可也。」
206	天之所惡，孰知其故	王弼曰：「孰，誰也。言誰能知天意耶？其唯聖人也。」

　　以上張湛註明引自向秀注者三十三條、引崔譔注者一條、引郭象注者共二十一條。張湛與之時代並非相遠，當時向、郭二《莊》並行，豈能明目張膽抄襲近人之名著、並一一明其出處，而從事僞作？事實上，張湛凡採他人之言，必加注明，決不像梁啓超所說的：爲炫名而造僞書，果然大出鋒頭〔註39〕。

三、坦言不解之處

（一）不知闕如

頁碼	《列子》原文	張湛注文
7	易無形埒	不知此下一字。
95	离㬥爲右	此古字，未審
142	白馬非馬	此論見在多有辯之者。辯之者皆不弘通，故闕而不論也。
	孤犢未嘗有母	不詳此義
	白馬非馬，形名離也	尋此等語，如何可解，而猶不瞭然。
	孤犢未嘗有母，非孤犢也	此語近於鄙，不可解〔註40〕。

〔註39〕　莊萬壽說：「古注引書常有未舉書名的現象，以致造成了許多竊注的訟案，張湛也有這種情形，但這是一種疏忽，體例不嚴謹，也可能是後世的奪文。」見《道家史論》，頁211。

〔註40〕　〈仲尼篇〉：「孤犢未嘗有母，非孤犢也。」張注：「此語近於鄙，不可解。」

此書如爲張湛僞造，爲什麼寫出自己不認得的古字、所不了解的話？再自稱「不知」、「未審」、「不詳」、「不可解」？以之作僞，豈非多費心機？

（二）不聞存疑

頁碼	《列子》原文	張湛注文
3	黃帝書曰：谷神不死	古有此書，今已不存。
23	林類年且百歲	書傳無聞，蓋古之隱者也
157	大禹行而見之，伯益知而名之，夷堅聞而志之	夷堅未聞，亦古博物者也。
	離朱子羽方畫拭眥揚眉而望之，弗見其形	子羽未聞
	䲧俞師曠方夜擿耳俛首而聽之，弗聞其聲	䲧俞未聞也。
161	命夸蛾氏二子	夸蛾氏，傳記所未聞，蓋有神力者也。

第一則值得注意。學者認爲這裡的「黃帝書」當指《黃帝四經》。而《黃帝四經》與《列子》思想間頗多相合之處。《十大經》中寓言人物如太山稽、力黑等，亦見於《列子‧黃帝》，而不見於先秦其他典籍〔註41〕。張湛說：「古有此書，今已不存」，大概他沒有看過這本書。如說他僞造《列子》卻又造出與「他沒有看過的書」相似的內容與人物，是令人難以置信的。

此外，《列子》如係張湛僞造，不當寫出自己都沒聽過的人物，再坦承「未聞」。其中，林類事蹟嘗見於《淮南子》〔註42〕，而張湛以爲書傳無聞。張注曾引《淮南子》，不會沒有看過這本書，也可能是忘了？若說張湛抄《淮南子》，則此條又如何解釋？張湛既以林類爲書傳無聞，並疑其爲古之隱者，至少此段當非張湛所僞。

俞樾說：「有母下當更疊有母二字——因古書遇重字多省不書，但於字下作二畫識之，故傳寫脫去耳。」楊伯峻：「俞說是也。張注以爲此句不可解，疑其所據本即已脫去，以致文義不明，故謂不可解也。」

〔註41〕 陳鼓應主編《道家文化研究》第 14 輯（三聯書局，1998 年 7 月第 1 版第 1刷），王博〈論三晉的道家之學〉一文，頁 69。

〔註42〕 《淮南子‧齊俗》：「林類，榮啓期衣若縣衰。」

四、誤解原書旨意

（一）注解錯誤

頁碼	《列子》原文	張湛注文	備　　註
12	此過養乎？此過歡乎？	遭形則不能不養，遇生則不能不歡，此過誤之徒，非理之實當也。	「過」當為「果」不為「過誤」；「養」當為「恙」不為「養形」。詳見本文〈名教觀〉一節
36	夫禾稼、土木、禽獸、魚鼈，皆天之所生，豈吾之所有？	天尚不能自生，豈能生物？人尚不能自有，豈能有物？此乃明其自生自有也。	《列子》原文明言「天之所生」說明天的默化之功。而張注云：「（天）豈能生物」，將天視為最高存有之下的稱代詞，與《列子》的天層級不同。
	吾盜天而亡殃。	天亡其施，我公其心，何往而有怨哉？	《列子》原文說明人為造作之害，要人回歸無為；張湛「我公其心」的命題，作了不同角度的發揮。
44	吸風飲露，不食五穀	既不食五穀矣，豈復須吸風飲露哉？蓋吐納之貌，不異於物耳。	《列子》原文是描述神人修養後所臻至神妙的境界。張湛「既不食五穀，豈復吸風飲露哉？」是個人的推論。又提出「吐納」之說，超出原文的涵義。
48	至人潛行不空，蹈火不熱，行乎萬物之上而不慄	向秀曰：天下樂推而不厭，非吾之自高，故不慄者也。	《列子》原文呈現的是至人經修養而獲致的境界，係想像之筆。張湛所引的文句較質實，且政治意味濃厚。此解較窄。
67	脩汝所以，而後載言其上	修，治也。言治汝所用仁義之術，反於自然之道，然後可載此言於身上也	「脩」當為「除」不為「修治」；「載」當為「再」不為「承載」。詳見本文〈名教觀〉一節
69	刳心去智，商未之能。雖然，試語之有暇矣。	夫因心以刳心，借智以去智；心智之累誠盡，然所遣心智之跡猶存。明夫至理非用心之所體忘，言之則有餘暇矣。	《列子》原文藉子夏與文侯之言說明孔子「能之而能不為」的精神。子夏說，他還不能做到「刳心去智」，但要說明這個道理還綽綽有餘；張湛卻從「心智之累」發揮，說明「至理非用心之所體忘」的道理。

104	古之眞人，其覺自忘，其寢不夢；幾虛語哉？	眞人無往不忘，乃當不眠，何夢之有？此亦寓言以明理也	《列子》原文在說明眞人神妙的境界，其特質爲「其覺自忘，其寢不夢」；張湛卻說眞人「乃當不眠，何夢之有」，認爲說眞人還須要寢眠只是「寓言」罷了，張湛恐怕推論過頭了。
110	而積年之疾一朝都除	上句云使巫醫術之所絕思，而儒生獨能已其所病者，先引華子之忘同於自然，以明無心之極，非數術而得復推；儒生之功有過史巫者，明理个冥足，則可以多方相誘。又欲令忘者之悟知曩之忘懷，實幾乎至理也。	《列子》以「忘」爲修道的某種境界，對之採取肯定的態度，儒生令華子的「忘」病得癒，雖可見華子的的修爲仍有不足，但治癒的結果，終究是修行的倒退。《列子》原來對儒生應該沒有稱許之意；張湛卻許其「功過於史巫」、「幾乎至理」，不符《列子》原意。
112	榮汝之糧，不若遄歸也	榮，棄也。	「榮」是「攍」或「嬴」的假借字，是「負擔」的意思。張湛注作「棄」，無法解釋。
175	柱指鉤弦	安指調弦	「柱」應爲「住」不爲「安」（按），意思是說：「不用手指來調弦」
186	丹氣甚猛，形甚露……不能稱兵以報之	有膽氣而體嬴虛，不能舉兵器也	「形甚露」的「露」，雖可解作「嬴」；但下文「醉而露我」的「露」作「嬴」卻不恰當，而應解作「裸露」；則此處「形甚露」似應解作「外形骨露」。
203	不可以生，不可以死	此義之生而更死，之死而更生者也	《列子》原文似應改作「可以生可以死」，與下文「得生得死，有矣」是在歸納「天福」；「可以生，可以死，或生或死，有矣。」是在歸納天罰。
212	得亦中，亡亦中	中，半也	「中」是「得宜」的意思，不是「一半」。
242	故不班白語道，失，而況行之乎？	色力既衰，方欲言道，悟之已晚。言之猶未能得，而況行之乎？	《列子》原文正要人班白時方語道，以未班白時語道爲失；張湛的注正相反，認爲不能等班白時方語道。詳見本文〈名教觀〉一節。

| 253 | 宋有蘭子者 | 凡人物不知生出主謂之蘭也 | 「蘭子」注作「人物不知生出主」,不知有何根據?未見其他書籍有類似記載;目前尚未見確切的解法,但張注此處的失實卻幾乎是定論。 |

張湛「注錯」的情形大致如此。如果張湛偽造《列子》一書,斷不會連自己寫的書,自己都解錯。這也是《列子》並非張湛所偽造的一個證據。

(二)為其圓說

頁碼	《列子》原文	張湛注文
27	古者謂死人為歸人。夫言死人為歸人,則生人為行人矣。行而不知歸,失家者也。一人失家,一世非之;天下失家,莫知非焉。	晏子儒墨為家,重形生者,不辨有此言,假託所稱耳。
115	魯之君臣日失其序,仁義益衰,情性益薄。此道不行一國與當年,其如天下與來世矣?	治世之術實須仁義,世既治矣,則所用之術宜廢。若會盡事終,執而不舍,則情之者寡而利之者眾。衰薄之始,誠由於此。以一國而觀天下,當今而觀來世,致弊豈異?唯圓通無閡者,能惟變所適,不滯一方。
116	吾始知詩書、禮樂無救於治亂,而未知所以革之之方。此樂天知命者之所憂。	唯棄禮樂之失,不棄禮樂之用,禮樂故不可棄,故曰,未知所以革之之方。而引此以為憂者,將為下義張本,故先有此言耳。
174	〈湯問〉篇「扁鵲易心」一則	此言恢誕,乃書記少有。然魏世華他能刳腸易胃,湔洗五藏,天下理自有不可思議者,信亦不可以臆斷,故宜存而不論也。
193	〈力命〉篇首章末注	此篇明萬物皆有命,則智力無施;楊朱篇言人皆肆情,則制不由命;義例不一,似相違反。然治亂推移,愛惡相攻,情偽萬端,故要時競,其弊孰知所以?是以聖人兩存而不辯。將以大扶名教,而致弊之由不可都塞。或有恃詐力以干時命者,則楚子問鼎於周,無知亂適於齊。或有矯天真以殉名者,則夷齊守餓西山,仲由被醢於衛。故列子叩其二端,使萬物自求其中。苟得其中,則智動者不以權力亂其素分,矜名者不以矯抑虧其形生。發言之旨其在於斯。嗚呼!覽者可不察哉!

220	太古之人知生之暫來，知死之暫往	生實暫來，死實長往，是世俗長談；而云死復暫往，卒然覽之，有似字誤。然此書大旨，自以爲存亡往復，形氣轉續，生死變化，未始絕滅也。注天瑞篇中已具詳其義矣。
221	伯夷非亡欲，矜清之郵，以放餓死。展季非亡情，矜貞之郵，以放寡宗。清貞之誤善之若此！	此誣賢負實之言，然欲有所抑揚，不得不寄責於高勝者耳。
222	恣耳之所欲聽，恣目之所欲視，恣鼻之所欲向，恣口之所欲言，恣體之所欲安，恣意之所欲行。	管仲功名人耳，相齊致霸，動因威謀。任運之道既非所宜，且於事勢不容此言。又上篇復能勸桓公適終北之國，恐此皆寓言也。
227	〈楊朱〉篇「子產相鄭」一章末注	此一篇辭義太逕挺抑抗，不似君子之音氣。然其旨欲去自拘束者之累，故有過逸之言者耳。

第一則中，張湛以爲晏子不會說這樣的話；但事實上，今本《晏子春秋·內諫上》云：「晏子曰：『昔者上帝以人之沒爲善，至者息焉，不仁者伏焉。』」與〈天瑞〉篇晏子所說的話相同，張湛既疑其爲假託，可證：此段並非張湛抄自《晏子春秋》而來。二、三則實不合作者原意，而是張氏替其圓說，詳見本文「名教觀」一節。第四則張氏譏「易心」之事爲恢誕、第五則疑其「義例不一，似相違反」〔註43〕、第六則曰：「卒然覽之，有似字誤」〔註44〕第七則評其爲「誣賢負實之言」、第八則所謂「任運之道既非所宜，且於事勢不容此言」、第九則批評〈楊朱〉篇的放逸思想「太逕挺抑抗，不似君子之音氣」，或批判，或質疑，儘管張湛隨後都加以善巧地曲爲之解，但仍可看出：與原書作者的意思顯然有別。照理說，作僞者志在爲某種思想或教義張目，今竟然故意將這些「容易引起讀者起疑」的內容列入書中，再從而註解，實在沒有必要。則知《列子》應非其所僞撰。

綜上所述，我們認爲，《列子》一書並非張湛所僞造的。理由有四：

〔註43〕 莊萬壽認爲，由於兩篇的資料來源不同，並不一定要彼此調和。張湛認爲同是列子的作品而加以修正。見《道家史論》，頁225。

〔註44〕 舒莘在〈列子楊朱篇享樂主義倫理學說批判〉中，以張湛此注符合原意，恐未必然。《列子》齊死生，生死皆是個體生命的短暫存在的表現型態；張湛則以「生」爲個體生命在世間的短暫停留，「死」爲生命終極的落點所在、才是恒常的狀態。雖云「世俗長談」，但仍質疑《列子》的說法「有似字誤」，可見張湛亦同意這種世俗的看法。這是張湛與原書相異之處。

一、對書中的錯字加以校勘、提供不同版本作爲比對、有不合史實的部分亦作更正、明白指出材料重疊的現象，作僞者不必如此大費周章：先寫出錯的、向讀者揭露它的謬誤，而後再校正爲對的。

二、他所看到與《列子》相關的資料一一列出。作僞者必不會這樣自己提供抄襲來源。

三、對於不能解、未曾聽聞的事理，皆保留下來。作僞者不會寫出自己都不能解的話來。

四、有些地方與原意不合。作僞者不會看不懂自己寫的話〔註45〕。

可以說，毫無任何跡象顯示：《列子》書是張湛僞造的。事實上，張湛爲《列子》作注，態度是極謹嚴的，不明白的地方不強作解人，即使懷疑有誤之處，亦盡可能保存原書舊貌，不敢隨意改動。誠如嚴靈峰所說：

> 縱其對錯簡、譌文未能一一識別、補正，彼或因歷史條件之所限，
> 而囿於爲學與校讎之方法；但其有功於列子書固不可沒也〔註46〕。

若無確實可靠的證據，而任意加以僞造罪名，對張湛實在有失公允。在此要還張湛一個清白——《列子》並非張湛僞作。因懷疑是張湛僞作，而以《列子》爲僞書的人，也同樣是站不住腳的。

綜合前兩節的討論可以得知：

1. 先秦應有列子其人其書，只不知：先秦的《列子》和今本《列子》有何異同？
2. 今本《列子》的樣貌，是魏晉時期固定下來的。
3. 依張湛注文觀之，他僞造《列子》的嫌疑並不能成立。

本文將基於這樣的前提，對《列子》及張湛的《列子注》展開討論。

〔註45〕錢鍾書說：「張之於列，每犯顏讜論，作諍臣焉。頗乖古註常規，殊爲差事……此皆獻疑送難，匡救而或復斡旋也。苟本文即出註者僞託，則註者自言寡陋與夫訟言作者之失，均讀張爲幻，兩舌分身，所以堅人之信而售己之欺……顧張湛強不知以爲知，未解而強爲解，穿鑿垂刺，亦往往而有。苟本文與註文果出一手，則虎項金鈴，繫者能解，當不至窘閣爾許……足徵本文雖嫁名於列禦寇，而僞託者未必爲作註之張湛。」見《管錐編》（二）（書林，民國79年8月），頁468～470。

〔註46〕見《列子辯誣及其中心思想》，頁265。

第三節　張湛及其《列子注》

　　東晉的學術文化基本上是在西晉的基礎上發展起來的。但由於政治環境、現實狀況……等種種因素的不同，使得東晉的學術文化亦具備了不同於前代的特點。西晉玄學是清談的主要內容，東晉時清談內容無甚新意。《世說新語・文學》載：「王丞相過江左，止道〈聲無哀樂〉、〈養生〉、〈言盡意〉三理而已。」又云：「《莊子・逍遙篇》舊是難處，諸名賢所可鑽味，而不能拔理於郭、向之外。」〔註47〕是以一般認為，東晉玄學無論談論的內容還是水平都沒有超出西晉。而東晉清談大多臨時選定一個題目，各逞機鋒，不一定留下記錄，因此討論經典專門性的著作大概只有張湛的《列子注》。

　　由於先秦文字簡陋、書寫工具落後，使古書有概念模糊，範疇混淆的缺點。後來，加以時空的推移，漢人有看不懂前人書籍的現象，而掀起了註解古書的風氣。主要是對原作進行內容的闡釋、名物制度的考察、文字的考訂和字義的解答等等。時至魏晉，作注的重點不在疏通經義，人們往往以作注的方式來闡發自己的思想、建構自己的理論。注疏不能離開原著，但他們只把原著作為一種憑藉而不為其所限。利用前人的思想資料，創立新意。就其所創立的新意而言，實際上是反映了新的時代需要。而且隨著個人見解的不同，有的注並不一定能代表原著的宗旨。但它究竟是依據原著引申出來的，也不能說與原著的本義毫無關聯。一些有代表性的哲學體系，大多是通過重新解釋經典的形式建立起來的。如：王弼注《易》、注《老》、注《論語》，郭象注《莊子》，都是借題發揮，以述為作。從另一個角度來看，思想資料是過去時代的產物，體現著前人探索宇宙人生奧祕所取得的成果。但這些資料在新的歷史條件下，不能原封不動地套用，必須重新解釋，有所改變，有所發展，才能獲得新的生命，具有新的意義。新的哲學觀念就是在這種重新解釋經典的過程中產生的。

　　張湛跨越出「三玄」的範圍，而討論《列子》一書，事實上也是以述為作。藉《列子》一書，提出他個人理想的人生境界。是以應將《列子》與《列子注》視為兩個「不同而相關」的思想體系。說「不同」是因為：在《列子注》中，由於張湛必須遷就《列子》的原文，是以不能因此就認為所有注都

〔註47〕見楊家駱主編《諸子集成》第一集第六冊（世界書局，民國 61 年初版），頁55。

是張湛個人的見解——特別像〈楊朱篇〉注中有縱欲的成分，但不能因此就認爲是他的思想，其實他並不是縱慾主義者。在處理資料時，應釐清《列子注》與《列子》各自不同的觀點。說「相關」是因爲：注家也不能一味以自己主觀的見解和理論強加於原書章句之上，同時也要對那些生澀難懂的句子，在不違背句義的原則下，加以疏解，讓語意明晰清楚。張湛在這一方面也下了很大的工夫。

在討論張湛《列子注》的思想之前，先會遇到一個問題。謝如柏說：

> 就一個詮釋者而言，只要他有心曲解附會，任何彼此之間相互矛盾、南轅北轍的思想都可能被解釋得水乳交融、渾然一體。因此，如果《列子》思想本非一個一貫的整體，而詮釋者先入爲主地以爲它應該是一套完整的體系，他可能會爲了建構這套「大一統」的體系而刻意曲解原書中思想各自不同的篇章，結果造成對《列子》思想的全面誤解〔註48〕。

因爲《列子》大抵非一時一地一人之作，所以會出現這樣的問題。然而，儘管《列子》原書各篇，「不似一家之言」，且卷秩並非完好；但是如果說，張湛透過注釋《列子》，展開自己對宇宙、知識、人生等重大問題的觀點，自有一貫的立場，應該不會有太大的問題〔註49〕。

再來要考慮的是：大凡一種思想在哲學發展史上占有一定地位，往往也必須先去討論前人已提出的重要問題，或繼承而發揮，或質疑、批判，或吸納而改造之。魏晉風氣所趨，張湛必然是老莊的門徒，清談的健將。他在《列子注》中引何晏、王弼、向秀、郭象諸家言論，說明他對玄學正統派的理論相當熟悉。然而，張湛的思想體系只是單純地雜糅各家的說法，還是又提出了一些新的命題及概念？他的理論架構爲何？整個思想的幾個子題內在聯繫的關係如何？以及，《列子》與《列子注》同異之處爲何？這些都是本文所要探討的。

《列子》的版本較多，本文採華正書局於民國76年9月初版，楊伯峻的《列子集釋》爲底本，以下不一一列出。

〔註48〕　《列子「命」概念及其相關問題研究》，頁38。
〔註49〕　封思毅〈列子張湛注纂要〉（《中國國學》第23期），頁43。

第二章　天道論

　　何謂天道？古人多以「天」指稱超越界，西周以前，「天」主要繫於天命思想，被理解爲主宰禍福吉凶的人格神。孔子的天，並未完全褪盡神祕色彩。但他眞正關心的是：天爲人間社會的「應然」提供什麼樣的啓示？遂將重心轉移至人類的動機與行爲〔註1〕，天成了人間道德價值的最後根源，發展出道德準則的意義，儒家即以之建立人類道德的普遍要求；老子則把「天」的人格神面貌與屬性完全化解，並將原屬於「天」的某些特質歸給「道」，「道」成爲一切存在的本原。從此，在同爲「創化的原動力」、「自然的原理」上，「道」與「天」是相通的〔註2〕。基於此，爲了討論方便，本文除非另作說明，凡單言「天」或單言「道」，皆指統合萬有的終極概念，而不言「天或道」。

　　天道觀一向是中國哲學家關心的重要問題。先秦各家大多透過其對天道

〔註1〕　見傅佩榮《儒道天論發微》（學生書局，民國77年8月第二次印刷），頁110、
　　　　126。這種務實的思想，《論語》一書所在多有。如〈述而〉：「子不語怪力亂
　　　　神」、〈公冶長〉：「夫子之文章可得而聞也，夫子之言性與天道，不可得而聞
　　　　也。」不但自己不願談論，也不願弟子談論，〈先進〉篇中，當弟子季路問事
　　　　鬼神，「子曰：『未能事人，焉能事鬼？』曰：『敢問死。』曰：『未知生，焉
　　　　知死？』」〈雍也〉篇對樊遲說：「務民之義，敬鬼神而遠之。」朱熹注：「專
　　　　用力於人道之所宜，而不惑於鬼神之不可知。」所以〈學而〉篇中，孔子教
　　　　學生：「學行有餘力，則以學文」他所傳授全是務本之學。〈學而〉篇中，有
　　　　若又說：「君子務本，本立而道生」。把形而上的道，建立在形下的人生實踐
　　　　方面。〈雍也〉篇所謂：「知之者不如好之者，好之者不如樂之者。」朱熹注
　　　　引尹氏曰：「知之者，知有此道也；好之者，好而未得也；樂之者，有所得而
　　　　樂之也。」凡此皆可見孔門之學爲務實之學。
〔註2〕　同註1，頁213、251、264。

所持的信念，及對天人關係的看法，推衍其學說，並說明人生之實然與應然。因此，各家對天道的詮釋不同，就會開展出不同的思想體系。我們可以透過各家的天道觀，來了解他們對人生的基本態度。本文擬分析張湛在《列子注》中，怎樣將其天道觀鋪展開來？並探討他所謂的天道與萬物的關係為何？期能理出張湛《列子注》天道觀內在的系統脈絡。

第一節　道之性格

一、獨立性

　　這裡所謂「獨立性」是指：作為萬物本體的「道」，不會受到現象界生滅變化的影響。

　　從現象看，世界上一切具體的存在物，都處在不停的生化之中，凡是有生命的東西都會死亡。不僅人如此，具體的存在物如此，即使是天地那樣的龐然大物，也不能保證永恒存在。事物有生就有死，有成就有毀，任何東西也逃脫不了這種命運：

> 陰陽四時，變化之物，而復屬於有生之域者，皆隨此陶運；四時改而不停，萬物化而不息者也。（〈天瑞〉：「陰陽爾，四時爾」句下注）

> 成者方自謂成，而已虧矣；生者方自謂生，潛已死矣。（〈天瑞〉：「往來相接，間不可省，疇覺之哉？」句下注）

> 苟無暫停之處，則今之所見，常非向之所見，則觀所以見，觀所以變，無以為異者也。（〈仲尼〉：「凡所見，亦恒見其變」句下注）

> 其間遷易，無時暫停，四者蓋舉大較而言者也。（〈天瑞〉「人自生至終，大化有四」句下注）

而這一切變化，皆在暗中、極其緩慢地、不知不覺地進行著。生命自生而老至死，體貌的變化雖至為精微，但卻不曾間斷：

> 生實暫來，死實長往，是世俗長談；而云死復暫往，卒然覽之，有似字誤。然此書大旨，自以為存亡往復，形氣轉續，生死變化，未始絕滅也。（〈楊朱〉：「太古之人知生之暫來，知死之暫往」句下注）

> 生化相因，存亡復往，理無間也。（〈天瑞〉：「常生常化者，無時不生，無時不化」句下注）

代謝無間，形氣轉續，其道不終。（〈天瑞〉：「往復，其際不可終」
句下注）

尋此旨，則存亡（貧富貴賤壽夭……）往復無窮已也。（〈天瑞〉：「吾
又安知營營而求生非惑乎？亦又安知吾今之死不愈昔之生乎？」句
下注）

各種具體事物的死亡或毀滅，並不意味著整個世界的終結——一個生命死亡
了，還會產生另一個東西，萬物蕃息不已，推陳出新。宇宙萬象循環往復，
朝逝暮至，寒來暑往，少壯老死，川流而不息，物生而不窮。整個世界，就
是在這種無限的新陳代謝的過程中永存的。道體正因不斷周行運動，是以永
恆而不殆。

　　天地萬物無時而不動，無動而不變，哲人見此，難免會思考：差別性的
萬有，是否具有統一的本質？在具體的、有限的、紛紜複雜、變動不居的現
象界之上或之後，是否有一個貫穿一切的原理、或更根本的本體？否則，這
個多樣的現實世界，豈不是雜亂無章、統一不起來？而萬物的生化，又有何
根源或根據？

夫巨細舛錯，修短殊性，雖天地之大，群品之眾，涉於有生之分，
關於動用之域者，存亡變化，自然之符。夫唯寂然至虛、凝一而不
變者，非陰陽之所終始，四時之所遷革。（「天瑞第一」注）

事物不斷變化，那麼，是否有不「變化」之「常」者呢？變化有沒有最終的
原因呢？在張湛看來，現象世界的萬事萬物，都是「忽爾而自生」的，忽爾
而自生，只是不知其所以生而生，決不是由無而生。而天地萬物之所以能夠
生生化化，循環往復無窮極，是因為背後有一无形无名、寂然不動、沖虛至
極、超言絕象的本體與之同在。它並不直接生化萬物，只是為有形界的生生
化化提供根據。

夫盡於一形者，皆隨代謝而遷革矣；故生者必終，而生生物者無變
化也。（〈天瑞〉：「生之所生者死矣，而生生者未嘗終；形之所形者
實矣，而形形者未嘗有；聲之所聲者聞矣，而聲聲者未嘗發；色之
所色者彰矣，而色色者未嘗顯；味之所味者嘗矣，而味味者未嘗呈」
句下注）

至無者，故能為萬變之宗主也。（〈天瑞〉：「皆無為之職也」句下注）

張湛為了把這個東西與物區別開，把它叫作「無」。「無」即非物之意。世界

上的事物具有無限的多樣性，每一個「有」只不過是個別的存在物，個別存在物是不可能作為所有事物生成變化的根據的。與「有」相反，這個本體「無」沒有任何具體的形相和屬性，是形而上、抽象化了的絕對。惟其超言絕相，才能生成萬物。一切有形的具體事物，都是這個本體的體現。所以說，「無」是萬物的宗本。人們可根據萬有的存在，逆推其必有存在的根據。換言之，它是爲作為「形與氣的主宰」和「運動變化的根據」而存在，並發揮作用的。

　　　　不化者，固化物之主。（〈天瑞〉：「不化者能化化」句下注）

　　　　（有化）今存亡變改也。（不化）化物而不自化者也。（〈天瑞〉：「有化不化」句下注）

列子是道家人物，在天道思想上，有許多與先秦兩漢道家相似之處。此處《列子》原文是：「不生者能生生，不化者能化化。」《莊子·大宗師》亦說：「殺生者不死，生生者不生。」文字近似者另有《淮南子·俶眞》：「夫化生者不死而化物者不化。」〔註3〕〈精神篇〉：「化物者未嘗化也」〔註4〕事實上，「道」的獨立性，在《老子》書中即已提出。二十五章：「獨立而不改」說道獨立長存永不變滅。《莊子·知北遊》：也說「彼爲盈虛非盈虛，彼爲衰殺非衰殺，彼爲本末非本末，彼爲積散非積散也。」道使物有盈虛，而自身卻沒有盈虛的變化；使物有衰殺的現象，但自身卻永遠沒有衰殺的時候。道使物有終始，自身卻沒有終始的區分；使物聚散，自身卻沒有聚散〔註5〕。雖然文字不同，說的也都是道的獨立性。

　　這個事物所賴以存在的根據，雖然以某種形式在萬物內存在，但它自己同時有獨立性的存在。它超越於有形事物之外，而非事物本身的存在，不受有形世界的任何影響。和有形事物不同。一切有具體型態的事物，「皆隨代謝而遷革」，都會隨事物遞嬗變滅而遷延革易，都有生成與毀滅的過程，而道則是無始無終的。一個有生有滅的東西不可能作為整個世界生化的根據。只有那能夠生化萬物的「生生者」、「化化者」，沒有元氣的聚散變遷，不會隨著時間的流逝而有量的增減或生死榮枯的質變。它虛無寂靜、不生不化、自身無所謂生滅，也可以說永遠不滅，是一永恒的存在，才能作為世界生化的

〔註3〕　《諸子集成》第一集第五冊，頁31。
〔註4〕　《諸子集成》第一集第四冊，頁105。
〔註5〕　終始指存亡而言。聚散是指氣的聚散，換言之，也是指存亡。

根據。

> 此曰易，易亦希簡之別稱也。太易〔註6〕之義如此而已，故能爲萬
> 化宗主、冥一而不變者也。（〈天瑞〉：「易無形埒」句下注）

> 所謂易者，窈冥惚恍，不可變也；一氣恃之而化，故寄名變耳。（〈天
> 瑞〉：「易變而爲一」句下注）

這兩段話中的「易」，有「簡易」、「不易」、「變易」三種意思。第一個「易」，
是在解釋《列子》書中的「太易」。「太易」是指比有形之氣更爲原始的物質，
《列子》用它來說明宇宙生成和演化的原理，也就是《列子》上面所說：「氣、
形、質具而未離；故曰渾淪」的「渾淪」。張湛以「希簡」釋之，「希簡」則
是取「簡易」義。在演化之前，形質尚未顯現，萬有之本體俱在一氣渾淪之
中，無象無狀，尚無分別。而後由氣而形，由形而質，俱爲玄妙變化之功能，
故謂之「易」。然而，作爲萬物變化的宗主，冥然凝一、窈渺玄冥、若有若無，
本身其實並不會變化。因爲整個大氣憑藉它而變化，所以暫時假借「變易」
這樣的名稱。實則，本體本身永遠「不易」——永不落入生滅變化的過程，
這點必須先確立，否則，本體生則萬物生，本體滅，則萬物亦隨之而滅，這
樣一來，現象界的生生不息，就不能得到保證。

二、永恒性

在宇宙論上，張湛認爲：著眼於一事一物，則萬物有始有終，然若能以
一寬大之胸懷，站在本體的高度去觀察、去審視，則萬物均在現象世界裡不
停地運動、遷革、變化，循環往復，無所窮盡，無所謂始，也無所謂終。

> 聚則成形，散則爲終，此世之所謂終始也。然則聚者以形實爲始，
> 以離散爲終；散者以虛漠爲始，以形實爲終。故迭相與爲終始，而
> 理實無終無始者也。（〈天瑞〉：「終進乎？不知也」句下注）

〔註6〕　許多學者認爲，此處的「太易」或「易」就是「道」或「本體」。一個有力的
理由是：《列子》原文「視之不見，聽之不聞，循之不得，故曰易也」的說法，
和《老子》十四章「視之不見名曰夷，聽之不聞名曰希，搏之不得名曰微。
此三者不可致詰，故混而爲一」對「道」的形容十分相似。見吳康〈列子學
述〉（《中華文化復興月刊》第1卷第8期，民國57年11月），頁73、嚴靈峰
《列子辨誣及其中心思想》，頁112、周紹賢《列子要義》，頁18、楊汝舟〈列
子神祕思想之意旨（二）〉，《中華易學》第4卷第7期（民國72年9月），頁
22、李季林〈論列子的有無、名教自然觀〉（《孔孟月刊》第35卷第10期），
頁36、嚴北溟、嚴捷《列子譯注》，前言頁9。

> 今之所謂終者，或爲物始；所謂始者，或是物終。終始相循，竟不
> 可分也。(〈湯問〉：「物之終始，初無極巳。始或爲終，終或爲始。
> 惡知其紀？」句下注)

這種觀念與先秦道家有關：《老子》十六章：「萬物並作，吾以觀復。夫物芸
芸，各復歸其根。歸根曰靜，是謂復命。復命曰常。」紛紜的萬物，最後都
要各自回歸本根，這是常道。二十五章：「周行而不殆」是說道循環運行而生
生不息。

《莊子‧大宗師》：「夫道……未有天地，自古以固存……先天地生而不
爲久，長於上古而不爲老。」〔註7〕是說道貫古今。〈則陽〉：「窮則反，終則
始。此物之所有」窮則反，終則始，這是事物運轉變化的現象與規律。又說：
「吾觀之本，其往无窮；吾求之末，其來无止。」往前追溯道的本原，其過
往無窮；往後預測，未來亦無窮。可見道的「永恒性」。它無所謂最早的起點，
也無所謂最後的終點。事物的變化是一個無限的過程。一般人所說的「始」，
是指氣的聚合構成形體，所謂「終」，是指氣的離散。但是，以「聚合」的標
準來看，形體固實是爲開始，形體離散是爲結束；從「離散」的角度來說，
空虛廣漠是爲開始，形體固實才是結束。這樣看來，所謂的終了，從另一個
角度來看，可能是事物的開始；所謂的開始，換個立場，也可能是事物的終
了，二者輪替，相互作爲開始和結束，始終相循環，究竟是不能分割的，因
此，道理上實在是沒有開始結束之分的。

> 有既無始，則所造者無形矣；形既無終，則所止者無化矣。(〈黃帝〉：

〔註7〕 《老子》談道，對「道」的實體性作了許多客觀的描述，本體論與宇宙論的
意味較重；但從內篇來看，《莊子》卻很少描述「道」是什麼，而將它轉化爲
得道後心靈的境界。唯獨〈大宗師〉此章對「道」的本體作了簡明的敘述。
有些學者即從「境界」來說明老莊的不同。例如：徐復觀認爲，莊子主要的
思想，是將老子客觀的道，內在化而爲人生的境界。牟宗三先生說：「老子之
道有客觀性、實體性、及實現性，至少亦有此姿態。而莊子則對此三性一起
消化而泯之，純成爲主觀之境界。故老子之道爲『實有形態』，或至少具備『實
有形態』之姿態，而莊子則純爲『境界型態』。」陳鼓應說：「莊子對老子思
想的最大發展，是他把在老子那裡主要是宇宙論及本體論意義的道轉化爲
心靈的境界，從而使莊子哲學主要成爲一種境界哲學。莊子最關注的是人體
道之後的境界及達到此種境界的門徑，而不是客觀、實存的道。」見徐氏《中
國人性論史》，頁391、牟氏《才性與玄理》(學生書局，民國82年2月修訂
8版台7刷)，頁177、陳氏《老莊新論》(五南書局，民國84年4月初版2
刷)，頁123。

「則物之造乎不形，而止乎無所化」句下注）

無始故不終，無有故不盡。（〈天瑞〉：「道終乎本無始，進乎本不久」
句下注）

萬物遷流不止，因此，有形質的物在「開始」時候的狀態，和在它「終了」
時候的狀態不會相同，可以說，萬物會因時間的不同而產生差異。換言之，
萬物存在及活動的這個世界，具有時間的分別，所以萬物也隨著時間的分別
而具分別性。但是，在時間之流上回溯宇宙的本原是徒勞無功的，因為，宇
宙的本體在還沒有天地以前已經存在，既然無所謂「開始」，所以就不會「結
束」，不是「實有」的物質型態，所以不會竭盡。事實上，它超越以時間來限
定的範圍，不受時間的限制，就是不能在過去或未來安置下定點而限定於
「始」與「終」，它是沒有「始」、沒有「終」、無限永久的東西。

至於實際上，宇宙究竟有無終始？莊耀郎先生曾說：

宇宙論問題，康德（Immanuel Kant，1724～1804）早已指其為純粹
理性之背反，即是既能證明：宇宙在空間和時間中有一起始，也同
時能證明：宇宙並無一起始，而是無限的。同時，現在的學者也認
為：宇宙論問題，已經是科學史所探討的對象，而不是一哲學問題
〔註8〕。

宇宙有無始終的問題，不能在宇宙論的思辨中得到解決。張湛提出「宇宙無
始無終」的結論，旨在打消「有始有終」的謬誤思考，而不在對「無始無終」
作任何思考推究性的把握。這一「宇宙無始無終」已不和「宇宙有始有終」
相對立，因它已超越思考的層面。只有在思考的層面，才有「無始無終」和
「有始有終」的針鋒相對，而在超越思考的觀點上，根本無所謂「無始有始」。
也可以說，張湛是將「有始無始」兩種說法一併打落，兩忘而化去。這樣一
來，就能避開對宇宙生成那些糾纏繚繞、無意義的臆測。

三、完整性

張湛所建構的世界觀，是始卒若環、成毀相續、生死冥同的。不管個體
如何變化，事物之「有」，決不會化為「無」，它只可能改變，不可能憑空消
失，不管是一種什麼形式的存在，它總是一種存在：

夫生死變化，胡可測哉？生於此者，或死於彼；死於彼者，或生於

〔註8〕莊耀郎先生《王弼玄學》（師大國文研究所博士論文，民國 80 年），頁 93。

> 此。而形生之生，未嘗暫無，是以聖人知生不常存，死不永滅，一
> 氣之變，所適萬形。萬形萬化而不化者，存歸於不化，故謂之機。
> 機者，群有之始，動之所宗，故出無入有，散有反無，靡不由之也。
> （〈天瑞〉：「種有幾」章注）〔註9〕

有形的事物都是有限的，它受制於物質和時空因素的重重設定。前面說「盡
於一形者，皆隨代謝而遷革矣」，所有有形之物皆處於流變的過程當中，因此，
沒有一件事物和現象，不是暫時的過程。而有形之物的「成毀」，就是它存在
的極限。然則，天地何以能生生不息？《列子》原文透過一連串有關生物進
化的描述，闡發「萬物皆出於機，皆入於機」的觀點。「機」即是此段開頭「種
有幾」之「幾」。《易·繫辭下》：「幾者，動之微」〔註10〕，指極微細、萬物
由之而生的原始質素〔註11〕。我們之所以不能察覺萬物的變化，正因為萬物
的變化是從極小的物質開始的，肉眼觀察不到。幾微入水，化為續斷、為青
苔；登陸，化為草、為蟲、為鳥、為獸，乃至為人；人死又化成幾微，返回
自然無窮循環變化之中。萬物的生命，皆由最小的物質單元化生出來。生物
死亡以後，肉體腐化，又化生為其他生物，幾經轉變，而後又會化為最小的
物質單元。事物之間，不僅有著互相依存的關係，而且更重要地，還有著互
相轉化的關係。萬物可以憑藉氣之形式的變化而互相轉化，甲可以化成乙，
乙再化成丙。一物與他物的不同，不過是氣的表現形式不同。此種「氣」的

〔註9〕 胡適認為：此段文字所指出的原理：一、生物由簡單變為複雜；二、由一種
生物蛻化為另一種生物；三、由原來簡單發展到複雜，再由複雜回復到原始
狀態。在今天科學進步到新的時代仍然適用。莊萬壽則說：「這一章不是為科
學研究而寫的報告，而是在當時文化的基礎上，來闡發道家的宇宙觀。作者
以浪漫的手法，用『一氣之變，所適萬形。』（張湛列子注語）來說明『天地
與我並生，而萬物與我為一。』（莊子齊物論）的最高原理。因此，在這樣受
到知識水平的客觀局限……的……束縛下，我們不可能發現這些話能符合科
學的進化論。然而，它畢竟認識到人只是生物中的一支，且不免於生態的循
環，這與聖人神化的觀點大異其趣」胡適、莊萬壽、嚴靈峰等都曾試著以近
代科學的知識解釋《列子》這段文字，雖皆言之成理，只是，究竟能否作這
樣的推斷，這些人亦持保留的態度，在此聊備一說。參考嚴靈峰《列子辯誣
及其中心思想》，頁116～120。莊萬壽〈列子「種有幾」章的新解〉（《大陸雜
誌》第59卷第2期），頁86～90。
〔註10〕 嚴靈峰編輯《無求備齋易經集成》第三冊（成文出版社），頁327。
〔註11〕 鄭基良比之為現代物理學最小的單元——夸克。他認為這是生命中最微小的
元素。這種講法是為了方便吾人今日之想像；但能否作這樣的類比，恐仍待
商榷。見〈列子生死學研究〉，頁143。

架構，成功地將時間、空間、萬物與人聯絡成為一個有機連續體。另一方面，也正由於事物間常轉化，發生質變，才造成世界上物質的多樣性。可以說，有限的存在物質，藉著轉化的作用，一直周行於宇宙的「無限」之中。當有限存在的物質形體滅逝之後，它並未自宇宙逸去，只不過是回歸消融於全體生命之源，再轉換為另一種型態的存在〔註 12〕。原先的生命型態雖告消逝，構成此型態的「一氣」，仍然流行於大化六合之內。這種道生物，物變滅復反於道的觀念，與《老子》的「夫物芸芸，各復歸其根。」的思想是相同的。而道物相循的觀念也是道家所共同的。

> 俱涉變化之塗，則予生而彼死；推之至極之域，則理既無生，亦又
> 無死也。（〈天瑞〉：「唯予與彼知而未嘗生未嘗死也」句下注）

看來，對「流變」不同的了解，可產生不同的觀點。從個別的事物來看，萬物雖在既定的時空條件下，有生死、大小之變化，以不同的形狀樣態而更相代謝；然以本體觀之，這些變化只是內在於萬物的「一氣」之流行〔註 13〕。元氣聚則為萬物，萬物散而為元氣，元氣的積聚和離散兩種狀態交相更替，互為終始。生命與生命之間，只是相互輪轉而已。此生彼死，彼死此生，生的過程，同時也就是死的過程；毀滅的同時，也正走向生成。世界萬物的普遍聯繫，也就表現在物之成毀相續的運動變化中。每個事物都是總體長鏈上的一個環節，互為終始，任何事物絕無孤立之理。整個宇宙自然維持著某種平衡，而形成一個和諧的整體。成與毀，正是氣的運行不息所帶動的形式變化；生與死，本來是宇宙的潛移默化法則。在此，張湛所強調的，與其說是循環變化的規律，不如說是道的完整性。有形世界的萬物，因有形色的差異，而發展出彼此的相對性。張湛以一「氣」之流行，解除了有形事物的分別對立，抹消了萬物生死、成毀的界線，打破人們對事物的價值——特別是像「生命」這一現象——的固定執著。他進一步描述「道」的完整性：

> 道豈有前後多少哉？（〈仲尼〉：「瞻之在前，忽焉在後；用之彌滿六
> 虛，廢之莫知其所」句下注）

〔註 12〕 科學也證實了這點，LSD 之父霍夫曼曾說：「沒有東西會完全消失掉，物質只是改變成能量的新形式。」見王溢嘉譯輯《生命與科學對話錄》（野鵝出版社，民國 82 年 11 月 8 版），頁 107。

〔註 13〕 氣之聚散為自然之作用，是以莊萬壽認為：「持氣之說者，都是反神學的，無神論的」見〈列子新證——列子與黃老學派思想的關係〉（《師大學報》第 30 期），頁 427。

> 生之不知死，猶死之不知生，故當其成也，莫知其毀；及其毀也，
> 亦何知其成？此去來之見驗，成敗之明徵，而我皆即之，情無彼此，
> 何處容其心乎？（〈天瑞〉：「生不知死，死不知生，來不知去，去不
> 知來。壞與不壞，吾何容心哉？」句下注）

物與物的差異，在不同形色的分別。面對形色的分別，一比較便生相對。然而，對立的兩面之所以會產生，是因爲人不能破除認識主體，而保有一立足點。以自己的立足點爲標準，就會生出前後多少、生死成毀的分別。因此，前後多少、生死成毀，畢竟只是一定時空座標內相對的事項。如果立一相反的標準，那麼一切比較皆可顛倒，可見，所有價值判斷都是相對的分別而已。

> 在於麤有之域，則常有有；在於物盡之際，則其一常在。其一常在
> 而不可分，雖欲損之，理不可盡。唯因而不損，即而不違，則泰山
> 之崇崛，元氣之浩芒，泯然爲一矣。惠子曰，一尺之棰，日取其半，
> 萬世不竭也。（〈仲尼〉：「有物不盡」句下注）

道家喜用「一」來表徵宇宙最初的狀態，同時也表現道是唯一、統一、素樸的特質。這裡所謂「一」，即指整全的「道」。它表徵著宇宙存在的最初狀態，代表著世界的統一性，也表現了宇宙本原一體的、無矛盾對立的特色。與《老子》相較，《列子》則進一步論本體發展爲萬物之順序，以及天地的構成、性質、演變、作用以及它在太虛中的地位。張湛也對世界萬物發生過程作出解釋。他假設：世界最初的狀態，也就是在有形的世界產生之前，有一個氣形質混爲一團未相分離的階段。而後，從單一到繁多，從簡樸到複雜，從渾淪到具體，逐步出現了我們現在看到或感覺到的世界：

> 夫混然未判，則天地一氣，萬物一形，分而爲天地，散而爲萬物，
> 此蓋離合之殊異，形氣之虛實。（〈天瑞〉：「知積氣也，知積塊也，
> 奚謂不壞？」句下注）

張湛說，天地萬物並不是從來就有的。在天地萬物產生之前，起初，宇宙間是一片混然不分的的氣。氣處於沒有形體的、混一的狀態。它同時是無體而全體。這泰初之氣是看不見的，但前面說過，道雖然恍惚窈冥，它並非等於零，或空無一物，而只是無「物象」。在無形之中，卻醞釀著生機，含藏著無窮變化之功能。它可以分生出天地、離散成萬物。道與物兩者之關係爲：道是萬物之抽象原理，萬物是道之具體顯現。

> 易者，不窮滯之稱。凝寂於太虛之域，將何所見耶？如易繫之太極，
> 老氏之渾成也。（〈天瑞〉：「太易者，未見氣也」句下注）

> 至理豈有隱藏哉？任而不執，故冥然無迹，端崖不見。（〈黃帝〉：「藏
> 乎無端之紀」句下注）

以「易」稱太虛之域，張湛說是「不窮滯之稱」，顯見道的靈活宛轉。道之為物，無形無名，不是具體物的存在，故無上下前後之可視，恍若無物。然唯其混然、不可分示，不可辨物，整全而不可割裂，才能成為宇宙生成的本原，以及萬事萬物內部質的規定。這種認識是順應《列子》而說。而老、莊亦多所發揮。《老子》十四章：「視之不見名曰夷，聽之不得名曰希，搏之不得名曰微。此三者不可致詰，故混而為一。其上不皦，其下不昧，繩繩不可名，復歸於無物，是謂無狀之狀，無物之象，是謂惚恍。迎之不見其首，隨之不見其後。」道是渾淪一體的，沒有形狀、形象得以辨識，故又稱之惚恍。《莊子‧天地》「泰初有无，无有无名；一之所起，有一而未形。」宇宙最初的「無」呈現混一的狀態而沒有形體。〈至樂〉：「雜乎芒芴之間，變而有氣，氣變而有形，形變而有生」「芒芴」也就是恍惚。張湛言道有整全性，其來有自。

道因不受時空的限制，因而沒有分別對立性，它是不可思議的渾一，也是真實的無限。張湛即從道之真實無限上消除相對性。他先確立萬物在經驗層面上無絕對性可言，由此打破經驗層上彼此物我的分別對待，而以一體視之。再從萬物「皆為一氣之化」，「皆以道為本體」來看，宇宙是生命力量關係的反映。每一個生命，都是彼此交叉關聯的宇宙大生命的一部分，彼此密不可分。道本身是圓融自足的，沒有所謂完成和毀壞。人惟有上升到道的高度，才能看出：天地萬物原是一個整體，具有無分別之共同性，而恢復道本來的圓滿之相。

四、無限性

一切有形的個體都來自於無形的道，無物不賴其資養，無物不賴其成形。道既為萬物的本原，應具有普遍的性格，自身不應再是有形象的個別東西。否則，則有所偏向，拘於一方，就不能成為一切有形有名之物的共同源頭了：

> 此無形亦先有其形，然後之於離散。本無形者，初自無聚無散者也。

> 夫生生物者不生，形形物者無形，故能生形萬物，於我體無變。今
> 謂既生既形，而復反於無生無形者，此故存亡之往復爾，非始終之
> 不變者也。（〈天瑞〉：「無形者，非本無形者也」句下注）

> 形、聲、色、味，皆忽爾而生，不能自生者也。夫不能自生，則無
> 爲之本。無爲之本，則無當於一象，無係於一味；故能爲形氣之主，
> 動必由之者也。（〈天瑞〉：「故有生者，有生生者；有形者，有形形
> 者；有聲者，有聲聲者；有色者，有色色者；有味者，有味味者。」
> 句下注）

> 夫體適一方者，造餘塗則閡矣。王弼曰：「形必有所分，勢必有所屬；
> 若溫也，則不能涼；若宮也，則不能商。」（〈天瑞〉：「天有所短，
> 地有所長，聖有所否，物有所通」句下注）

就一物成爲此物、而非彼物而言，它必須具備特定的形相和屬性；然而，
卻不能以另一個同樣有具體形相屬性的物爲根據。如果「道」也是一具體的
存在物，就會受到一定範圍和屬性的限制：有形相則有定體——是此物則不
能是彼物；有屬性則有分限——適合甲就不適合乙。「當於一象」、「係於一
味」，則爲事所限、爲形所定，而不能成爲眾多事物的根據。是以《莊子‧
知北遊》才會說：「吾知道之可以貴，可以賤，可以約，可以散，此吾所以知
道之數也。」《淮南子‧道應》也說：「吾知道之可以弱，可以強；可以柔，
可以剛。可以陰，可以陽；可以窈，可以明；可以包裹天地，可以應待無
方。」〔註14〕道是不能只限定在強弱、剛柔、陰陽、窈明任何一邊的。張湛
又說：

> 夫谷虛而宅有，亦如莊子之稱環中。至虛無物，故謂谷神：本自無
> 生，故曰不死。（〈天瑞〉：「黃帝書曰，谷神不死。」句下注）

> 何生之無形，何形之無氣，何氣之無靈？然則心智形骸，陰陽之一
> 體，偏積之一氣；及其離形歸根，則反其眞宅，而我無物焉。（〈天
> 瑞〉：「精神入其門，骨骸反其根，我尚何存？」句下注）

道之爲物，欲言其「有」，不見其形；欲言其「無」，萬物恃之以生。道無形
無象，因此不可說成有實體的「有」。然而，「道」決不是空無一物，因爲「道」
雖無形，但是它究竟是萬有的本體，因而不可說成是與「有」相對立的空無

一物〔註 15〕。張湛則只是借「無物」、「無生」、「無形」等遮撥式的語言，來說明道的不可限定性〔註 16〕。不可依此說道是空無一物，或是死寂。張湛認為，千變萬化的事物應該亦有其統一性，即能夠生化萬物的道。它是一種永恒不變的絕對本體，它對有形之物的生化雖有決定性的作用，本身卻無形無象，沒有任何具體的型態或屬性。它看不見、聽不到、摸不著、聞不出。正因如此，它才具有無限的融通性，而能包通天地，靡使不經，主宰著天地萬物的存有，及其有規律的運動變化，不殆不息。因爲道沒有具體的形質，所以也不受時空的限制〔註 17〕。張湛提及道在時間上的永恒性時，也討論了它在空間上的無限性。先要說明張湛對「天」界定的範圍：

> 夫天之蒼蒼，非鏗然之質；則所謂天者，豈但遠而無所極邪？自地而上則皆天矣。故俯仰喘息，未始離天也。（〈天瑞〉：「天，積氣耳，亡處亡氣。若屈伸呼吸，終日在天中行止，奈何憂崩墜乎？」句下注）

張湛把天看作是氣的凝聚狀態，把地面以上直到無限遠的宇宙太空都叫作「天」。那麼，「天」是否是形之最大者？

> 夫太虛也無窮，天地也有限，以無窮而容有限，則天地未必形之大者。（〈湯問〉：「朕亦焉知天地之表，不有大天地者乎？」句下注）

張湛猜測：有形的東西總是有限的，天地雖然很大，卻不見得就是有形跡的事物中最廣大的。天地之外，可能還有更廣闊的「太虛」包藏著天地。張湛怎會有這樣的想像？他當然沒有現代天文學的知識，但是，魏晉時代勇於批判懷疑的精神，當給了他一定的刺激，讓他敢於推翻傳統的世界觀，在心中另行勾勒虛擬的天體：

> 天地籠罩三光，包羅四海，大則大矣；然形器之物，會有限極。窮其限極，非虛如何？計天地在太虛之中，則如有如無耳。故凡在有方之域，皆巨細相形，多少相懸。推之至無之極，豈窮於一天，極

〔註 15〕　裴頠在〈崇有論〉中所犯的錯誤即是如此。

〔註 16〕　湯一介認爲，一般的事物具有一定的「規定性」，它只能是如此的存在，而不能是其他不同的存在。因此，「規定性」可以被視爲是一個「如此這般的存在」、「和其他諸不同存在」之間的「界限」。擁有一定「規定性」的存在，其存在的樣態既然受到限制，因此，可以說它是「有限存在」；相反地，一個沒有「規定性」的存在，便是「無限存在」。見《郭象與魏晉玄學》（谷風出版社，1987年 3 月），頁 63。

〔註 17〕　《莊子・知北遊》：「（道）无所終窮乎！」即是以道爲無限。

於一地？則天地之與萬物，互相包裹，迭爲國邑；豈能知其盈虛、測其頭數者哉？（〈湯問〉：「含天地也故無極」句下注）

在論證了宇宙的無限性之後，張湛又進一步勾勒出天體結構的大略：既然現象界的事物有大小多少的區別，以此推論，無限的宇宙中，或許不只有一個天，只有一個地。宇宙並非一個層次，而是多層次的。天地包裹著萬物，就像國家包含許多城鎮一樣，天地可能還會被更大的東西包裹著──這個比天地大的東西，張湛稱爲太虛──天地比萬物大、太虛又比天地大……各個層次互相包裹，一層比一層更大。這種層次結構可能是無窮的〔註18〕，而每一層次結構又包含著有限與無限的相互對待。如：「杞人憂天」的故事指出：「天地不得不壞」，即：作爲一個特定層次結構的「天地」，在時空中的存在是有限的；這裡則說天地「含萬物也故不窮」，就是指天地自身包含無限的層次，各層次之間的運動和轉化可能又是無限的。因而「天地」既不得不壞，卻又無窮無盡。如此，某個特定結構或許是有限的，但對於運動轉化的無窮序列來說，又是無限的。對於宇宙間的虛實狀況、天地數目是無法搞清楚的。

張湛對天體結構和宇宙無限問題作了詳細的論證。他認爲宇宙無極限，天地之外另有大天地，都是積氣而生，自然浮生於空中，不相附著。這些觀點和宣夜說相近。

據《晉書‧天文志上》，古言天者有三家，一曰蓋天，二曰宣夜，三曰渾天。蓋天說主張天圓地方；渾天說則是：「渾天如雞子，天體圓如彈丸，地如雞中黃，孤居于內」〔註19〕；宣夜說是：

宣夜之書亡（亡原作云，依吳士鑒斠注說訂正），惟漢秘書郎郗萌記先師相傳云：「天了無質，仰而瞻之，高遠无極，眼瞀精絕，故蒼蒼

〔註18〕 從現代科學的眼光來看，從宏觀世界來講，我們所生存的這個巨大的地球只不過是太陽系的一分子，太陽系又只是銀河系的小小成員，銀河系群組成星系團，星系團群組成總星系。總星系以外還有什麼，現在還無法探知，但應該還存在著更龐大的體系；從微觀世界來講，原子是保持物質化學性質的基本單位，原子由原子核和電子組成，原子核由不同數量的中子、質子組成。中子、質子和電子又由更基本的粒子組成，基本粒子也還不是物質可分性的極限。由此可見，張湛以無窮的「大小相含」的理論，概括宇宙間物質結構層次關係，雖然不是通過實驗科學得出的結論，而僅僅是一種推理或猜測，但其中亦包含了極爲可貴的相對眞理。

〔註19〕 《晉書》，頁278。

然也。譬之旁望遠道之黃山而皆青，俯察千仞之深谷而窈黑。夫青
非眞色而黑非有體也。日月眾星自然浮生虛空之中，其行其止皆須
氣焉。是以七曜或逝或住，或順或逆，伏見无常，進退不同。由乎
無所根繫，故各異也。故辰極常居其所，而北斗不與眾星西沒也。
攝提、塡星皆東行。日行一度，月行十三度，遲疾任情，其无所繫
著可知矣。若綴附天體，不得爾也。」〔註20〕

人從旁遠看黃山，其色青；俯察深谷，其色黑，青和黑都不是山和谷的本色。
由此推論，我們看天色蒼蒼，更不是本色。這一點，《莊子・逍遙遊》早就提
出：「天之蒼蒼，其正色邪？其遠而無所至極邪？其視下也，亦若是則已矣。」
宣夜說認爲人看天蒼蒼然是「高遠無極」的錯覺，自然是正確的。宣夜說者
只能運用邏輯推理，得出一個總結論：「日月眾星自然浮生虛空之中，其行其
止皆須氣焉」各個天體，「由乎無所根繫，故各異也」「若綴附天體，不得爾
也。」打破了天覆地，或地在天內的設想。

那麼，張湛是否參考了宣夜說的講法呢？上面說宣夜說是郗萌所傳。郗
萌是後漢人，和班固同時。《文選・典引序》說：「臣固言：永平十七年（公
元47年）臣與賈逵、傅毅、杜矩、展郤、郗萌等召詣雲龍門。」〔註21〕班固
生於漢光武建武八年（32年），卒於和帝永元四年（92年）；蔡邕生於漢順帝
陽嘉元年（132年），卒於獻帝初平三年（192年）。則蔡邕應僅後於郗萌一百
年內外。然而《後漢書・天文志》劉昭注引蔡邕〈表志〉說：「宣夜之學，絕
无師法。」〔註22〕《晉書・天文志》則云：「漢靈帝時，蔡邕於朔方上書，言
宣夜之學絕无師法。」〔註23〕看來蔡邕竟完全不知郗萌其人。目前我們只
知道：宣夜說產生於漢代，在魏晉間曾一度沉寂，經兩晉之際著名的天文學
家虞喜提倡，又重新恢復了起來。虞喜曰：「言天體者之家，渾蓋之術俱存，
而宣夜之法絕滅，有意續之而未遑也。」〔註24〕所以張湛是否知道郗萌和他
所傳述的宣夜說，無法推測。而兩者相同之處如此，是承襲，還是闇合，只
能存疑。

張湛認爲，天地之中，有形質的萬物受到時空的限制，而存在及活動於

〔註20〕《晉書》，頁279。
〔註21〕蕭統《文選》（華正書局，1977年5月初版），頁914。
〔註22〕王先謙《後漢書集解》（中華書局，1984年初版），冊25，卷十，頁3下。
〔註23〕《晉書》，頁278。
〔註24〕虞喜主張「安天論」，算是宣夜說的補充。

一定時空裡。也就是說，有形之物是有限的存在。「天地」雖然廣大悉備，
但還不是絕對的「無窮」。絕對的無窮，仍以包藏萬物的「太虛」乃能稱之。
因為它不是我們所面對有形宇宙的任何一個東西，而是超乎有形宇宙的、無
窮的東西，因此不能以空間來限定。

> 以有形涉於神明之境，嵩山未足喻其巨。(〈湯問〉：「塊然見之，若
> 嵩山之阿」句下注)

> 以有聲涉於空寂之域，雷霆之音未足以喻其大也。(〈湯問〉：「硈然
> 聞之，若雷霆之聲」句下注)

「太虛之域」既被張湛設定是最廣闊的範圍，那麼它到底有多大呢？崇高的
大山都不夠用來形容它的巨大，雷霆的聲音都不夠用來形容它的響聲。這裡
只是極力誇張太虛之大，以之與人類認知領域中天地的廣大作對比。最主要
的目的在形容太虛之域大到不可思議，不能以既定的、有限的認知能力對它
作判斷。張湛設法導引出道的無限性，這無限性不再受任何具體事物的規定。
因此，這裡的「大」並不是指現象界相對的大小之大，也不是落在比較串系
中所說的大：

> 既謂之無，何得有外？既謂之盡，何得有中？所謂無無極無無盡，
> 乃真極真盡矣！(〈湯問〉：「無極之外復無無極，無盡之中復無無盡」
> 句下注) 〔註25〕

> 知其無，則無所不知；不知其有，則乃是真知也。(〈湯問〉：「朕以
> 是知其無極無盡也，而不知其有極有盡也」句下注)

> 或者將謂無極之外更有無極，無盡之中復有無盡，故重明無極復無
> 無極，無盡復無無盡也。(〈湯問〉：「無極復無無極，無盡復無無盡」
> 句下注)

從大的方面講，既然把太虛之域稱作「無極」，那就說明它包羅萬象，沒有極
限。對於這樣一個沒有極限的太虛之域來說，是無所謂「外」的。從小的
方面講，無盡就是小到了極點，小到了沒有「中」的程度。無極之外和無
極之中，再沒有任何東西了，「無極」就是無限大，「無盡」就是無限小，
沒有「無極」沒有「無盡」，這才叫真極真盡。為了避免有人無止盡地推究：

〔註25〕嚴靈峰認為，此處的「復無」應是「無復」之誤。意即：無極之外，不再有
　　　　無極；無盡之中，不再有無盡。張注下云：「或者將謂無極之外更有無極，無
　　　　盡之中復有無盡」可證。見《列子辯誣及其中心思想》，頁124。

無極的外面還有無極，無盡裡面還有無盡，所以重行說明沒有極限，但是也沒有實質的「沒有極限」這種東西，太虛沒有窮盡，但是也沒有實際的「沒有窮盡」這種東西。他告訴我們太虛之域沒有極限，但也不要我們拘死在：「太虛之域的大，就是大到『沒有極限』的地步」，這種無限是經過推理活動而達到的無限。「大到不能再大」就是有了限界，有了限界，當然是有限的了，不能再小亦然。不能把「沒有極限」視為一個特定的、有一定界線的範圍。它超乎言、意的範疇，而不落在認知活動的大小，是不可言說的沒有極限。

五、周遍性

《老子》三十四章：「大道氾兮，其可左右」道是超越官能感覺而存在的客觀實體，瀰漫在上下左右；從理論上講，沒有物以前，乃至在沒有物的空隙處，皆有道的存在，這就是道的周遍性。道之妙用無外，絕對地廣被，左、右、上、下，無所不適，瀰淪無極。莊子在〈知北遊〉中與東郭子的問答，即明白指出此點，其言曰：

> 東郭子問於莊子曰：「所謂道，惡乎在？」莊子曰：「无所不在。」
> 東郭子曰：「期而後可。」莊子曰：「在螻蟻。」曰：「何其下邪？」
> 曰：「在稊稗。」曰：「何其愈下邪？」曰：「在瓦甓。」曰：「何其
> 愈甚邪？」曰：「在屎溺。」東郭子不應。莊子曰：「……周徧咸三
> 者，異名同實，其指一也。」

至道周遍萬物，而無高下貴賤之分，故莊子舉螻蟻、稊稗、瓦甓、屎溺，從最卑賤處〔註 26〕有道，可以推斷：道必無所不在，由此可知道之周遍性矣。張湛說：

> 功無遺喪，似若將迎。（〈力命〉：「將之迎之」句下注）

> 乾坤含化，陰陽受氣，庶物流形，代謝相因，不止於一生，不盡於
> 一形，故不窮也。（〈湯問〉：「含萬物也故不窮」句下注）

天地萬物稟受陰陽之氣，陰陽二氣和合而有了形體〔註 27〕，此時，超越之道的一部分，則內在於物之中。而後，再隨氣的凝聚和分化的作用而遷代變化；

〔註 26〕 依〈齊物論〉，貴賤只是世俗妄憑主體情意建立的價值系統。在道的立場，此系統好比海市蜃樓，遠離實際。
〔註 27〕 《老子》四十二章說：「萬物負陰而抱陽，沖氣以為和」即是用陰陽二氣來解釋萬物的形成。

《老子》七十三章：「天網恢恢，疏而不失」〔註28〕《莊子‧天道》：「夫道，於大不終，於小不遺，故萬物備。廣廣乎其无不容也」自然的功跡沒有遺漏錯失的地方，因此，自然之道的作用不限一種生命，不限一種形跡。道不僅在人之中，也在萬物之中。每個人、每個成分都得到道體之一部分。各物之內咸有道在，沒有一物沒有道：

> 夫生必由理，形必由生。未有有生而無理，有形而無生。生之與形，形之與理，雖精麤不同，而迭為賓主。往復流遷，未始暫停。是以變動不居，或聚或散。撫之有倫，則功潛而事著；修之失度，則跡顯而變彰。……推此類也，盡陰陽之妙數，極萬物之情者，則陶鑄群有，與造化同功矣。（〈周穆王〉：「老成子歸，用尹文先生之言深思三月，遂能存亡自在，燔校四時，冬起雷，夏造冰。飛者走，走者飛。」句下注）

萬物的本性皆有上天所給予的規律性，就是上文所謂的「理」，這裡的「理」是萬事萬物發展的規律，故應視同於道。現象界的事物變動不居，但如能掌握道，安排得有順序條理，所謂「撫之有倫」，那麼施加的功用潛藏，效果卻很顯著；若背離道，所謂「修之失度」，那麼事跡顯露，變亂昭彰。從這樣來推衍，能窮究陰陽絕妙的道理，極盡萬物的實情，就能陶鑄萬有，和造化功用齊平了。這所謂「陰陽之妙數」、「萬物之情」，也無非就是自然之道。道家講自然，宇宙自有它生化的法則，即自然之道。順應自然之道，何事不成？違背自然之道，安往而可？張湛以無所不包的道來統攝天地萬物和造化。道普遍地在一切物內，不分高下，成為萬事萬物存在生化的根據，其作用從宇宙到人生，無所不及。它到處流衍存在，形成了高明博厚的天地；貫通於萬物，成為事物運動變化的法則。

　　道既超越於萬物之上，同時又蘊含於萬物之中，《莊子‧知北遊》說道「无乎逃物」「與物无際」，則「道」與「萬物」是統一的、不可截然分開。本體是現象的根據，現象是本體的表現。任何本體皆須通過現象表現出來，任何現象都是表現本體的。離開了現象，也就無所謂本體了。所以不須要在現象世界之外，另外去找一個本體。而應該在事物的內部，在事物之間的互相關係中去尋找。

〔註28〕依下一句《莊子‧天道》的說法，則「道」「於小不遺，故萬物備」，何以會「疏」？難以理解。

　　（人）類同陰陽，性稟五行也。（〈湯問〉：「人肖天地之類，懷五常
　　之性」句下注）

　　人與陰陽通氣，身與天地並形；吉凶往復，不得不相關通也。（〈周
　　穆王〉「一體之盈虛消息，皆通於天地，應於物類」句下注）

每個個體生命，都是宇宙生命不可分割的一部分，在「同出一氣」這一點上，
萬物有其共通性〔註29〕。

　　老聃猶不言自得其道，亢倉於何得之？蓋寄得名以明至理之不絕於
　　物理者耳。（〈仲尼〉：「得聃之道」句下注）

無限而永恒的「道」如何存在於萬物之中？原來，道雖不即是物，雖和萬物
屬於不同層次，但是二者的關係不即不離。因為，道不可見，它隱藏在萬物
之中。它無法由自身彰顯自己，必通過萬物的生長、發展和變化顯示出來。
也就是說，道是即著萬物才能證明它的存在，「道」的存在狀態也就是萬物的
存在狀態〔註30〕。可以說，道既是世間萬有之本，同時又散入無數的萬有之
中，無所不在，無逃於物。每一具體的事物中，都有道的存在，都要依循道
的規律而運作。

　　宇宙是一個生生不息的大生命，個體生命的活動，在其中與大化同流，
張湛活畫出一個源於天地，又復歸於天地的生命的形象：

　　天分歸天，地分歸地，各反其本。真宅，太虛之域。（〈天瑞〉：「精
　　神者，天之分；骨骸者，地之分。屬天清而散，屬地濁而聚。精神
　　離形，各歸其真。故謂之鬼。鬼，歸也。歸其真宅。」句下注）

　　此則莊子舟壑之義。孔子曰：「日夜無隙，丘以是徂。」夫萬物與化
　　為體，體隨化而遷。化不暫停，物豈守故？故向之形生非今形生，
　　俯仰之間，已涉萬變，氣散形朽，非一旦頓至，而昧者操必化之器，
　　託不停之運，自謂變化可逃，不亦悲乎？（〈天瑞〉：「運轉亡已，天
　　地密移，疇覺之哉？」句下注）

　　惟觀榮悴殊觀以為休戚，未覺與化俱往，勢不暫停。（〈仲尼〉：「人
　　之游也，觀其所見；我之游也，觀其所變」句下注）

萬物得道之一體以成形，此道之一體，即內在於各物之中，而成為物之所以

─────────────

〔註29〕羅光《中國哲學思想史・先秦篇》（學生，1987 年 11 月增訂重版 2 刷），頁
　　　　499。
〔註30〕而且依道家，應該是按照萬物的本來樣子存在的。

為物的根源。所以，對天地萬物而言，道是既超越而又內在的形上實體。道不即不離萬物，此即所謂「萬物與化為體」。

> 夫影因光而生。光苟不移（按：楊伯峻曰：「不字疑衍」），則影更生也。夫萬物潛變，莫不如此。而惑者未悟，故借喻於影。惠子曰，飛鳥之影未嘗動也。（〈仲尼〉：「有影不移」句下注）

道既未與流動不息的萬有隔絕，而是體現於萬有之中，則道的秩序與規律亦即在萬物中體現。張湛借光線和產生影子的關係說明人與大化的關係。光線如果移動，影子就跟著移動。萬物和變化是一體的，這一體隨著變化而遷革，變化不會暫時停歇，萬物又哪裡會恒守舊態呢？

> 此知有始之必終，有形之必壞；而不識休戚與陰陽升降，器質與天地顯沒也。（〈天瑞〉「天地不得不壞，則會歸於壞，遇其壞時，奚為不憂哉？」句下注）

既然有形界的萬事萬物，皆是陰陽二氣積聚離散的結果，而氣之變化，無時或停，則由氣積聚而成的萬物，當然也會跟著氣的變化而變化。可以說，每一個具體的事物，都一直處在循環變化的過程裡，亦即無時不處在道之中。

六、超越性

（一）非經驗性

萬物有形有名，可經由感官感知，屬經驗層；但超越於客觀的物質世界之外、和萬物相對、作為萬物本體的道，卻是非物質的、不可經驗、無法感覺，而又絕對的存在：

> 不生之主，豈可實而驗哉？疑其冥一而無始終也。（〈天瑞〉：「不生者疑獨」句下注） 〔註31〕

> 將明至理不可以情求，故寄之於夢。聖人無夢也。（〈黃帝〉「晝寢而夢」句下注）

> 尋形聲欲窮其終始者，亦焉得至極之所乎？（〈黃帝〉：「夫得是而窮

〔註31〕 嚴捷、嚴北溟認為，《列子》原文「不生者疑獨，不化者往復」應是對文，張湛此處將「疑」解為動詞的「懷疑」並不恰當。《詩·桑柔》：「靡所止疑」，傳曰：「疑，定也。」《說文》段注以為，此疑應是「𠤙」之誤，「𠤙」訓「定」，「疑獨」之「疑」係「𠤙」之誤。若訓「定」，譯成白話為：不生者是獨立不改的，與後句意思連貫。見《列子譯注》，前言頁4。

之者，焉得而正焉」句下注）

人們的思想，往往以「有實」的有限空間和「有長」的有限時間爲根據。現象是我們看得見、摸得著的；但本體是離形象、超經驗的存在。雖能產生最大的作用力，卻不能用常情去探求，也不能以現實的器物去驗證其存在。許倬雲先生曾說：

> 過去每一個文化，它的根源所在都是在文化初現時……所締造。那時提出了一些根本的假設，而這些假定在該文化的後果（筆者按：疑「果」字應爲「來」）發展中，始終是該文化的基礎……這些「公理」，例如神本身的存在，以及天道本身的不變性，在今天科學文化中，都面臨到一個不能證實的困境，而科學的屬性是需要被證驗的，不管它是用實驗，或論證。用科學是可證驗的屬性來核對過去幾個大文明的根本性質的時候，這些根本性質都有過不了「關」的困難。〔註32〕

金岳霖則說：

> 哲學中的見，其論理上最根本的部分，或者是假設，或者是信仰；
>
> 嚴格的說起來，大都是永遠或暫時不能證明與反證的思想〔註33〕。

對一般人而言，不能實際以感官接觸、以實物驗證的事物，是不易接受和體會的。這其實是一個問題。畢竟，道絕不能視之爲「假設」或「公理」。中國哲學的天道觀，都不過是企圖爲人生界關懷的重點建立形上依據。吾人也唯有透過長期在現實生活中持續努力實踐與修養，才能對「道」有眞正的體驗。但是，也不得不承認：道「非經驗性」的這項特色確實也爲一般人把握「道」增添了困難度。

（二）不由感知

形體、顏色、毛髮、肌膚等是有形質的事物中較明顯的，都在冥冥之中暗自交替變換，人類的耳目感官尙且不能辨識察覺，更何況比這些更微妙的呢？

> 皆在冥中而潛化，固非耳目所瞻察。（〈天瑞〉：「凡一氣不頓進，一

〔註32〕　許倬雲《中國古代文化的特質》（聯經出版事業公司，民國80年11月第2次印行），頁119。

〔註33〕　轉引自何啓民《魏晉思想與談風》（學生書局，民國79年6月第4刷），頁126。

形不頓虧，亦不覺其成，亦不覺其虧」句下注）

形色髮膚，有之麤者，新故相換，猶不可識，況妙於此者乎？（〈天瑞〉：「亦如人自世至老，貌色智態；亡日不異，皮膚爪髮，隨世隨落，非嬰孩時有停而不易也。」句下注）

因為變化無時無刻不在進行，不曾暫時停止。所以前一刻和後一刻的改變十分微細幽渺，我們幾乎無法發現；再加上道物相涵，道在物中，物在道中，萬事萬物自身，莫不隨時參與變化的過程，所以是很難覺察的。

（三）不以知知

超越時空條件，而又無所不在的道，非歸納非演繹，無法形成知識上的概念，自然不能通過一般的認識途徑和推理活動認識它：

非不知也，不可以智知也。（〈湯問〉：「革曰，不知也。」句下注）

變化不可窮極，徐疾理亦無間，欲以智尋象模，未可測。（〈周穆王〉「變化之極，徐疾之間，可盡模哉？」句下注）

道不是一般認識論意義上所說的認識客體。主客對立的認識過程，不論從感官得到的經驗之知，或由理性推論得到的推理之知，皆因主體的侷限性與客體的流變性，而流於相對的、不完整的知識。絕對真實的知，是對「無限的、整體的道」之知。

夫萬事可以理推，不可以器徵。故信其心智所知及，而不知所知之有極者，膚識也；誠其耳目所聞見，而不知視聽之有限者，俗士也。至於達人，融心智之所滯，玄悟智外之妙理；豁視聽之所閡，遠得物外之奇形。若夫封情慮於有方之境，循局部於六合之間者，將謂寫載盡於三墳五典，歸藏窮於四海九州焉。知太虛之遼廓，巨細之無垠，天地為一宅，萬物為遊塵，皆拘短見於當年，昧然而俱終。故列子闡無內之至言，以坦心智之所滯；恢無外之宏唱，以開視聽之所閡。使希風者不覺矜伐之自釋，束教者不知桎梏之自解。故剗研儒墨，指斥大方，豈直好奇尚異而徒為夸大哉？（〈湯問〉：「亦吾所不知也」句下注）

萬事可以用道理來推測，卻不可以用具體有形的器物來徵驗。所以相信心知智識所能達到的範圍，而不知道所能認知的是有限的，這是膚淺的了解；肯定耳目看得見、聽得到的，卻不知道感官的作用是有限的，這是俗人。談到

通達的人，能融通心知智識凝滯的部分，玄靈地領悟智識以外玄妙的道理；豁開視聽作用的阻礙，深遠地得知物體以外奇特的形跡。如果將情感思慮侷限在有限的領域，在六合之間依循著一定的範圍，將要說三墳五典就是書寫記載的全部，歸藏僅止於四海九州。知道太虛的廣大無邊，相對的大小沒有極限，天地只是暫時的住所，萬物像是浮遊的塵埃一般，都是將短淺的見解拘執在一時，不明事理，和萬物一同終了。所以列子闡發沒有究極內在的至當言論，來披露心知智識的滯塞處；開拓沒有最外圍的高遠說法，來豁除視聽的阻礙。讓希求風尚的人，自然地融釋掉驕矜自誇的習氣，拘泥教條的人，不由得解消掉綁手綁腳的束縛。所以闢斥儒墨，排拒譴責有名氣的大家，哪裡只是喜好新奇崇尚怪異，只爲了誇大其辭呢？

總之，道無形無聲、沒有物之屬性，非感官經驗所能及，不能以耳、目、口、體的感覺去把握。以把握一般物象的方式，是無法觸及道的，它只能由某種直觀才能通達；然而，道雖不可言詮、不可思議，卻是眞實的。一般人憑藉認知作用體察不到道，卻並不妨礙道眞實的存在。

第二節　道之作用

張湛和儒家所持的天道觀根本不同，而和道家一致。馮友蘭曾指出：古代思想中，道家與術數最不相關〔註34〕。即是點明道家的「道」「自然」的性格。《老子》二十五章說：「道法自然」五十一章：「夫莫之命而常自然……生而不有，爲而不恃，長而不宰」。牟宗三先生：「即道以自然爲性，非道以上，復有一層曰自然也。」〔註35〕所謂「道以自然爲性」，並不是說道乃一實物，而以自然爲其屬性；而是說，道本身就是「自己如此」。《莊子·天道》：「天地固有常矣，日月固有明矣，星辰固有列矣，禽獸固有羣矣，樹木固有立矣。」〈知北遊〉：「天地有大美而不言，四時有明法而不議，萬物有成理而不說……物已死生方圓，莫知其根也……油然不形而神，萬物畜而不知。」都說明道自然無爲。張湛的天也是自然的天，是獨立的，隨自身的存在原理和運動法則而運行，即「無爲」而已。故雖說道生萬物，實則在中文，「甲生乙」未必指「甲創造乙」，可能指「乙出於甲，而以甲爲超越依據」。甲不是能夠

〔註34〕見《中國哲學史新編》（藍燈，1991年12月初版），頁588。
〔註35〕見《才性與玄理》，頁153。

創生的實有。「生」這個字的結構合併泥土與草木的形體，以指植物從土「生」出和滋長上進之事。但是泥土無心創造植物，植物種子的潛能並不取決於泥土，泥土僅能供給實現此潛能所需的營養，而且植物萎謝凋殘以後必然復歸泥土〔註36〕。是以天的生成性或實現性應屬於境界型態，而非實有型態。

一、非人格神

兩漢時期，董仲舒和《白虎通》宣揚的一套天人感應神學目的論和讖緯神學，內容荒誕不經，糝有大量宗教迷信色彩。司馬遷、揚雄、桓譚、王充等均提出過批判，如王充《論衡》就曾說：

> 夫天道，自然也，無為。如譴告人，是有為，非自然也。黃老之家論說天道，得其實矣〔註37〕。

> 天動不欲以生物，而物自生，此則自然也。施氣不欲為物，而物自為，此則無為也〔註38〕。

天不是什麼神祕物，也不是不可企及的存在。王充肯定了「天」自然而然的性質，否定了「天」的人格性。

曹魏以降，玄學家的天道觀，再度衝決了兩漢神學目的論的思維模式，剝落了「天」的神祕色彩，置「天」於自然之道上，從而推出了清逸玄遠的天人新義。在此背景下，張湛也認為天道自然。他說：

> 天地無所從生，而自然生。（〈天瑞〉：「則天地安從生」句下注）

> 皆自爾耳，豈有尸而為之者哉？（〈天瑞〉：「自生自化，自形自色，自智自力，自消自息」句下注）

> 自會自運，豈有役之哉？（〈力命〉：「窈然無際，天道自會；漠然無分，天道自運。」句下注）

天道自然，那麼，天地萬物是如何產生的呢？張湛說：

> 生者不生而自生，故雖生而不知所以生。不知所以生，則生不可絕；不知所以死，則死不可禦也。（〈天瑞〉：「生者，理之必終者也。終者不得不終，亦如生者之不得不生」句下注）

〔註36〕 《老子》十六章：「夫物芸芸，各復歸其根。」芸字從草，根字從木，表示老子可能是從草木榮枯生滅而獲此洞察。
〔註37〕 《諸子集成》第一集第五冊《論衡・譴告》，頁143。
〔註38〕 《諸子集成》第一集第五冊《論衡・自然》，頁177。

有生命的東西不能自主地生育，而是自然生出的，所以雖然生出來，卻不知道是怎麼生出來的。不知道是怎麼生出來的，那麼就不能自主地拒絕生命；不知道是怎麼死亡的，那麼死亡也是不能抵禦的。

　　沒有物生物，物只是自生，這是「自生」、「自化」的觀點。道家出現「自生」一詞，最早可追溯至《老子》第七章：「天長地久，天地所以能長且久者，以其不自生，故能長生。是以聖人後其身而身先，外其身而身存，非以其無私邪？故能成其私。」但筆者懷疑此章中的「自生」能否解為「本身不會生滅變化」。因為此句下接「『是以』聖人後其身而身先，外其身而身存」，是指聖人適以其無私，故能成其私這若反的正言。則此處若解為「不為自己而生」是否更恰當？而《莊子》書中則還可說有這樣的觀念：

　　　　夫吹萬不同，而使其自己也，咸其自取，怒者其誰邪〔註39〕！

　　　　天不得不高，地不得不廣，日月不得不行，萬物不得不昌，此其道

　　　　與〔註40〕！

莊子以為，萬物的變化都是自然發生的，背後並沒有主宰者。雖未提出「自生」的字眼，但已有這樣的意味〔註41〕。且第二句鋪敘了一連串道的「不得不」然。此後，「自生」說皆兼含「自然而然」〔註42〕與「不得不然」的意思。至於首次正式提出自生說的應歸給《列子》：

　　　　生者不能不生，化者不能不化。……生物者不生，化物者不化。自

　　　　生自化，自形自色，自智自力，自消自息〔註43〕。

本體自然而然地創生萬物，萬物自然而然地起變化；本體不得不創生萬物，萬物不得不起變化。本體依「自生」的原則生化萬物，萬物亦依「自生」的原則生滅變化。雖提出「自生說」，然而，仍脫離不了先秦道家「有生於無」的觀念：

　　　　《老子》四十章：「天下萬物生於有，有生於無」。

　　　　《莊子・知北遊》：「昭昭生於冥冥，有倫生於无形。」

〔註39〕　見郭慶藩《莊子集釋・齊物論》語（萬卷樓，民國82年3月初版2刷），頁
　　　　　50。
〔註40〕　〈知北遊〉語，同上，頁741。
〔註41〕　蕭登福〈列子天道觀──兼論魏晉之「自生」說〉（《中華文化復興月刊》第
　　　　　15卷第7期），頁60。
〔註42〕　說是自然，則與佛家有因果不同。
〔註43〕　見《列子集釋》，頁2～5。

〈庚桑楚〉：「萬物出乎无有。有不能以有爲有，必出乎无有。」

《列子》也說：

> 形動不生形而生影，聲動不生聲而生響，無動不生無而生有〔註44〕。

先秦道家似乎一致認爲由無而生有，由道而生物。《列子》解釋萬物的由來，稱生化的過程爲「動」。「有」是「無」經過「動」的運轉變化過程才產生的。「無」是道，是本體；有是萬物，是現象。「無」透過「動」的作用能產生「有」，卻不能產生另一個「無」。這裡雖然沒有直接說「有生於無」，然說是「無生有」，義亦同〔註45〕。

到了兩漢，爲了對抗天人感應的目的論，反目的論的自生說重新被提出，王充便是代表人物。他的「天地合氣，萬物自生」即用以說明自然界所以生生不息的原因。鄭玄亦不再說有生於無。他在解《易·乾鑿度》：「太初者，氣之始也」時說：

> 元氣之所本始太易，既自寂然无物矣，焉能生此太初哉？則太初者，
> 亦忽然而自生〔註46〕。

在鄭玄的觀念中，太易寂然無物，就不能生太初。可見，無不能生有。太初之生，是「忽然而自生」，是自然而然的。鄭玄可能受到莊、列的影響，而又影響了魏晉士人。其後，魏晉「自生說」兩大重點：「無不能生有」與「有忽然自生」，皆可在鄭玄的注中找到根源。如王弼《老子·十章注》：

> 不塞其原，則物自生，何功之有？不禁其性，則物自濟，何爲之恃？
> 物自長足，不吾宰成，有德無主，非玄而何？

依王弼，萬物之所以生，乃是物之自生。這是魏晉玄學家共同的看法，而與先秦道家不同。向秀也認爲：天地萬物自然生育、自然存在、自己如此，並沒有人格神創造它、也沒有任何外在的事物，使它成爲現在的狀態：

> 吾之生也，非吾之所生，則生自生耳。生生者豈有物哉？無物也
> 〔註47〕。故不生也。吾之化也，非物之所化，則化自化耳。化化者
> 豈有物哉？無物也，故不化焉。若使生物者亦生，化物者亦化，則

〔註44〕 同上，頁18。

〔註45〕 李季林說列子：「並沒有跟隨老子和王弼，主張有生於無。」但《列子》此處明白地說「無生有」，不知李氏何以作此判斷？見〈論《列子》的有無、名教觀〉，頁36。

〔註46〕 《無求備齋易經集成》第157冊，成文出版社，頁10。

〔註47〕 「無物也」三字機據王叔岷校正。

與物俱化，亦奚異於物？明夫不生不化者，然後能為生化之本也
〔註48〕。

向秀認為：包括人在內的萬物，都是「自生」。且儘管萬物變動不居，然而，
一切的變動，不是由於外在神力的推動，而是萬物自己本身的變化，就是「自
化」。每個有形之物的變化，皆是無待而自化的。每個有形之物皆可以自化，
而不須依附外在的條件，或由某一種神祇所創生，而以「不生者」與「不化
者」為「生化之本」。基本上與《列子》所說的相同。後來裴頠反對何晏、王
弼貴無，提倡崇有。他的〈崇有論〉也引用自生的說法：

> 夫至無者無以能生，故始生者自生也。自生而必體有，則有遺而生
> 虧矣。生以有為己分，則虛無是有之所謂遺者也。……匠非器也，
> 而制器必須於匠，然不可以制器以非器，謂匠非有也。……由此觀
> 之，濟有者皆有也，虛無奚益於已有之群生哉〔註49〕？

裴氏以為，「無」就是絕對沒有，是以「無」不能生「有」，而是「生者自生」。
「有」雖「自生」，仍是由「有」而生。萬物既然是自生，就只能互相養育，
而不能靠「無」來「為其母」了。郭象吸收裴頠之說，仍以為「無」不能生
「有」。但他有更多的理論建設：

> 無既無矣，則不能生有；有之未生，又不能為生。然則生生者誰哉？
> 塊然而自生耳。自生耳，非我生也。我既不能生物，物亦不能生我，
> 則我自然矣……夫天且不能自有，況能有物哉！故天者，萬物之總
> 名也，莫適為天，誰主役物乎？故物各自生而無所出焉，此天道也。
> （〈齊物論〉：「夫吹萬不同，而使其自己也，咸其自取，怒者其誰邪！」
> 句下注）〔註50〕

「無既無矣，則不能生有」，即鄭玄的「（太易）既自寂然無物矣，焉能生此
太初哉？」郭象說：「生生者誰哉？」即鄭玄所謂：「太初者，亦忽然而自生」。
郭象以為萬物之有，乃塊然自生，而自生是無所出的，他進一步把生化的源
頭「生物者」、「造物者」也否定掉了：

> 請問：夫造物者，有耶無耶？無也？則胡能造物哉？有也？則不足
> 以物眾形。故明眾形之自物而後始可與言造物耳。是以涉有物之域，

〔註48〕　《列子‧天瑞》：「生物者不生，化物者不化」句張湛注引向秀語，同註1，頁
　　　　　4。
〔註49〕　《晉書‧裴頠傳》引〈崇有論〉，頁1044～1047。
〔註50〕　見《莊子集釋‧齊物論》注，頁50。

> 雖復罔兩，未有不獨化於玄冥者也。故造物者無主，而物各自造，
> 物各自造而無所待焉，此天地之正也。（〈齊物論〉「惡識所以然！惡
> 識所以不然！」句下注）〔註51〕

萬物皆在「自生」的原則下變化。郭象否認有造物主的存在，也否認生化現象有外在的條件。除了重申「自生」的觀點，和鄭玄一樣、而和裴頠不同的是：他認爲：無不能生有、有亦不能生有：

> 夫一之所起，起於至一，非起於無也。然莊子之所以屢稱無於初者，
> 何哉？初者，未生而得生，得生之難，而猶上不資於無，下不待於
> 知，突然而自得此生矣，又何營生於已生以失其自生哉！夫無不能
> 生物，而云物得以生，乃所以明物生之自得，任其自得，斯可謂德
> 也。（〈天地〉：「泰初有无，无有无名；一之所起，有一而未形。物
> 得以生，謂之德。」句下注）〔註52〕

> 非唯無不得化而爲有也，有亦不得化而爲無矣。（〈知北遊〉「无古无
> 今，无始无終」句下注）〔註53〕

> 夫有之未生，以何爲生乎？故必自有耳，豈有之所能者乎！此所以
> 明有之不能爲有而自有耳，非謂無能爲有也。若無能爲有，何謂無
> 乎！一無有則遂無矣。無者遂無，則有自欻生明矣。（〈庚桑楚〉：「萬
> 物出乎无有。有不能以有爲有，必出乎无有，而无有一无有。聖人
> 藏乎是。」句下注）〔註54〕

既然「無」不能生「有」，即連「有」亦不能生「有」；那麼「有」又是如何產生的呢？郭象以「自生」來解釋萬有的起源：生者自生，化者自化，萬物並非外物所生，而是自己自然產生。「有」並非「生於無」，也不能由別的「有」而生，而是「有」自己突然產生的。張湛在貴無論中吸取了郭象「無不能生有」的「自生說」：

> 謂之生者，則不無；無者，則不生。故有無之不相生，理既然矣，
> 則有何由而生？忽爾而自生。忽爾而自生，而不知其所以生；不知

〔註51〕同上，頁111。《莊子》書中凡言「物之所造」、「物之祖」、「物之初」，皆是以
　　　　虛靜之心所映射出的「物虛靜的本性」。是未受人的主觀好惡及知識分解所干
　　　　擾的、萬物的本然。
〔註52〕同上，頁425。
〔註53〕同上，頁763。
〔註54〕同上，頁800～802。

> 所以生，生則本同於無，本同於無，而非無也。故明有形之自形，
> 無形以相形者也。（〈天瑞〉：「有形者生於無形」句下注）

稱作「生」，就不是空無一物；空無一物的話，就不能生。所以有和無是不能
互相生化的，道理已經很明白了。那麼「有」是從哪裡生出來的呢？是忽然
自己生就自己的。忽然自己生就自己，而不知道是如何生就的；不知道是
如何生就的，那麼生的根本和無冥同爲一。根本和無冥同，但卻又不等於
無。用以闡明有形體的東西是自己產生形體，沒有形體的東西才能使萬物產
生形體。

　　「無」能否生「有」，牽涉到宇宙的生成或起源的討論。張湛明白講：「有
無之不相生」，「無」既不能生「有」，則物不是由「道」或「無」而生，而是
由物自己產生。可是，他也說：「至無者，故能爲萬變之宗主也」〔註55〕「有
之爲有，恃無以生；言生必由無，而無不生有。此運通之功必賴於無，故生
動之稱，因事而立耳。」〔註56〕這兩者是否相矛盾呢？張湛企圖將這兩種概
念加以調和。關鍵即在於：「生動」一詞在不同的地方有不同的用法。

　　「有之爲有，恃無以生，言生必由無」是王、何的「貴無」思想，張湛
在這裡並不是說「有」是由「無」產生的——他接著又說：「而無不生有」即
證明此點。「無不生有」很明顯認爲：萬物不是從「無」中產生出來的。依
張湛，「無」作爲萬物的本體，對萬物不具直接宰制的力量。換言之，並沒
有一個「無」，主動對「有」強加生滅變化的作用，是以「無不生有」；然
而，「有形」的萬物，卻確確實實是憑藉「無」以無心無爲、任其自然的方
式，得以自己生長、自然變化的。可知「恃無以生」不等於「有生於無」。
「生必由無」的「生」是指「運通之功必賴於無」。「有」唯有透過「無」
之運通方得以自生，進而各如其分，各現其實。是以「無」雖不能生「有」，
「有」卻仍須以「無」爲本〔註57〕。這兩種說法，在張湛看來，是可以並行
不悖的。

　　從這些論述看，張湛在「以無爲萬物之本」這一點上與王弼的觀點基本
一致。不同的是，王弼的貴無論是從老子哲學中脫胎出來的，因而不可避免
地還帶有「有生於無」的生成論痕跡。而張湛由於受到郭象的影響，否定了

〔註55〕　〈天瑞〉：「皆無爲之職也」句下注，見《列子集釋》，頁10。
〔註56〕　〈天瑞〉：「無動不生無而生有」句下注，同上，頁18。
〔註57〕　見湯一介〈從張湛列子注和郭象莊子注的比較看魏晉玄學的發展〉（《中國哲
　　　　　學史研究》1981年第1期），頁63。

王弼「有生於無」的思想。

綜上所述,「自生」說的演變,可以用這樣的圖來呈現:

自生:自然而然、　　　　　有生於無:列子、王弼
且不得不然(莊子)　　　　　　　　　　　　　　　　有生於有:裴頠
　　　　　　　　　　　無不能生有:張湛
　　　　　　　　　　　　　　　　　　　有亦不能生有:鄭玄、郭象

　　郭象在「自生」說的基礎上,更進一步闡發萬物「獨化」的思想〔註58〕。所謂「獨化」,並不是在天和自然之外的某種存在,而是指萬物自己獨立、自己產生、自己變化。如上所述,他先把萬物的「自生」,說成是沒有任何原因或條件,都是在突然之間產生的。這種自生的原因不可捉摸、不可認識,因而把這種自生稱之為「獨化於玄冥之境」。獨化論肯定萬物是自然而獨立的存在。一物之成為一物,決非他物所為,或有所倚待。如果我們試圖尋找其所待、其所由來,尋找到最後,其結果只能是無所待,只能是自然「獨化」。郭象從事物自身說明其變化,這顯然就把外在主宰的可能排除掉了,則「造物主」的概念就失去了存在的餘地。依郭象的思路,「獨化」論主要是從「無待」和「自然」得到其支持的。它不僅排除了造物主的存在,也否認事物之間絕對或必然的相待關係,他說:

> 天下莫不相與為彼我,而彼我皆欲自為,斯東西之相反也。然彼我相與為唇齒,唇齒者未嘗相為,而唇亡則齒寒。故彼之自為,濟我之功弘矣,斯相反而不可以相無者也……(《莊子·秋水》:「知東西之相反而不可以相无,則功分定矣。」句下注)〔註59〕

天下萬物各充盡其不同的性分,謂之「自為」。各物自為,各盡其功能,因而相互成就彼此。則事物之間,也就自然形成「相與」的關係〔註60〕。儘管有人認為:郭象「獨化論」的提出,似乎在為他「內聖外王」的理論提供證據〔註61〕;但不可否認地,這樣充滿自然而又理性的詮釋,對人文精神的發展,有其不可忽視的貢獻。張湛的天毫無宗教上「神」的性格,完全擺脫了上帝

〔註58〕 「獨化」一詞,最早出現在《鶡冠子·天權》,並非郭象率先提出,不過卻可說是由他發揚光大的。

〔註59〕 《莊子集釋》,頁579。

〔註60〕 莊耀郎先生《郭象玄學》(里仁書局,民國87年3月10日初版),頁301。

〔註61〕 見馬良懷《張湛評傳》(廣西教育出版社,1997年7月第1版),頁76。

支配的神權思想，顯然也受到他的影響：

> 天地即復委結中之最大者也。今行處食息，皆彊陽氣之所運動，豈
> 識其所以然？（〈天瑞〉：「天地強陽，氣也；又胡可得而有邪？」句
> 下注）

先解釋一下「委結」。「委結」的概念始見《詩經‧召南‧羔羊》：「委蛇委蛇，
退食自公」。鄭《箋》：「委蛇，委曲自得之貌。」〔註62〕以蛇之曲順顯喻人之
委婉。《說文》與《廣韻》均釋「委」為「隨」，婉字可作「它、迤、施、虵、
隨」共五種或體，《莊子‧應帝王》記壺丘子謂「吾與之（巫季咸）虛而委蛇，
不知其誰何」這個詞另在〈天運〉、〈達生〉〈至樂〉中共出現三次，大抵皆有
「順應自然」之意，是處世的工夫。《莊子》以委蛇形容聖人與人為徒，認為
這種態度可使生命不離其自己，亦可使自己不受傷害。順此，則「天地之委
順」「委結」皆指「含人在內的萬物乃自然生成」之意。

　　這裡可以注意：張湛所謂自然的天，是落在「外在氣化」上言自然。他
以「氣」的聚散來解釋萬物的生化、成毀、消長的現象，重溫阮籍、嵇康等
竹林名士的學說。他們早先都曾在宇宙生成論的意義上，論述過元氣陰陽問
題。阮籍說：

> 月東出，日西入，隨以相從，解而後合。升謂之陽，降謂之陰，在
> 地謂之理，在天謂之文。……一氣盛衰，變化而不傷。……身者，
> 陰陽之精氣也。〔註63〕

> 昔者天地開闢，萬物並生。大者恬其性，細者靜其形。陰藏其氣，
> 陽發其精。……陰陽失位日月隤……〔註64〕

嵇康則說：

> 夫元氣陶鑠，眾生稟焉。〔註65〕

> 浩浩太素，陽曜陰凝；二儀陶化，人倫肇興〔註66〕。

〔註62〕　《十三經注疏》（三），第一冊（藝文印書館，1955年4月初版），頁58。
〔註63〕　〈達莊論〉，見《魏晉玄學資料選編》（北京：中華書局，1990年5月北京第
　　　　　1次印刷），頁182。
〔註64〕　〈大人先生傳〉，同上，頁193、198。
〔註65〕　張燮輯《嵇中散集‧明膽論》（台北：文津出版社，1979年，重校精印《漢魏
　　　　　六朝三百名家集》本），頁1402。
〔註66〕　〈太師箴〉，同上，頁1407。《列子‧天瑞》在「太素」之上，另有太易、太
　　　　　初、太始三個階段。然而嵇康所留下的文字，「太素」似乎是所能推最原始的

不必將這裡的「氣」局限於物質世界中的某種元素——水火土氣之氣。阮籍和嵇康在這裡只是以「氣」說明物質界的變化無常與根本原質。陰陽則是氣在成就宇宙萬物的過程中，所顯現的兩種不同功能屬性及其作用，而同為天地賴以造生萬物的資藉。

張湛說，天地不過是「氣」委順聚結的過程當中，體積最大的。換言之，天地再廣大，其生成也不過和萬物一樣，只是「一氣」的聚結和合，背後並沒有人格神的指使或操控。他用「氣」來貫串天無神性的理論，又解釋了萬物自生獨化的原因，即在氣之變化。

二、無意志性

既然沒有人格神的上天創生萬物，可知天也是沒有意志的：

> 造物者豈有心哉？自然似妙耳。夫氣質憒薄，結而成形，隨化而往，故未即消滅也。（〈周穆王〉：「造物者其巧妙，其功深，固難窮難終」句下注）

道並不是有意地去推動萬物的變化。那麼，萬物何以會變化呢？天地萬物生化的根據究竟是什麼呢？張湛視萬物之生化，皆為「氣」之作用：

> 是一氣之偏積者也。（〈天瑞〉：「（汝身）是天地之委形也」句下注）

> 陰陽以和為用者也，抗則自相利害，故或生或殺也。（〈周穆王〉：「陰陽俱壯，則夢生殺」句下注）

> 氣者，任其自然而不資外用也。（〈湯問〉：「徐以氣聽」句下注）

「氣」是萬物共同原質的代稱，氣分陰陽，陰陽二氣交通和合而產生生命。萬物有此生身，只是由「氣」積聚而成。氣因任自然，不憑藉外物的作用。在這一點上，張湛實是延續道家傳統觀念，而言天道自然、天無意志。

> （有生）今塊然之形也。（不生）生物而不自生者也。（〈天瑞〉：「有生不生」句下注）

> 若有心於生化形色，則豈能官天地而府萬物，贍群生而不遺乎？（〈天瑞〉：「謂之生化形色智力消息者，非也」句下注）

> 天尚不能與，豈人所能聚？此亦明其自能自聚。（〈天瑞〉：「夫金玉

存在了？是以莊萬壽認為，這裡的太素，或許即是道、是無。見《嵇康研究及其年譜》，學生書局，民國七十九年十月初版，頁157。

珍寶、穀帛財貨，人之所聚，豈天之所與？」句下注）

天尚不能自生，豈能生物？人尚不能自有，豈能有物？此乃明其自生自有也。（〈天瑞〉：「夫禾稼、土木、禽獸、魚鱉，皆天之所生，豈吾之所有？」句下注）

首先要說明的是，天之生物，不同於母之生子。劉笑敢曾說：

道不是事實上的施事者，祇是語言形式上的主語，道本身是自然無爲的，不會產生任何事物……這裡的「生」不必是母子之「生」，不必是實際的生產或產生之生，它僅類似於樂極生悲之生，祇是虛義的轉化出或從中出現之義〔註67〕。

也不同於上帝創生萬物。作爲宇宙的起源，世界的根據，在這個意義上，天和上帝的功能和作用是相同的；不同的是，天並無神性，沒有意志，不能說是創造者和設計者。因爲天自然無爲，不帶任何目的。所以萬物雖然恃之以生，而顯天重要的地位和作用，然以其自然無心，不恃不宰，不恩不爲，不具「直接決定萬物的存在」的必然性，而和「有絕對強制性力」的上帝有所區別。

不生者，固生物之宗。（〈天瑞〉：「不生者能生生」句下注）

生者非能生而生，化者非能化而化也。直自不得不生，不得不化者也。（〈天瑞〉：「生者不能不生……化者不能不化」句下注）

萬物並不是有意志的天所生，因爲天原本就是沒有意志、無事無爲的。用牟宗三先生的話說：

所謂生，乃實是經由讓開一步，萬物自會自己生長、自己完成……道家的智慧就在讓開一步，不禁性塞源，如此就開出一條生路，這是很大的功夫；否則物即使會生，也不能生長〔註68〕。

天本身並沒有既定的目的，故不會對萬物橫加任何的施爲宰制、干涉或扭曲，而讓萬物自然產生、自行其是。意即：因任萬物自然之本性，使其充分發揮其本具之性分，而實現各物之自己。萬物如其自己而存在，則天一如無施於物，故萬物不知其主。此雖說天生萬物，實亦涵物之自生義。因

〔註67〕陳鼓應主編《道家文化研究》第 15 輯，劉笑敢〈老子之道──關於世界統一性的解釋〉一文，頁 94、95。

〔註68〕牟宗三先生《中國哲學十九講》（學生書局，民國 80 年 12 月第 4 次印刷），頁 112。

為，物之原不受壅塞，其原暢遂，則得以自生。故天實是以不生生之，以無為為之。

三、無所偏私

大凡人有意志，即對外物有美惡之判別，美者欲之，惡者棄之，隨之興起好惡之情。愛之欲其生，惡之欲其死。天既然沒有意志，也就沒有好惡之情。無心一任萬物之自化，無所偏私。《老子》第五章說：「天地不仁，以萬物為芻狗。」這裡的「不仁」即指上天不對任何萬物有所偏私。元代吳澄的解釋是：「芻狗，縛草為狗之形，禱雨所用也。既禱則棄之，無復有顧惜之意。天地無心於愛萬物，而任其自生自成；聖人無心於愛民，而任其自作自息，故以芻狗為喻。」〔註69〕《莊子‧天運》說的是：「夫芻狗之未陳也，盛以篋衍，巾以文繡，尸祝齊戒以將之。及其已陳也，行者踐其首脊，蘇者取而爨之而已」天之於人，亦如人之於芻狗，無所謂仁與不仁，也並未對人特別偏愛〔註70〕。張湛則說：

> 天亡其施，我公其心，何往而有怨哉？（〈天瑞〉：「吾盜天而亡殃。」句下注）

> 悕亦愛也，芻狗萬物，恩無所偏。（〈黃帝〉：「不悕不愛」句下注）

設若天有恩有為——有所親暱或有所偏私，便淪陷封域。仁而有封域，則必有不仁者存。厚此而薄彼，則難以兼贍萬物〔註71〕。既肯定天無意志，則天無私欲，不會為一己之好惡，而對萬物施以輕重殊異的待遇。其生長育養的作用〔註72〕，對天下萬物，都是公平而又均等的。

> 推此而言，明人之神氣，與眾生不殊；所適者異，故形貌不一。是以榮啟期深測倚伏之緣，洞識幽顯之驗，故忻過人形，兼得男貴，豈孟浪而言？（〈天瑞〉：「天生萬物，唯人為貴。而吾得為人，是一樂也。」句下注）

萬物自然相惠相害，然而人以外的生物不自覺如此。自然界似乎總有某些生

〔註69〕 轉引自陳鼓應《老子今註今譯》（商務印書館，民國79年3月修訂13版），頁60。

〔註70〕 現實中我們看到：天道未嘗保護智慧弱於人類的象犀鯨，只有君子的良心要求保護牠們。

〔註71〕 牟宗三先生《才性與玄理》，頁145。

〔註72〕 此為令物自生自長，前已明之。

物的死亡使其他生物賴以維生？此事實不蘊涵宇宙有主宰作決定。道家看出：人易從社會生活的有意互利，推想人格神使萬物互利；可是一旦信仰人格神，亦須相信祂刻意安排萬物互害。在張湛，從萬物的角度來說，人的神氣和其他生命並沒有什麼不同。這「一氣」往赴的對象不同，形體容貌就不一樣。萬物皆爲「氣」積聚而成，具有生命，不是由於上天的偏愛；生命的終結，則只是氣離散的結果，而非上天憎惡使然。則人與萬物在「同爲氣之變化」這一點上是相通的。至於個體何以成就其獨特的型態——如人與萬物之分別等等？張湛以「所適者異」解釋之。這樣，即使萬物千殊萬異，皆爲偶然得之差別相，天亦無偏愛之理。

張湛的天道觀有兩大特色。一是「不自生」；一是「無形質」。天道「不自生」有兩種涵義。其一：天道不是人格神，因此，即使作爲萬物生化的根源，也並非出於意志、自主地去生育變化萬物，更不會對任何有形之物、包括人類有所偏私；其二：作爲萬物生化的本體，它自己並不落入生滅變化的過程，才能對萬物起生化的作用。因此，它一定不是物。若爲一物，則它自身也和物一樣不停地生化。如此，則道生，物固得以生；道滅，則物亦失其根，而無法保證萬物生生不息，就不足以作爲萬物生化的根據了。既然道是不生不滅的，就不能去問：它起於何年？終於何日？道是無始無終的，或者說，不能以時間觀念的始終說之。因此，道是永恒不朽的。萬物生死循環，更迭交替，不曾暫時停止；然而，萬物生於此則死於彼，死於彼復生於此，整全的道不能加以割裂、不曾有所闕傷。

此外，道體本身不具現象界任何事物的型態或屬性，所以不能以人間任何現實的器物加以驗證——量它有多長、秤它有多重……等。在未形成萬物以前，它是渾淪一體的。有固定形體的物，在空間上難免就會有窒礙難通之處；而道沒有堅實的體質，所以才能周遍萬物，與萬物相順相涵：人在道中，道在人中。萬物皆隨著道一起運動變化，且變化無時或停，每一刻的改變極其精微，因此其間的變化極難覺察。

人的心知作用原亦有其極限；但「道」既然沒有意志，人們就沒有窺伺、揣測的依據。又因爲道不受時空的限制，不能以任何「數量」規定。道整全而不可割裂，不能分析，一說便不周延。道難覺察、不能以實物加以驗證，所以，道是不能憑我們有限的心知作用去認識、憑既往的經驗和知識去模擬、去把握的。我們將此一思考過程披露如下圖：

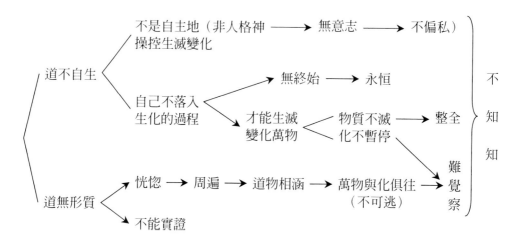

這樣的天道觀，看起來系統完整，邏輯性強。他從各個角度、在語言描述的功能所及的範圍極力地鋪敘、討論。但是，我們不禁要問：張湛的天道觀，究竟只是他的「預設」、抑或是經由體證而得？在我們看來，他的天道觀可說是玄學發展史上諸家思想的一個總匯。首先，他廣泛徵引夏侯玄、何晏、王弼、向秀、郭象等人的著作，並在注釋中力圖融合這些人的思想。例如，就宇宙發生論而言，從「混然未判」到「分而為天地」的過程，是傳統道家原有的學說。「至無者，故能為萬變之宗主也。」「以無為本」的觀念是何晏、王弼等正始名士的貴無論思想；萬物隨著「元氣」聚散而生滅變化，這是嵇康、阮籍等竹林名士的學說；張湛還發揮向秀、郭象的「自生」說：「有無之不相生，理既然矣，則何由而生？忽爾而自生。」可以說，身當東晉，作為魏晉玄學末期的代表人物，張湛將魏晉玄學史上正始、竹林和元康等三派的天道觀作了調和式的綜合〔註73〕。

然而，在道家，道作為超越一切有限之存在的最高原理，絕不是玄想的產物、無端的猜測，或概念遊戲，也不是乾冷的哲理，它同時也是人間的和諧和秩序。因此，對「道」的體認，不能憑恃理性認知。道本自實踐而發，是行之而成，只能從日常行為中真實地表現。若不切切實實由自家生命從生活經驗中直覺體證，終究是難以把握道的。

〔註73〕 王葆玹認為：「對這些原本是相互衝突的命題，他試圖加以融合，用《列子》書中『太虛』的理論來加以統貫，然而結果並不理想。統貫的不成功，使他的注釋像個大雜燴，人們往往注重他所引述的大量的魏晉著作佚文，對他本人的見解並不認真看待。」見《玄學通論》（五南圖書，民國85年4月初版1刷），頁389；筆者的講法則是：尚可自圓其說。

第三章　知識論

　　相較於《孟子》將仁義禮智四端視爲人與禽獸之別，《列子・楊朱》把人之「智」視爲人與禽獸的關鍵區分〔註1〕。「智」即是一個人的能識能力。「認知」形成的可能條件是：首先必須要有一個「能知」的認知主體，與「可以被知」的認知客體。一般而言，認知是人心的功能，認知的主體是人；認知的對象是物，如：物之理，或政治之道等。認知的媒介有語言、文字等。而認知的途徑，則是由認知心對「感官對認知對象所獲得的經驗」的整合〔註2〕。張湛知識論並不排除一般認知，但主張認知的最終目的不在成爲學問家，而在透過修養的工夫體證道體。至於「可知」未必會變成「已知」的原因，張湛以爲：包括了認知主體與名言的侷限性，以及認知對象的流變性與認知標準的不穩定性等。下面，筆者將分別探討這幾個議題。

第一節　認知之限制

　　認知的作用何以有其限制？歸結起來，主觀方面的因素有：每個人天生的材質不同，資質較差的，難以領會「須較高資質才能領會」之道。或是天生的材質之偏向亦影響認知。此外，若囿於耳目見聞，只相信親眼所見、親耳所聞者，然則一己之經驗有限，世界之大，不可能凡事皆爲我親身經歷，則超出自己生活範圍之事物亦皆不能知。何況人常以既有之成心去認知外

〔註1〕　〈楊朱〉：「人肖天地之類，懷五常之性，有生之最靈者也。人者，爪牙不足以供守衛，肌膚不足以自捍禦，趨走不足以從利逃害，無毛羽以禦寒暑，必將資物以爲養，任智而不恃力。」

〔註2〕　見趙雅博《知識論》（幼獅文化，民國68年），頁71。

物，並對之下價值判斷，亦足以妨害眞知。至於客觀面，一則由於學海無涯，外在事物紛多難窮，本非一己一生短暫而有限的時間所能盡知。加以很多「認知」既屬相對的價值判斷，本非確定不移之眞理，則人之所知常易流於一偏之見。甚且，面對「非知識分解」所能知的認知對象時，不能分析，不能言詮，是亦不能言傳。此時即感到語言文字在表意時有其限制。故透過語言文字所得之知亦不能究竟。這些都是妨害人們認知的因素，而成爲認知活動不能不面對的問題。

一、認知主體的侷限性

（一）囿於材質

對認知對象的認知和判斷不能離開認知主體本身各方面的條件而獨立存在。換言之，因爲經驗知識由認知主體的智能和經驗而決定，超越其個體的智能或經驗之知識，對認知主體而言，等於不存在或不重要〔註3〕。《莊子・秋水》：「井䵓不可以語於海者，拘於虛也；夏蟲不可以語於冰者，篤於時也；曲士不可以語於道者，束於教也。」這說明人常受空間封閉性、時間的範限以及所受教育的束縛。

人被拘限在特定時空環境與僵固的文化環境中，很容易形成一種封閉性的心態，這是人所知有限的原因。正因爲人的認知能力有其限制，是以絕對的眞理不可能顯現在人的經驗知識上。首先，就智愚的差別而論，先秦哲人也大都承認人類在才質稟賦上有天生的差別。如孔子在《論語・陽貨》中表示有「上智」、「下愚」之分，〈季氏〉有「生而知之」、「學而知之」、「困而知之」之別，〈雍也〉復有「中人以上」、「中人以下」等說法。《孟子・萬章上》也把人的才智區分爲「先知先覺」和「後知後覺」。《老子》四十一章則分爲上士、中士、下士三等。張湛則說：

> 夫聖人之道絕於群智之表，萬物所不闚擬；見其會通之迹，因謂之聖耳。豈識所以聖也？（〈仲尼〉：「何以知其（孔子）聖乎？」句下注）

〔註3〕 王陽明認爲，儘管從表面上看，外物不在心中，但外物的形體、顏色，卻因心的感覺和認知才能產生作用，否則雖有也等於無。可以說，萬象森羅，都由主觀所造。他把物與理結合起來，認爲物理是心的一種認知，是心的一種組織與理解作用。離開了心，便沒有物理的存在；同樣，心也正由於這種作用而表現其存在。捨棄了物理，心也就空無所有。因此心和物理便相互含攝，所以物不外於心，而心也就是理。

張湛說：一般人對聖智之境界，只能「窺擬」，卻不能「識其所以聖」，可見人的才智有凡聖之別。〈仲尼〉篇有段假託孔丘與商太宰的對話。當孔丘對商太宰描述西方無爲而治的聖人境界，最後又以「丘疑其爲聖。弗知眞爲聖歟？眞不聖歟？」，連聖智之名一併打落，商太宰懷疑孔子欺騙他。張湛注：「此非常識所及，故以爲欺罔也。」說是「非常識所及」，不是一般人的智識所能了解的。可見張湛認爲，人的智力有高下之分。〈湯問〉篇在講述「均則不絕」之理後說：「人以爲不然，自有知其然者也。」張湛注：「凡人不達理也，會自有知此理爲然者。」同篇另一則管仲與齊桓公論終北國事，隰朋諫桓公不必舍齊國而就之。管仲曰：「此固非朋之所及也。」張湛注曰：「朋之知極於齊國，豈知彼國之巨偉，故管仲駭之也。」言下之意是評隰朋之智不及此，非所有人皆不及。凡此，皆暗示聖凡之才智有別。這樣把聖人突出於社會之外會有問題：若聖人亦非「天生聖人」，則必有所以致之之道。然則，吾既非生而爲聖人，而聖人之道一般人又「所不闚擬」、「非常識所及」，則修養的工夫將失去具體的憑藉，吾人將何由學成聖之道？不免流爲先驗論。如此，則一般人是否注定無法成聖？若無法成聖，則修養的意義安在？這些，張湛並未加以解釋〔註4〕。

張湛這種想法有承自郭象者。郭象說：「性各有分，故知者守知以待終，而愚者抱愚以至死，豈有能中易其性者也！」〔註5〕智愚由性分決定而不可移易。因此，非性分規定的知識和能力，主觀努力和追求是不起任何作用的。人們在進行認知活動之前，應先懂得認知取決於性分的道理。又說：「若夫知之盛也，知人之所爲者有分，故任而不強也；知人之所知者有極，故用而不蕩也。」〔註6〕要人們不要超越性分，勉強去知其不能知，或濫用智慧，只須使自己的認知活動限制在性分之內即可。

首先討論何謂智愚之別？智力一詞，迄今尚未出現爲心理學界普遍接受的定義。若從智力測驗的發展來看，從廿世紀四十年代以來，人們已擴大以往視智力爲單一普通能力的傳統觀念，而咸認爲智力爲包括多因素的綜合能力。歷來心理學家爲智力所下的概念性定義中，總不超出以下幾個範圍：抽象思維、學習知識、解決問題、適應環境等能力。在社會適應方面，包括受

〔註4〕　見莊萬壽《嵇康研究及年譜》，頁157。
〔註5〕　〈齊物論〉：「一受其成形，不忘以待盡」句下注。
〔註6〕　〈大宗師〉：「知人之所爲者，以其知之所知以養其知之所不知，終其天年而不中道夭者，是知之盛也」句下注。

試者對自己生活安排、同儕關係、處事能力等。因為身心兩面是不可分的，也有人將身體運作功能也視之為智力。身體方面，包括受試者的視力、聽力、肢體靈活度等。不過，為了避免「體能」或「藝能」等名詞與智力相混淆，一般是以心理能力的概念來界定智力。古人多以「智愚」帶過，實嫌籠統，不知他們如何區分孰為智者？孰為愚者？哪幾項超出常人為智？哪幾項不如人為愚？以先天的資質〔註7〕或是後天的修養〔註8〕判定？以幾歲的時候為判斷的準據？「小時了了，大未必佳」，但不能否認「大亦未必不佳」；蘇老泉年二十七才發憤向學，則他慘綠少年時，算是智或不智？還是他具此「智」而只是未學？這個人整體評估，又屬智或不智？再者，成就與性向不同。成就是指個人目前在行為上實際表現的心理能力，而性向則是個人將來有機會學習或接受訓練時，該項能力可能發展達到的水平，即所謂潛能或天分。判定愚者無以及智者之前，是否曾對後者施以一定的教育？否則如何確定其必不如？

　　非惟智力有高下之別，人之嗜愛有別，機見、賞悟亦各各不同，而生流分條散，風格不一。張湛在〈天瑞〉：「太素者，質之始也」句下注：「既為物矣，則方員剛柔，靜躁沉浮，各有其性。」萬物生成以後，那麼方圓剛柔，沉靜浮躁，各自有它自己的特質。同篇：「天有所短，地有所長，聖有所否，物有所通。」句下注：「夫體適於一方者，造餘塗則閡矣。王弼曰：『形必有所分，聲必有所屬；若溫也，則不能涼；若宮也，則不能商。』」體性只適合某一方面的，在其他方面就有所滯礙了。《注》並引王弼的話說，有形體的物一定有既定的性分，音律一定有所專屬。分屬「溫」，就無以「涼」；律在「宮」，就不能「商」。認知能力亦受先天材質的制約，具有某種材質的人只能認知與之相合的理。由於材質各有特點，互不相通，因而各人所見的理自然不相同。性分不屬那樣的材質，卻想要了解那樣的理，也是不可能的。

　　然而，性分內所能知者，亦須經過由不知到知的轉化。若認知是性分先驗的規定，那麼，要如何知其性分所當知呢？郭象說：「學習之功，成性而已」〔註9〕後天的學習，雖然不能為人們增添任何性分以外的知識和能力，卻是完

────────────────

〔註7〕　如郭象所說「性分」似之。
〔註8〕　如俗所謂智者，多屬修養有得的老者。
〔註9〕　〈列禦寇〉：「夫造物者之報人也，不報其人而報其人之天。」句下注。

成本性必要的過程。只不過，學習所得只是性分內應有之物。他說：「彼有彼性，故使習彼。」〔註10〕這是說，天生有某種性，通過後天的學習使成就其性。郭象只是在這個意義上肯定：後天的認知活動是必要的。

　　郭象的「性分說」是玄境，不能將之理解為：有人在吾人進行學習活動之前，已先丈量好吾人性分內之知與性分外之知，而後，警告吾人不要踰越界線——這樣即成了孔子說的「今汝畫」？我們很輕易就能舉出眾多諸如牛頓或愛迪生等高成就者，小時曾被視為智能不足的例子。或謂：他所成就的，亦只是他性分內之知。問題即在於：誰來替我們決定性分之知止於何處？以今日之智力測驗比之〔註11〕，亦未被承認與後天成就必然相關〔註12〕。若曰：智力測驗不足以規限人之「可知」與「不可知」，現實上卻也沒有任何一種其他的測驗能做到這件事。若曰是此人後天人為的努力，移動了他「可知」與「不可知」的界線，則可證明：性分之「內外」亦無必然確定不移之畫分。則不費盡心思力圖知其所不知，如何知其是否為不可知？又如何確知：今日之不能知，假以時日、改易方法亦必不能知？況且，現代的心理學家對智力的來源大致持有相當的共識，咸認先天遺傳決定智力的基本架構，後天環境——包括營養、所受的教育、家庭子女數〔註13〕等，都會影響智力發展的水

〔註10〕同上：「彼故使彼」句下注。

〔註11〕性分不只包涵智力，此處只是舉其一以說明。

〔註12〕智力測驗在施測時會遇到幾個問題。首先是測驗的形式。傳統的智力測驗都是以語文為題目，出身家庭文化水平較低的兒童語文能力較差，無法在測驗題目上表現其智力。是以「出身文化匱乏環境兒童智力較低」的看法，極可能只是一種表象或假象。同理可推，學前兒童不宜施以文字智力測驗。近年來，很多心理學家嘗試擴大非語文量表，就是為了減少語言背景的影響。其次，智力測驗是按多數人的成績分布評定個人的相對位置。是以應建立不同的常模，以便不同種族及社會背景者可在公平標準之下比較智力的高低，而不應對出身文化水平不同家庭的兒童實施同樣的智力測驗。再者，現今智力測驗的文字類大抵包括語文理解、算術推理、解決問題等。非文字類則包括圖形、工具、模型等。另有特殊性向測驗，是測驗某一方面——如音樂、美術等——特殊潛力者。可是生命是多向度的，總有一些別的能力未被涵括其中，仍不能以目前既定的測驗成果為歸因根據，解釋其人以往學業成就優劣的原因——當然，更不能推知其他成就優劣的原因，甚或進而預期未來成敗的可能。以教師而言，對學生的期望也會影響教學行為，甚或進而影響學生的自我評價與學習行為，即所謂「自我實現預言」或「皮馬龍效應」。如對智力測驗分數較低的學生有較低的期待，對學生將有不利的影響。

〔註13〕以2～3個孩子的家庭最利於孩子們智力的發展。因為孩子之間互相激盪，彼此模仿學習，增多語言發展與社會發展機會，有助於啟發智力。

平。換言之，個人智力的高低實際上是「先天遺傳」與「後天環境」兩大因素交互作用所發展而成的能力。「性分」之說，在實際的施用上應非常謹慎〔註14〕。

至於材質說，在理論上並沒有錯——即今日之教育亦要求適才適性。問題是：應如何確定：某人屬某種材質？人間有無被冷落的梵谷、被埋沒的莫札特？一個人要努力到什麼程度，才能確定：自己不具備此種材質，而可以放棄？這是至今仍然難解的問題。

（二）囿於經驗

由於認知是由人的認知器官跟外界的事物相接觸才能成立。科學證明，人的感官確實有不少侷限。同一瞬間會有許多事物作用於這個人，但是人卻只能意識到其中的有限部分。其原因一方面是由於感官接受刺激數量的有限性，另一方面也制約於大腦皮層的機能特點〔註15〕。就是說，人的意識在感官功能的侷限下，其完整性很容易被破壞。此外，誠如郭象所說：「知之所遇者即知之，知之所不遇者即不知」〔註16〕人只能知道自己所遭遇到的，而不知道自己沒有遭遇到的。諸如宇宙天地有窮無窮的問題皆然：

> 夫太虛也無窮，天地也有限，以無窮而容有限，則天地未必形之大者。（〈湯問〉：「朕亦焉知天地之表，不有大天地者乎？」句下注）

> 游絕垠之外者，非用心之所逮，故寄言迷謬也。（〈湯問〉：「禹之治水土也，迷而失塗，謬之一國。」句下注）

另如〈湯問〉篇中，湯問革〔註17〕曰：「上下八方有極盡乎？」革的回答是：「不知也」。張湛注：「非不知也，不可以智知也。」這個問題，不在人類感官可以經驗的範圍，是以不能憑靠智識的作用來理解。

太空的奧祕，即使在天文學這樣發達的今天，亦尚有許多未能解開的謎

〔註14〕 以上關於智力的理論，參見張春興主編《教育心理學》（東華，1997年3月修訂版2刷），頁336～370。

〔註15〕 見洪祖培・邱浩彰《認識你的頭腦》（健康世界，1991年12月第2版），頁62。

〔註16〕 〈知北遊〉：「夫知遇而不知所不遇」句下注。

〔註17〕 「革」字在《莊子・逍遙遊》作「棘」。而湯、棘兩個名字另有含義。「湯」的另一義是「浩瀚」、「棘」的另一義是「小」，或是「究極」。換言之，湯之問棘，不是殷商的湯王問「究極」先生，就是「浩瀚」先生問「極小」先生。見吳光明《莊子》（東大，民國81年9月再版），頁116。

團。非惟天體，張湛認爲：「命」亦非我們憑藉感官的作用所能認知的對象。
他在〈力命〉篇中極力強調此事：

> 若以壽夭存於御養，窮達係於智力，此惑於天理也。（〈力命第六〉
> 注）

> 不知所以然而然者，命也；豈可以制也？（「既謂之命，奈何有制之
> 者邪？」句下注）

> 生死之理既不可測，則死不由物，生不在我，豈智之所如？（「生生
> 死死，非物非我，皆命也。智之所無奈何」句下注）

> 自然之理，故不可以智知。（「不知所以然而然，命也。」句下注）

〈力命〉第七則引《老子》七十三章：「天之所惡，孰知其故？」說明後天的
計算、勞神，皆不必然能達到預期的冀求，結論是：「迎天意，揣利害，不如
其已。」順〈力命〉篇全篇的義理而言，還是在強調「力不勝命」的主題。
張湛注：「夫順天理而無心者，則鬼神不能犯，人事不能干。若迎天意，料倚
伏，處順以去逆，就利而違害，此方與逆害爲巨對，用智之精巧者耳，未能
使吉凶不生，禍福兼盡也。」就算巧妙地運用智力，極力想對抗逆境災害，
也未必就能趨利避害，求福得福。世俗之智有其限制，張湛因應的態度是：「不
役智也」〔註18〕、「任智之所知也」〔註19〕。既然「命」不屬於人的智力所可
理解者，則人對「命」安於無知即可。然而，是否有「命」是一件；設若有
「命」，人的智力能對其發揮幾分影響是一件；選擇要不要努力掌控又是一
件。張湛的邏輯是：智力無施，故不須役智使力，顯然是將這些問題簡化了。
這個問題留待下一章「命」一節予以探討。

> 夫萬事可以理推，不可以器徵。故信其心智所知及，而不知所知之
> 有極者，膚識也；誠其耳目所聞見，而不知視聽之有限者，俗士也。
> 至於達人，融心智之所滯，玄悟智外之妙理；豁視聽之所閡，遠得
> 物外之奇形。若夫封情慮於有方之境，循局步於六合之間者，將謂
> 寫載盡於三墳五典，歸藏窮於四海九州焉。知太虛之遼廓，巨細之
> 無垠，天地爲一宅，萬物爲遊塵，皆拘短見於當年，昧然而俱終。（〈湯
> 問〉「亦吾所不知也」句下注）

〔註18〕「亡所量」句下注。
〔註19〕「亡所不量」句下注。

夫用心智賴耳目以視聽者，未能見至微之物也。(〈湯問〉「**鮷**俞師曠
方夜擿耳俛首而聽之，弗聞其聲。」句下注)

〈天瑞〉篇的「杞人憂天」、〈周穆王〉篇的「蕉鹿之夢」、〈湯問〉篇的「日
距遠近」，皆對「所知之有極」，提供了很好的說明。魏晉南北朝時代，玄學
議論的是超象的本體。在一般人心目中，要求驗證，不過是囿於耳目見聞，「誠
其耳目所聞見，而不知視聽之有限者，俗士也。」只相信耳目所能視聽聞知
的，而不明白耳目感官的作用有其限制，這是不足爲訓的。葛洪即指出：天
下之物尚有許多未被認知。《抱朴子·論僊》：「欲以所見爲有，所不見爲無，
則天下之所無者亦必多矣」、「夫所見少則所怪多，世之常也」〔註20〕。葛洪
認爲，人們不能過於自信，對超出感官作用所能認知之事，不應輕易否定，
用意相同〔註21〕。

人之已知相較於無涯之不知，確如冰山一角，認知受制於感官作用的講
法並沒有錯。但對應這種現實，吾人應對當前之已知持保留的態度，不以已
知者爲確定不移之知，而妨礙新知的吸收──即不犯張湛所謂「誠其耳目所
聞見，而不知視聽之有限」之失。但張湛所舉的兩個例子都有問題。首先，「感
官等作用有限」不能作爲不去求知的理由。如天地有窮無窮的問題，則今日
不可知，他日未必亦不能知──如昔人不知太陽系、不知銀河系，但人類並
非永遠不能知。未來，後人必將知吾人今日所不能知者。特別在地球資源已
日益耗盡、環境已急遽敗壞的今天，太空探險還是有其意義〔註22〕。若只是
承認人有不可知者，而不思何以致知？違反人類文明演進的方向。

另一個例子是關於「命」的問題。亦不能只以「目前不可知」爲由就盲
目地相信一切。或許未來科學能對所謂的「命理」進行解碼，亦即提供合理
的解釋。但不表示：因爲目前以人的智力無可理解「命」，就直接相信：人的
遭際都是盲目的偶然，進而導出不必努力的結論。甚至如葛洪，固然不能以
「不可見」(鬼神等)確定其一定不存在，但同樣也不能確定其一定存在。何
況張湛所提的「命」真相究竟爲何？與其說是客觀的現實，毋寧說是個人所
賦予的定義，每個人也各自有其因應之道，與認知作用的「知」與不知未必

〔註20〕 見《中國子學名著集成·抱朴子》中國子學名著集成編印基金會，1978年12
月初版)，頁29、41。
〔註21〕 葛洪的問題在於：所謂神仙的有無既有爭議，今堅信其有，邏輯上不亦與堅
信其無一樣，有武斷之失？
〔註22〕 這樣講有「過客」心態。但筆者重點只在論述：不知則安於無知未必正確。

相關。

（三）囿於成心

顯現在感官中的是形體、顏色、名稱、聲音等感覺材料。這些感覺材料必定在特定的時空中呈現。認知主體會將不同的材料置於同一意識下進行綜合活動，是以知識是認知心靈向外伸展所產生的對象領域，是認知心靈的「再創造」。既是出自每個人個別的認知過程，則同一對象，每個人會有不同的認知，而和物的本然不一定相符。換言之，「物」成為如此之物，實是在認知活動中被心靈認知是如此，而不能視之為「客觀的真實」〔註23〕。由於個體各式各樣的生活樣態和條件差異，多樣的認知不免並存。其中某一種認知，不可能獲得絕對的妥當性。是以嚴格說來，人並無法知道事物的真象。

來自主觀方面的成見常妨礙正確的認知，造成人們的自我中心和排他性。各家各派對此有不同的表述，如慎到所謂「建己之患」與「用智之累」，宋鈃所謂「宥」，《莊子》所謂「成心」，《管子》所謂「過在自用」和「去智與故」，《韓非子》所謂「前識」，《荀子》所謂「蔽」，《呂氏春秋》所謂「尤」與「囿」等〔註24〕。

張湛認為，人們通過社會實踐不斷加深對客觀事物的認知。然而，在認知活動的過程中，認知的主體「心」，以及認知的對象「物」，都是無動而不變，無時而不移。對同樣東西的印象，由於種種條件——包括事物的潛移默化和主觀印象的變化，以及認知由淺而深的變化等——而有所差異。若有成心——成心就是受既成之知所侷限的心——的分化參與認知活動〔註25〕，一探首即成認知矢向，一旦發展為有識有知，便打破寂寥，離其本然的統一性，生命開始破裂、分化。渾整的存在，遂成為主、客對立的現象世界。因為，成心一旦形成，隨之即構成一種自我偏執，以我為中心，從我的角度去看待事物，對事物作主觀的投射，並對之賦予價值判斷。進而肯定其所肯定，而排拒其所否定。《莊子・寓言》所謂：「同於己為是之，異於己為非之。」

〔註23〕　見劉光義《莊學蠡測》（學生書局，民國75年5月初版），頁301。
〔註24〕　各家各派對此所提出的論點，只是由直往的泛智之照察得知，卻很難溶化入自身的文化活動中。他們的理論也不免受到自己所提出的「妨礙真知」諸多因素所影響，而難以與其他各家相觀而善，相悅而解，甚至言辭流於忿激、偏頗。可見修養是很不容易的。
〔註25〕　見唐君毅《中國哲學原論・原性篇》（學生書局，民國68年4版），頁38。

每個人都按照他的成心來判斷是非善惡，然而，各人的立論點或許不同。若不能容忍不同的價值觀存在的自由，只以自己的觀點為絕對價值，並以此為唯一的標準去否定他人的觀點，則彼我判然二分。有彼我之分，則有是非爭議；有是非爭議，而沒有客觀且共同的標準，則彼是對偶更加牢不可破，遂不自覺陷入意氣成見的迷障。可以說，成心是知識對偶判斷的根，彼是、是非乃因成心不斷分化而衍生〔註26〕，對偶的關係，常足以妨害人對真知的認識。

　　雖然人沒有能力知道事物絕對的真象，可是每個人卻仍然依照自己的成心作是非判斷：

> 意所偏惑，則隨志念而轉易。及其甚者，則白黑等色，方圓共形，
> 豈外物之變？故語有之曰，萬事紛錯，皆從意生。（〈說符卅四〉注）

認知發生錯亂的時候，甚至將黑白兩色都看作一樣，形狀方圓也分不清楚。其實外物並沒有改變，而是心意有所偏失迷惑，對對象的認知就會隨著意念而產生變化。所以才有人說，萬事紛雜錯亂，都是由心意的迷惑產生的。《莊子·達生》：「以瓦注者巧，以鉤注者憚，以黃金注者殙。」對外物的執著會動搖、混亂我們的認知和判斷，此亦成心之蔽。一切差別對立，都不是事物的原樣，只是人為的結果。這一反省覺悟，可使心靈活動致力於免除主觀的偏執，照見事物本然的狀態。

> 翫其所常見，習其所常聞；雖語之，猶將不信焉。（〈湯問〉：「世豈
> 知有此物哉？」句下注）

> 夫奇見異聞，眾之所疑。禹、益、堅豈直空言譎怪以駭一世？蓋明
> 必有此物，以遺執守者之固陋，除視聽者之盲聾耳。（〈湯問〉：「大
> 禹行而見之，伯益知而名之，夷堅聞而志之」句下注）

個人通過經驗長期耳濡目染，形成觀念、習慣，即使離開了直接經驗的情境，所留下的觀念依然保存在識念之中。沿著生活的常軌發展，我們在記憶庫裡累積越來越多的信念，但這個過程卻也限制了我們賞識真實之豐饒的能力。因為每當我們嚴肅地擇取一個新的信念的同時，實際上也就排除了它的「反面物」。知識上第一個些微的收穫，往往反而成為真知的障礙。若執定不完整

〔註26〕無怪乎在《莊子》看來，「知識」（或理念）的發展原是壓迫一切存在的，或是助長這種暴力的。所以《莊子》對於人的成心，是採取批評的立場，而主張「外於心知」。

之已知而不化，則雖有知，卻「翫其所常見，習其所常聞」，只要與平常所見所聞不相類者——即所謂「奇見異聞」，則「眾之所疑」、「雖語之，猶將不信焉」，是為不自覺的迷執，為芒昧無知。

自我意識發展的初期，首先即表現為：自覺有拒絕接受經典權威和習俗成見的自由。在張湛看來，根據經典權威和習俗成見而形成的見解固然也算是一種見解，但不是自己獨立思考的見解，而是一種人云亦云、隨聲附和的看法而已。經典權威和習俗成見設立了許多束縛思想的框架。人一旦習慣這些說法，就不去思考這些觀念的合理性。只有勇敢地打破它，才能擺脫所有獨斷性的思考，並解放僵固的意識形態。

雖說當我們對對象物的某種認知，被社會所規定的意義系統所統攝時，我們擁有拒絕接受的權利，但事實上，我們很難真正不受它的影響。據說漢朝梁冀將軍有件火浣布作的衣服，不怕火燒，不合五行生剋。曹丕《典論》：「火性酷烈，無含生之氣。」「火尚能鑠石銷金，何為不燒其布？」以其事為不可能。其子曹叡命人將此文刻石與石經並列廟門。齊王芳即位之初，當眾試驗西域所獻之火浣布，果如傳說所言。或謂此碑因此被推倒。但據裴松之《三國志注》，他還見到這塊碑立在太學內，只是廟門口不見了，是以他對這碑的歷史有所懷疑〔註27〕。但無論如何，這件事讓人們去思考：人的認知能力是有限的。世界之大，無奇不有，沒見過的東西不一定不存在。不應該因為一件事與既有的觀念有所違背，即斷然否定其可能性。

〈湯問〉篇在敘述「扁鵲易心」的故事後，張湛說：「此言恢誕，乃書記少有。然魏世華他能剖腸易胃，湔洗五藏，天下理自有不可思議者，信亦不可以臆斷，故宜存而不論也。」這樣的說法看似恢詭譎誕，書記上確實很少見。但是魏朝的華陀能開腸換胃，清洗五臟，天下自有無法用思慮理解的事理，實在也不能憑揣測來論斷。張湛的態度是：應該保留不去談說它。當然，這並不是說，既然什麼事都有可能，則一概接受、相信。他只是強調：人的認知作用有限，與既有之知不相符者也有可能是真實的。在進行認知活動時，人應該盡量避免成心的作梗罷了。

從主觀面而言，偏見和主觀等成心的作用會蒙蔽人的認知。有所蒙蔽，則不能全知。不能全知，難免生出人我之分，畛域之見；從客觀面來說，對事物的認知會隨著時空的推移而產生變化。因此，一個人擁有他早年即習得

〔註27〕 《三國志·魏志·文帝紀》（台北鼎文點校本，1987年），頁118。

的知識，同時又須具備掙脫這些知識束縛的能力。在心裡沒有一點先前觀念的陰影，心就會呈現光明，清虛如鏡而映照萬物〔註28〕。

二、名言的侷限性

牟宗三先生曾將知識之形態分爲幾個層級：(1)常識的陋見形態，此囿於耳目之官。(2)科學的抽象形態，此囿於概念。(3)術數的具體形態，此超越概念而歸於具體形變。(4)道心的境界形態〔註29〕。

瞭解任何事物都有一個前提：我們不可能完全瞭解它。其中一個原因，就是因爲名言有其不足之處。像第四項「道心的境界型態」，是生命透過具體實踐而體現的主體性眞理。也因爲是質的，且是必須通過主觀表述之眞理，無法被量化，也無法予以實驗、檢證，因此也不能以名言來表述。是以道之奧蘊，非名言可盡其實〔註30〕。《莊子・天運》假老子之言曰：

> 使道而可獻，則人莫不獻之於其君；使道而可進，則人莫不進之於
> 其親；使道而可以告人，則人莫不告其兄弟；使道而可以與人，則
> 人莫不與其子孫。然而不可者，无佗也，中无主而不止，外无正而
> 不行。由中出者，不受於外，聖人不出；由外入者，無主於中，聖
> 人不隱。

名言以表意爲功能，然而一個人未必能通過名言而了解他人之心意。亦即，名言只能表達形色名聲之有形世界，而且所能表達的也只限在「名」能符其「實」的範圍內。在這樣的條件下，名言和意義間遂有所差別，而名言總是落在意義之後，難以追趕。換句話說，意義常在名言認知所達不到的領域，《文子・精誠》：「著于竹帛，鏤于金石，可傳于人者，皆其粗也。」〔註31〕我們不能用名言說出名言說不出來的東西。經由名言所表達的思想，和眞實之間便產生距離。「言有盡而意無窮」這句話說的就是名言的侷限性。

〔註28〕依《莊子》，這可以叫作「以明」。這與一般所謂的知是有所差別的。關於這
一點，王船山說：「明與知相似，故昧者以知爲明。明猶日也，知猶燈也。日
無所不照，而無待於煬。燈則或煬之，或熄之，照止一室，而燭遠則昏。」
見《莊子通・莊子解》，頁17。知和燭光一樣，只照射到片面的地方而已。在
用知的時候，難免會去分別是非、彼此、成毀等。然而站在「以明」的觀點，
則可以泯除一切差別相。故莊子認爲：唯有「明」才是眞知。

〔註29〕見《才性與玄理》，頁98。

〔註30〕王弼在《指略》中，頗發明此中旨趣。

〔註31〕見《中國子學名著集成・文子纘義》（中國子學名著集成編印基金會，1978
年12月初版），頁411。

〈黃帝〉篇中，黃帝大夢初醒後曉悟最高的道術，但他說：「朕知之矣！朕得之矣！而不能以告若矣。」張湛注：「不可以情求，則不能以情告矣。」不是他不願意說，而是認知活動包含一個問題：並非所有的認知對象皆能被表達，如不能完整而精確地表達，則不能傳達給另一個人。人的思想習慣於「以感覺知覺所觸及的形跡世界爲極限範圍」，事實上，思想的領域是廣大無邊的，豈止限於形跡的世界？〈秋水〉：「夫精粗者，期於有形者也；无形者，數之所不能分也；不可圍者，數之所不能窮也。可以言論者，物之粗也；可以意致者，物之精也；言之所不能論，意之所不能察致者，不期精粗焉。」顯然，能知主體常常難以達到「言之所不能論，意之所不能察致者」的領域。

這裡要討論的是：所謂「不可道」者，究竟是此道本身不可道，抑或是擅行此道者不善言此道？——意即：此人不可道，他人未必即道不出？〈說符〉二十八則敘述有個人自稱知道不死之道，燕國國君派人跟他學習。還沒來得及學會，「懂得不死之道」的人就死了。燕君要殺這位學生，臣子的看法是，那個人不能使自己不死，可推知亦不能使燕君不死。文中不詳何人的胡子卻認爲：「凡人有術不能行者有矣，能行而無其術者亦有矣。」張湛注：「物有能言而不能行，能行而不能言，才性之殊也。」有些是能做到，卻說不出個所以然；有些則是知其道，卻無以行之。張湛這裡是強調人的才性有別。至若《莊子·天道》著名的「輪扁斲輪」一則。輪扁認爲「斲輪，徐則甘而不固，疾則苦而不入。不徐不疾，得之於手而應於心，口不能言，有數存焉於其間。」《莊子》此則寓言所要傳達的要旨有三。一、讀書應當突破古人所留下來的語言文字，以把握藏在語言文字背後古人的眞精神。這與他所說得魚忘筌的意思相通。二、人生崇高的精神、境界，只能自覺、自證，而不能靠客觀法式的傳授。這層意思，對道德、藝術而言，是應當加以承認的。如果斲輪之道是可以傳授的，他沒有對自己的兒子藏私的道理。惟其術玄妙，只能「得之於手而應於心」，無法記載於死板的字面上，口不能言，筆不能記，故可自悟，而不可傳受。他的兒子自己沒有經歷那一番體驗，就達不到那樣的地步，別人亦愛莫能助〔註32〕。三、正因爲如此，所以各人應通過一番自覺自證的工夫去成就、把握崇高的精神，而不能向外有所依賴。由此觀之，文中的輪扁似是「能行而不能言」，實則「道」本身原爲

〔註32〕道家雖深悟知識與技藝皆難以移轉，但未提出「物不可知」。

「不可道」，非關才性。凡不可道之道，善言者即使道之，亦非真道。《莊子》書提到多次：

〈齊物論〉「夫道未始有封，言未始有常，爲是而有畛也……大道不稱」〈大宗師〉：「(道) 可傳而不可受，可得而不可見」

〈天道〉「世之所貴道者書也，書不過語，語有貴也。語之所貴者意也，意有所隨。意之所隨者，不可以言傳也」

〈田子方〉：「目擊而道存矣，亦不可以容聲矣。」

〈知北遊〉：「道不可聞，聞而非也；道不可見，見而非也；道不可言，言而非也。」

〈外物〉：「得魚而忘筌」「得意而忘言。」

因爲名言的表達功能是先有指謂的對象，然後才把它概念化而成爲「名」。然「道」周遍而無私，因爲無法限定，故不是指謂的對象，亦不可解說。以任何名言描摹，皆只能道出「道」的某個面相，而無以見其全貌，亦無以精準把握它的實質。《莊子・齊物論》：「无謂有謂，有謂无謂」成玄英疏：「恐學者滯於文字，故致此辭。」無謂者，理各自全，何待我言？有謂反不能遍。既然說似一物即不中，則有所說，反易使學者執滯其說。道既爲不可道，則人們不能得道的原因之一，或許便是執著於名言概念：

事有實著，非假名而後得也。(〈天瑞〉：「非其名也」句下注)

原本，事物有其真實的本質，不是假藉名義然後才有的。然而，在認知的活動中，首先，事物和現象錯綜複雜，變化萬千，人們給予事物各種不同的名稱、概念和定義。定義是以概念的內容或外延的關係圈定事物的本質，以獲得普遍性與客觀性。定義依概念的內容與外延範圍的對反關係，可寬可狹。概念的內容越寬，外延越狹；反之，外延越寬，內容則越少。層層圈定，將整個對象剖析爲不同層次的存在者。可以說，概念透過定義而有確定的內涵，同時亦規限了內部的意義，使其有所置定。由認知心靈開展的了別活動，將對象限於特定的範圍。以想像、聯想、分析、歸類、對比、綜合等思維活動建構事物間的關係，然後又從思維分化活動中所獲致的法則性、規律性之知識，回轉來解釋經驗事象，互爲循環：

夫以指求至者，則必因我以正物。因我以正物，則未造其極。唯忘其所因，則彼此玄得矣。惠子曰：「指不至也。」(〈仲尼〉：「有指不

至」句下注）

用所指喻的事物想去觸及所指喻的道理，就一定會用我的主觀去調整、去規範客觀的物實。憑我的主觀去調整客觀的物實，就不能接觸到道理的究竟。只有去掉所因假的指喻這個憑藉，所指涉的道理和用來指喻的事物才能相合。張湛並援引惠施的說法：指喻本身不能達到事理的根本。

「指不至」首見《莊子·天下》〔註33〕，〈天下〉篇說它是桓團、公孫龍一派的觀點，總之，是先秦辯者的命題。《列子·仲尼》載公孫龍對魏王說：「有意不心。有指不至。有物不盡。有影不移。髮引千鈞。白馬非馬。」張湛這裡則說惠施亦持此論。其原意如何有所爭議。西晉玄學家樂廣對這兩句也作了發揮性的解說。《世說新語·文學》十六條記載此事云：

> 客問樂令旨不至者，樂亦不復剖析文句，直以塵尾柄确几曰：「至不？」客曰：「至！」樂因又舉塵尾曰：「若至者，那得去？」於是客乃悟服。樂辭約而旨達，皆此類〔註34〕。

「旨」「指」古通用。樂廣所論「旨不至」即《莊》書所云「指不至」。有人將「旨」作手指，「至」作「達到」。當手指——或其他代替手指的東西，像此則樂廣所持的塵尾——指著一個物體的時候，不能真正達到那個物體。〈天下〉「指不至」下還有「至不絕」一句。意思是說，如果手指真正達到那個物體，就離不開了。「絕」（或此則「哪得去」之「去」）作離開講。則「至」是指手指和物體之間沒有距離；「絕」是手指和物體之間有距離。如果真「至」，就該沒有任何距離；如果能離，證明原來就是有距離的。哪怕只有極小的距離，也就表示原先就沒有真「至」。「指不至，至不絕」正如名家另一個著名的命題「一尺之棰，日取其半，萬世不竭」一樣，表示空間可無限分割。

也有人將「旨」當作意旨或概念，「至」作「窮盡」解。「指不至」的意思是說概念永遠不能窮盡它所指代的事物，一如「名」永遠不能符「實」。張湛的注即持此解。

《世說新語》此則中樂廣對「指不至」的形象解釋，解為手指和解為意旨皆可。因為手指的指向往往可比擬概念的指向。手指永遠不會真正地接觸到或達到所指的物體，一如意旨或概念永遠不會準確地與它所標識的對象相

〔註33〕　〈天下〉篇亦作「指不至」。
〔註34〕　《諸子集成》第一集第六冊，頁51。

吻合。樂廣以塵尾柄觸擊桌子的動作，象徵我們透過感覺目睹到事物具體的實在性，同時也透過直觀，認知到事物在思想活動中所呈現的表象。樂廣又把塵尾柄舉離桌子，象徵剛才的表層認知只是現象的實在性，並沒有觸及到事物的本體。然而，我們對事物的認知不能僅僅滯留在現象層面上，而應該透破現象，直達本質，才能理解到普遍而超越的內在本體。

　　學之本質可以通過經驗、理性以建立知識系統，亦唯有落在經驗的層次方說知識。人們學習總要運用認知的工具。可是，執著於名言是不能把握道的。張湛在〈仲尼〉篇引夏侯玄之言曰：「天地以自然運，聖人以自然用。自然者，道也。道本無名，故老氏曰彊爲之名。仲尼稱堯蕩蕩無能名焉，下云巍巍成功，則彊爲之名，取世所知而稱耳。豈有名而更當云無能名焉者邪？夫唯無名，故可得　以天下之名名之；然豈其名也哉？」下面：「弗知眞爲聖歟？眞不聖歟？」張湛注：「聖理冥絕，故不可擬言，唯疑之者也。」《老子》三十二章：「道常無名」、四十一章：「道隱無名」道是無以加諸名稱的；二十五章：「強爲之名」。不同於沒有意義的聲音，具有表意功能的名言是對應於「意義」的符號，因而是有所指謂的對象，故同時具有分別化、固定化的功能。想要以名言來表達「不能以名言表達」的道，則「道」即成爲一種概念。一旦有這「道」概念，那就跟「非道」相對峙而非眞道。因此，爲了避免名言具有的執著性而引起的誤解，只能勉強給它一個名稱，可見這「道」字只是個權宜的符號。除了「道」「不可擬言」，孔子稱許堯廣大開闊，亦說他的偉大沒辦法用文辭來形容。至於說他功業崇高，也只能算是勉強給他的讚美之詞，取一般人所能了解的辭彙來稱讚他罷了。只有像這樣無以名之的事物，才能遍用天下的名稱來稱說。但是我們所暫假以名之之名，都不是它眞正的名稱。若認知對象本屬不能以名言表達的事物，一旦我們陷落於表面的名言概念之糾纏，則不能掌握名言概念背後的眞知〔註35〕。

三、認知對象的流變性

　　個人的生命是短暫的，心智的能力是有限的，所以窮畢生精力也無法認知外在世界的全部眞相。任何人從有限的個人出發，企圖對廣闊的宇宙作正確的判斷，都是不可能的：

〔註35〕　會產生這樣的反省，或許是因爲：比起理論和法則，中國人往往更重視現實、更愛好生命本身。見福永光司著、陳冠學譯《莊子》，頁15。

> 夫智之所限知，莫若其所不知；而世咸所見以限物。(〈湯問第五〉
> 注)

「智之所限知，莫若其所不知」，比起宇宙萬物的無窮變化，執著於由常識所生的相對知識和其幅度，則所知亦不過一曲之知。前述郭象反對人們逾越性分去外求的另一理由，即是認為性分之內是有限的，而性分之外是無限的，「以有限之性尋無極之知，安得而不困哉！」〔註36〕非惟事物品類之多難以窮盡，即使是同一種事物，亦處於不斷變化的狀態：

> 必其不已，則山會平矣。世咸知積小可以高大，而不悟損多可以至
> 少。夫九層起於累土，高岸遂為幽谷。苟功無廢舍，不期朝夕，
> 則無微而不積，無大而不虧矣。今砥礪之與刀劍，相磨不已，則
> 知其將盡。二物如此，則邱壑消盈無所致疑。若以大小遲速為惑
> 者，未能推類也。(〈湯問〉「(操蛇之神聞之，) 懼其不已也。」句
> 下注)

不論是積小至大，或是損多至少，總之事物無時無刻不在改變。《莊子·秋水》：「物之生也，若驟若馳，无動而不變，无時而不移。」物象猶如閃電一般急速變動著。則過去所看到的，並不是眼前所看到的。如此，則永恒不變的知識自然難以建立。〈仲尼〉篇「子列子好游」一則，列子自以為，「人之游也，觀其所見；我之游也，觀其所變。」壺丘子點明：「凡所見，亦恒見其變。」改變並非只限於日新月異、易於看見、易於發覺的東西，那些看起來長年故我、並無改變的東西，實際上又何嘗不在變呢？才剛自以為對某物有所認知，此客觀物實又已歷經改變，而非向之原貌。〈大宗師〉：「知有所待而後當，其所待者特未定也。」知識要有所待才能產生，但所待的對象卻變化無定，那麼確當的知識顯然無從把握。這樣，如何能說：對任何事物有所謂正確的了解呢？

四、認知標準的不穩定性

知識本質上是依分別而開展。人類必待了別對比以識知，此為現實的境況。心靈渾整無知時，不構成任何矢向。除了外物的存在外，心靈要有所知，亦須離開渾整無知的狀態，構成一特定的認知矢向。而認知矢向首先表現為肯定——肯定某某為真。判斷著落後，便不能再左右浮動，否則不能貞定其

〔註36〕　〈養生主〉：「以有涯隨无涯，殆已」句下注。

為一判斷。但肯定一旦成立，依此肯定的徹向，必引生一否定的可能，這就有排拒性。意即：任何肯定皆即蘊涵一限制，它一方面自限其自己，此即 A 之為 A，即 A＝A；一方面排拒一切的非自己，A 不能是非 A，即 A≠非 A。是以肯定判斷必然隱含了一否定面。而此否定面，並非孤懸獨立，必須預設有一肯定。因為當我們判定「這不是 A 時」，即隱含有 A 之存在。所以，否定又必然蘊涵一肯定。如是，肯定否定乃是互倚對偶而顯，二者不能各自獨立。可知：任何有所肯定的理論既不能自足而完整，而皆為可補充者、可修正者——凡所說，皆有可破。除非不說，一說即有可破——則無絕對性與必然性。任何一種理論皆表現為一有限的知識，亦為一未完成的知識。依此，知識領域中，任何一種理論的肯定、否定，亦依此有限而未完成之知識而暫時安立而已。

　　經驗事物任何對立的二元，如：美醜、愛憎、生死之分，畢竟只是從某個標準來比較而產生的相對概念。它們總是處在互補關係中，不能看作獨立而絕對的事態，亦非超越認知個體客觀而穩當的是非判準。因為有了所定的標準，才有那樣的上下高低之別。空間上的厚薄、大小、長短、遠近，也不是客觀上絕對如此。如果立一相反的標準，那麼一切比較皆可顛倒〔註37〕：

> 天地籠罩三光，包羅四海，大則大矣；然形器之物，會有限極。窮其限極，非虛如何？計天地在太虛之中，則如有如無耳。故凡在有方之域，皆巨細相形，多少相懸。推之至無之極，豈窮於一天，極於一地？則天地之與萬物，互相包裹，迭為國邑；豈能知其盈虛，測其頭數者哉？（〈湯問〉：「含天地也故無極」句下注）

每個東西都比「比它小的東西」大，也都比「比它大的東西」小。《莊子·齊物論》：「天下莫大於秋豪之末，而大山為小。」道理正在此，而不是把泰山和秋毫二者放在一起比較所得的結果。天地相較於人的形體，似乎非常龐大；然而，若與太虛相比，則又不及。則同樣的天地，對人而言為大，對太虛則可言為小。是以「凡在有方之域，皆巨細相形，多少相懸」，〈秋水〉篇也說：「因其所大而大之，則萬物莫不大；因其所小而小之，則萬物莫不小。」〔註38〕不同的條件會產生不同的觀點，持不同的觀點就會置立不同的標準，

〔註37〕　可以想像倒豎的飛禽眼中所見的景象。
〔註38〕　《莊子》在這一點上花了很大的力氣，包括〈德充符〉篇那些天生或刑餘的殘疾之人、世俗眼光中較醜陋的、貧困的……，在他的筆下，皆成了內涵豐

依不同的標準而產生相對的價值判斷。只要標準的所在無定，則價值判斷也就不是固定不變的，而具有不確定性〔註 39〕。可以說，所有的認知多繫於認知主體的主觀而定，故都能在一定的條件下轉化：

　　　　是非之理未可全定，皆眾寡相傾以成辨爭也。（〈周穆王〉第八則注）

不只是不同的人觀點有所差異，即使是同一個人，認知也有前後的變化，這個因素會使人對同一對象得到不同的印象。魏源《老子本義》對《老子》第二章的解釋是：「當其時，適其情，則天下謂之美善；不當其時，不適其情，則天下謂之惡與不善。」然而，時不稍停，情勢易變，則「當」彼時者未必當此時，「適」彼情者未必適此情。可知是非無主，善惡難憑。從「道」的角度來看，人類所持有的知識只有相對的幅度和意義。若將相對的認知看成絕對的標準，從而去追求它，則是闇於真知。

　　《莊子・齊物論》「齧缺問於王倪」的寓言中，三問而三不知的用意即在於襯托出真知的困難，並暗示常人所謂的知，多未曾經過深思熟慮就遽然確認，實則只是主觀是非的判斷而已。一般人輕易斷定的知，事實上是一孔之見的認可。「不知」的回答，激人自覺反省，使人省察：雖自以為知，是否為真知？偏頗的決斷是否為全面觀照的結果？《莊子》假借王倪之口說：

　　　　民溼寢則腰疾偏死，鰌然乎哉？木處則惴慄恂懼，猨猴然乎哉？三
　　　　者孰知正處？民食芻豢，麋鹿食薦，蝍蛆甘帶，鴟鴉耆鼠，四者孰
　　　　知正味？猨猵狙以為雌，麋與鹿交；鰌與魚游。毛嬙麗姬，人之所
　　　　美也；魚見之深入，鳥見之高飛，麋鹿見之決驟。四者孰知天下之
　　　　正色哉？自我觀之，仁義之端，是非之塗，樊然殽亂，吾惡能知其
　　　　辯！

物各有物性，有某某物性，自然有其性向要求，而隨之發展出各自的好惡──

　　　　富而有無比吸引力的理想人物。顛覆了世俗的觀念，化腐朽為神奇，將缺陷
　　　　變成了德性渾全的美麗。反觀有些人往往只重視外形的完整與美好，而忽視
　　　　內在精神的培養，是以我們總可以看到無數形全而心智卻殘缺不堪的人。莊
　　　　子這裡或許在強調「德形兼養」的重要性，但我們亦可以說，若依「德」「形」
　　　　兩個不同的標準，即可能對同一對象產生不同的「美醜」判斷。

〔註39〕　比方說，惠施和公孫龍的思維方式就剛好相反。惠施在異中求同，舉出許多
　　　　常識上南轅北轍的觀念，透過概念分析，盡量把它們說成一樣，所謂「自其
　　　　同者視之，萬物皆一也」，是「合同異」的代表。莊子亦近似之。而公孫龍則
　　　　在同中求異。他舉出許多感覺上極相似的概念，儘量使他們歧異，所謂「自
　　　　其異者視之，肝膽楚越也」，可說是「離堅白」的代表。墨經亦近似之。

若客觀條件順適其物性，則生舒服享受之感，進而生發喜悅之情；若反其物性，則有不適之感，進而衍生厭惡之情。《莊子》並非蓄意推翻宇宙一切物之寢處與飲食之各自標準。宇宙一切物既可各自有其寢處與飲食之標準，則人生界亦自可有其獨特的寢處飲食之標準。推究《莊子》的意思，應只求把此等標準放大，平等遍及一切物，使各得物之在其自己之標準。宮室之居固為人之正處，而陰濕的泥窪，乃至樹顛木杪，也同樣是另一種正處。芻豢稻粱為人之正味，而青草、小蛇與腐鼠，亦同樣可作為另一種正味。此是將標準放寬，而非取消。進此言之，則不唯不能以「人」的眼光來看待萬物〔註40〕，亦且不能以「我」的立場去看問題——好惡是價值判斷。然而，經驗世間並無絕對而共同的價值標準。既然萬物的是非本無定準，故張湛提出：俗情世間的是非得失皆依對比而立，故無絕對性。若執某某為價值定準，終成偏執而有所不見。

非惟此也，有所分別，則有所去取。有所去取，則難免產生計算利害的心，這也是道家對「知」保持高度警覺的原因之一。《莊子・大宗師》離形去知」、〈馬蹄〉「同乎无知」、〈胠篋〉「絕聖棄知」、〈在宥〉「多知為敗」、〈刻意〉「去知與故」諸語皆在貶斥智巧人偽，並非原則上否定任何形式的認知。名利成為禍患，在人心欲望之作祟。在道家，認知的對象是物，其背後的動機則是物慾。而耳目之官既是認知的工具，同時也是物慾的根器。而物慾正是令人昏昧的根源。認知作用容易促成本能生命（需要）與心理欲求（想要）結合，產生一股非理性的驅使力。人若不能自覺其道德主體，由理性力量善加引導這些驅使力，則其生命必然向外消磨，不斷盲動追逐，形成種種煩惱執著。實際上，道家並不否認心有認知的作用，而是反對運用這種能力去助長物欲。關鍵其實在於對物欲所採取的態度。

〈說符〉第廿七則，楊朱說：「行善不以為名，而名從之；名不與利期，而利歸之；利不與爭期，而爭及之；故君子必慎為善。」無可諱言地，虛榮與實利是糾纏不清的動機。愈高等的動物虛榮心愈強。低等動物只依本能去爭實利，無虛榮可言。古今最能看破虛榮的恐怕仍是道家。楊朱說，縱使行善之初並不帶「得善名」的動機，但是善名卻往往隨之而來。名歸名，利歸

〔註40〕 朱謙之認為《老子》第二十五章應是「道大、天大、地大、人亦大」，理由是：「人為萬物之靈，為天演中最進化之物，故曰：『人亦大』。」見《老子釋義》里仁書局，民國 74 年 3 月 25 日），頁 103。姑不論原文是否為「人亦大」，但朱氏所持的理由恐與道家向來不以人為最貴的思想相悖。

利，不一定相關。然而，利益往往也緊跟在名氣之後。有利益，又總是會引起爭奪。楊朱認為，不是不能行善，只是行善的同時，要留意不要陷入名利之爭。張湛說：「在智則人與之訟，在力則人與之爭，此自然之勢也。未有處名利之衝，患難不至者也。語有之曰：『爲善無近名』，豈不信哉！」張湛以此解釋《莊子・養生主》的「爲善无近名」。以爲「用智」，若「處名利之衝」，則患難必至。重點在「名利」而不在「智」本身。意即：智巧一旦牽涉到名利，只有速禍一途了。

可是回過頭來看同篇第十則的例子。《列子》記述晉國苦盜，郤雍能辨識盜賊的容貌，也因爲這項特長被盜賊所殺。張湛對此事的評論是：「用聰明以察是非者，羣詐之所逃；用先識以擿奸伏者，眾惡之所疾。智之爲患，豈虛言哉？」運用聰明來辨察是非的，詐僞的人要逃離他；憑過人的識見來揭發隱匿的奸惡的，是惡人所痛恨的。施逞智巧成爲一種禍患，哪裡是空談呢？知之爲患，一至於斯。然而，郤雍識盜，不見得是爲了逞智或招名，或許只是基於正義，則郤雍本身可以沒有過失。他的不幸最主要只是與盜賊有利害衝突。但順道家的思路，則辨識盜賊是否反成了不利己的愚行？而有此種能力，爲明哲保身，是否亦應隱藏而不能施用？國家是否不必培養這樣的人才，以免危及他們的性命？還是應該責備政府沒有盡到保護郤雍的責任？行事之前的考量，保全形身是否應列爲最重要的項目？只要傷生害身，即使是利他的舉動亦應避免？這樣的講法會不會是出於「事不關己」？如果盜賊偷盜的對象是張湛，他會不會希望有個郤雍把他指認出來？道家輕物重生；若殺害的是自己的家人呢？張湛又會不會希望郤雍把他指認出來？還是一笑置之，說「死生如一」？即使承認「保全形身」是最重要的前提罷！以某些人財物的損失，賠上郤雍的性命，張湛或許會覺得是賠本生意，不上算；可是這批盜賊看來還會取人性命，則放大眼光，郤雍每辨識出一個，是否即保住其他很多人的身家性命，即使因爲這樣有可能犧牲他一個人也不能夠嗎？這是否即是楊朱所謂的「拔一毛利天下不爲也」？〔註41〕或者，在全己與行義之間，仍有可取得平衡、兩全的可能，只是需要更高度的智慧——如此則中的郤雍，能識盜而不讓盜知道他能識盜？能做到這樣，則道家是否亦不反對？要之，

〔註41〕　這種講法特別要統治者減少對人民的干預和攪擾，但必須奠基在「每個人都有照顧好自己的能力」的前提上，可事實卻不然。至少，那些天生殘疾者就須要許多人「拔一毛」以助之。此外，筆者也不認爲：人不須要受教育即能德行無缺，以致彼此可以相安無事？

在認知活動的過程，如何銷減「成心」之流弊，使認知不致產生偏差、甚至造成禍患？正是張湛要吾人思考的問題。

第二節　認知的正確態度

一、不強求知

　　人之所知本屬有限，知其有限而不強不蕩，即不牽引歧出而落於無涯之追逐。自覺不應陷落知識了別，泯無涯之追求，而歸於無知，則歧出之疲命自困可以止息，而虛靜之心靈亦得以成全：

> 夫體柔虛之道，處不競之地，雖一身之貴，天下之大，無心而御之，同於徒矣。徒，空默之謂也。郭象曰：聽耳之所聞，視目之所見，知止其所不知，能止其所不能，用其自用，為其自為，順性而不競於物者，此至柔之道也，故舉其自舉，持其自持；既無分銖之重，而我無力焉。（〈黃帝〉：「以此勝一身若徒，以此任天下若徒，謂不勝而自勝，不任而自任也。」句下注）

聖人體會柔弱虛空的道理，處於都無所爭的境地，不刻意去駕馭事物。聽耳朵聽得到的，看眼睛看得見的，心知在無法認知的範圍就不使力，能耐在無法施展的地方就不運用。因任自然地去運用、去作為。順應本性，不和外物相爭，這是極盡柔弱的道理，而我本身像是不曾施力一般。

　　很容易想到《莊子・養生主》：「吾生也有涯，而知也无涯。以有涯隨无涯，殆已；已而為知者，殆而已矣。」以有限的生命去追求無涯的學海，難免感到心勞力絀。明知如此還要汲汲求知，只有更加疲困不堪〔註 42〕！〈胠篋〉：「天下皆知求其所不知而莫知求其所已知者……是以大亂。」既然人類的知識有限，而不安於有限，就會迷亂錯失。〈秋水〉：「計人之所知，不若其所不知；其生之時，不若未生之時；以其至小求窮其至大之域，是故迷亂而不能自得也。」這也是說：以有限的生命去窮究無窮的知識範圍，是人類的能力所無法達到的。如果在能力以外的地方去挖空心思，必然會茫然無所得。

〔註 42〕　《莊子》這裡所談到的「無涯」之「知」，可能是指外在的知識。而林希逸《南華真經口義》則認為是指心智而言：「知，思也。心思卻無窮盡，以盡之身隨無盡之思，紛紛擾擾，何時可止。」宣穎也有相似的注解：「心思逐物無邊。」這些解釋雖不違背《莊子》離形去知的主張，但與下列例句合觀，則覺是引申之詞，未必是《莊子》原意。

因而〈齊物論〉才會說：「六合之外，聖人存而不論。」「知止其所不知，至矣。」知識的探求超出限度的範圍時，應適可而止；認知能力所不能達到的事物，應安於無知。

前說郭象認為：人們能知的僅限於性分之內，性分外的則不能知、不須知。張湛的意見是：「順之則通也。」順應天生的性分，就能通達無礙〔註43〕。又說：「萬品萬形，萬性萬情，各安所適，任而不執，則鈞於全足，不願相易也。豈智所能辯哉？」〔註44〕亦主張人各安所適則鈞於全足。在他之前的郭象嚴格地將可知與不可知二者畫開：「所不知者，皆性分之外也。故止於所知之內而至也。」〔註45〕認為如果企圖超越性分去求知，只會失去本性之知。「外不可求而求之，譬猶以圓學方，以魚慕鳥耳……此愈近彼，愈遠實，學彌得而性彌失」〔註46〕追求性外之知，就好像以圓學方，以魚慕鳥，越學越遠離自己的本性，最後連自己性分內之知也會喪失。

張湛說的比較簡單。材質之異天生而有，才智較低者難以理解「須較高才智方能理解」之事物。當然可以解釋：這並不是教人放棄知識的追求，更不是否定知識，而是要人省察人類的認知能力與範圍。真知了解知識範圍的無窮，生命界限的有限，如何運用有限生命中探得的知識來安頓人生，才是首要之務。若在能力範圍以外去盲目追求，反而弄得勞神苦思，不得安寧。然而，郭象的講法會有問題。如其所說，非性分內之知，即使求之，亦不能得。然則吾人何以確知己之性分界限何在？要求到什麼地步才可以停止？面對一對象物，吾人何以知其是否在吾性分之內，而決定當不當求？

還得注意一件事：至人知止其所不知，但知止其所不知者，未必即為至人。換言之，「知止其所不知」只是至人的必要條件之一，而非充分條件。道家也不認為它足以構成不去求知的充分理由。

再者，雖以有涯之生逐無涯之知會疲殆不堪，但吾人是否應避「殆」唯恐不及？若不去求知，則即使「不殆」，這樣的人生又有什麼意義？總不能因為學海無涯、求之必殆就不去求知吧？道家的原意斷非如此。

最後，一定要確定學將有所成才能學習嗎？是否一定要成為頂尖人物才算學有所成——而方能確定此為其性分內之知？這樣的學習心態不會流於功

〔註43〕　〈天瑞〉：「生覆者不能形載，形載者不能教化，教化者不能違所宜」句下注。
〔註44〕　〈湯問〉：「吾何以識其巨細？何以識其修短？何以識其同異哉？」句下注。
〔註45〕　〈齊物論〉：「知止其所不知，至矣。」句下注。
〔註46〕　〈齊物論〉：「五者　而幾向方矣」句下注。

利嗎？這樣，則是否只有愛因斯坦才能學科學？人間有幾個愛因斯坦？其他人都不須要學習了嗎？即使沒有成就，或即使學習「性分外之知」而感到疲殆，這樣的學習本身難道就沒有意義？學習的過程，難道一無所獲？——即使是學習目標本身以外的收獲？道家實際上並不「反知」，這些問題值得吾人深思。

二、去除成心

在如何才能獲得正確認知的問題上，戰國中後期思想家都認為：認知的主體——「心」——處於某種理想狀態，便能獲得最高的修養，也就能獲得正確的認知。如《莊子》所謂「心齋」，《孟子》所謂「存心」、「養心」，《管子》所謂「心處其道」、「虛素」，《荀子》所謂「大清明」、「虛壹而靜」等。

經驗事物的種種差別都出自於人們看問題的角度而無以確立。若各自執定某一視角，則對事物的解釋將產生分裂，使認知相對化。在中國哲學史上，名家執著地追求認知能力和語言的彈性，他們對於認知和語言的自由嘗試，首先予「日常語言邏輯不知不覺地行使的暴力性思維」與「僵化了的常識」以嚴厲的邏輯批判。因應現象世界變易流動的局面，將時間和空間、事物的尺度和價值觀徹底相對化，提醒人們必須「改變視角去看」。視角改變了，才能超越日常系統化的表層認知，對事物的認知才有新意和深度。為了表示這層意思，所以他們才用異樣的言論、謎語一般的詞句來表述〔註 47〕。張湛則是提出：

> 忘游故能遇物而游，忘觀固能遇物而觀。（〈仲尼〉：「物物皆游矣，物物皆觀矣」句下注）

> 我之所是，蓋是無所是耳。所適常通而無所凝滯，則我之所謂游觀。（〈仲尼〉：「是我之所謂游，是我之所謂觀也。」句下注）

心中不存成心，既不預先設定游賞的對象，亦不先有「所是」，則「所適常通而無所凝滯」。張湛對「認知」活動的主張，旨在泯成心之執，是修持實踐問題，而非純思辨問題〔註48〕。真正的真理，只能從主體修持化除成心偏執後，

〔註47〕像惠施就是用這種方法。

〔註48〕牟宗三先生認為，《莊子·齊物論》云：「聖人懷之，眾人辯之以相示也」。魏晉玄學名理只是辯以相示，並未達到「聖人懷之」聖證的境地。此是名理與聖證之不同。

在虛靜的心境中呈現〔註 49〕。張湛認爲，心靈的虛靜是純粹的意識認知事物之理的前提。因爲，我們認知事物的能力一方面雖然有其限制，另一方面卻也包藏著所有的可能性。因此，不論是什麼樣的對象，都會因認知主體的差異，而得到不同的認知。認知的彈性是其著眼所在。所謂虛靜的純粹意識是指未被既成觀念干擾、擯除利欲的計算、保持清醒、專一思索的境界。純粹到極點的意識看似空蕩蕩的，實際上是一種專凝的心理狀態。《老子》第十章謂之「滌除玄覽」，這是老子靜觀的認知論，亦爲玄學深究萬物運動變化消息，探尋宇宙奧祕，借以剖玄析微的重要方法。「滌除玄覽」即是滌除邪飾，至於極覽。滌除邪視即保持虛靜，至於極覽即獲得對「道」的認知。這是理智與經驗統一的直觀，使神明不受外物障蔽，達到玄同，便可無物不照，隨感而應。

在〈說符〉篇中，《列子》以魯施氏、孟氏二子等人的遭遇指出：「得時者昌，失時者亡……天下理無常是，事無常非。先日所用，今或棄之；今之所棄，後或用之。此用與不用，無定是非也。投隙抵時，應事無方，屬於智。智苟不足，使若博如孔丘，術如呂尙，焉往而不窮哉？」張湛注曰：「雖有仁義禮法之術，而智不適時，則動而失會者矣。」即是在說明：經驗世間的價值沒有一定的標準，是以不應該執著先前習得的概念。用知之妙，在能不失時機地把握事物變化的一切條件和環節。

實際上，每個人都透過不同的途徑來看外面的世界，並隨之受到不同的限制，是以並沒有所謂「客觀眞實」這回事。以花爲例，化學家知道要合成一朵花所需要的各種元素，但卻不能知道：這些元素何以是以花的型態存在？一棵植物自己怎能將這些元素合成一朵花？它又怎麼能創造出這些獨特的色彩及形狀？這些都是必須要追問到底的。然後我們將發現：每一個生命的存在都是一個奇蹟。同時也明白，宇宙的法則原超乎我們理解能力之外。艾丁頓爵士認爲，人類的心靈就好像一個漁網，你能捕捉到什麼魚要看漁網的網口而定，但總有一些魚會溜走〔註 50〕。在今天，物理學因爲能作明確的定量而變得極有價值，極具效益，但它亦非科學的唯一模式。只以少數幾個據點的觀察資料爲基礎，而相當大膽地以理論銜接其間的罅隙，只能得到片段而

〔註49〕 虛靜的概念來自老子。老子的「虛靜心」開出的，一是莊子的觀照心，一是荀子的認識心。而此處言「虛靜」，與莊周之「天」，同歸於老子之所謂「道」。
〔註50〕 轉引自《生命與科學對話錄》，頁 120。

不精確的知識。須將認知對象置於較寬廣的脈絡來衡量，如果能得到認知對象更多的資訊，就能有較好的判斷，但此認知仍然永遠不會完整。陸西星《南華眞經副墨》解釋《莊子》於第一篇安排〈逍遙遊〉的用意時說：「人必大其心而後可入道，故內篇首之以〈逍遙遊〉。」嚴復《莊子評點》：「首戒學者必遊心于至大之域，而命其篇曰〈逍遙遊〉，逍逍遊云者，猶佛言無所住也，必得此而後聞道之基以立。」〔註51〕張湛的知識論也同樣是在要求我們放開眼界，認識世局，以增廣我們的知識，以免抱殘守缺，自以爲是。

　　主客對立的「有知」活動中，不論從感官得到的經驗知識，或由理性推理而得的知識，皆因主體的侷限性與客體的流變性，而流於相對的、不全的知識。道家的目的不外乎要否定一切由人類知識所派生的相對判斷，以及以此作爲基礎的規範性意識型態。而突破相對性的方法，惟有當主體化除成心的造作，泯除此自我偏執的意識活動，一下跳出彼是對偶的連環，事物始得以脫離固定的座標，則由主觀成心所賦予的價值判斷，亦同時得以剝落。只是，是非混而爲一，必須在主體經高度修養後的觀照下立言，否則易流於漫蕩無歸，而將經驗世界與超越世界混淆。所以，張湛並不是否定：現象界中，對立的事物有其差別。只是一切事物也都有統一性，可以互相轉換，互相包容，是以這些差別及相應之偏執都不是必須的。破去這些偏執，是非然否皆消融於無形，而莫有美惡高下可說。若能打通萬物的分別對待，則天地間何人而非親，何物而非我，何可再分彼此遠近？惟在此境界中，物我始得以各自獨立，各任其性，各安其分。

　　唯化除成心是實踐歷程，可能是一生的奮鬥。張湛反省到由成心的分別所流衍的弊端，不能不對正確的判斷有所影響。然而，知識之是非各自成其系統，若強求知識之同，則必造成主觀專斷的錯誤，而無視於生命存在的眞實狀態。是以不必強己與人同，更不能強人與己同。如此任萬物同，任萬物異，而就各自爲一的基點而言，無數之一皆在道之爲一的原理中，並不礙道之爲一及無數之一之爲無數之一。可以說，道家對是非的泯除不是平面的掃除，也不是把一切生命之差異壓縮爲平面，或把變化多端的生命廣表積聚成一點的平等。乃是辯證的大包容，而此一辯證是無量而多向的。換言之，道家並沒有去齊萬物，而是使萬物自齊。正因其以無價值色彩的自然精神作爲辯證之一貫原理，是以在和諧之中，物物自得，人人自樂，每一個個體皆可

〔註51〕 轉引自胡楚生《老莊研究》，頁 255。

得以保全。表面看來，「自然」取消了一切價值，但就實質而言，「自然」保全了一切價值。道家就這樣解除了同異可能肇致的知識困境與生命危機。

三、把握眞知

　　認知作用在開始時不得不借助於耳目見聞，如聽人講說道理，通習經典名言等，我們可藉此獲得聞見之知。但道並非哲理或教條，而一切用以名「道」之語言文字皆如指月之指，單靠耳目之官對語言文字的領會，不能直接上通於道，是以不能只停留在這樣的層次。關乎此，〈仲尼〉篇的說法是：

> 夫形質者，心智之室宇。耳目者，視聽之户牖。神苟徹焉，則視聽不因户牖，照察不閡牆壁耳。（「能以耳視而目聽」句下注）

> 道存則視廢也。（「相遇於道，目若不相見者。」句下注）

> 心虛則形全矣，故耳不惑聲，目不滯色，口不擇言，心不用知；內外冥一，則形無震動也。（「南郭子貌充心虛，耳無聞，目無見，口無言，心無知，形無惕。往將奚爲？」句下注）

形跡質地是心智暫居的地方。耳目是視聽憑藉的通道。忘卻心知，使神明通徹，那麼耳朵不被聲音所迷惑，眼睛不會於滯溺顏色，嘴巴不刻意挑揀什麼來說，內心不必刻意運用認知的功能，甚至視聽可以不經過耳目這些通道。即使瞻視的動作免除了，照見覺察亦不會受到阻礙。內外玄冥凝一，了無刻意見聞言知之跡。

　　張湛知識論的主要意義即表現在對「體道」途徑的具體考察上。既然現象世界「以無爲本」，那麼要認知萬物，明白事理，不能捨本逐末爲現象所迷惑而拘泥於具體物象，應該直接把握現象世界背後的本體。對道的認知是一種非分析又非綜合、非片段又非系統的飛躍性的直覺靈感。不同於世俗耳目見聞的認知，而要與物直接照面，中間沒有半絲半毫間隔。在觀照的當下，只有被觀照的赤裸裸的一物，更無其他事物、理論等等的牽連。是以只有通過與語言、思辨的衝突或隔絕，才能領會或把握。看來，人生之眞實，與其在深奧的哲理或難解的經典字句中探求，不如在日常生活之行住坐臥中體驗。聖人憑藉神智作內省的工夫，能以「道」觀物，斬斷感官對外物的攀緣，終止思辨的漫衍，打破價值的對立。如此，則可以穿越表象，獲得啓明，進而洞察事物之內部而直觀其本質，此之謂「無知之知」。體證無知之知，方能「無知而無不知」。

　　爲免於所知愈多，所惑益甚，認知的過程，還得要化除名言概念的限制。
〈仲尼〉篇說：

> 窮理體極，故言意兼忘。(「得意者無言，進知者亦無言。」句下注)
>
> 忘指，故無所不至也。(「無指則皆至」句下注)
>
> 唯忘所用，乃合道耳。(「善若道者，亦不用耳，亦不用目，亦不用力，亦不用心。」句下注)
>
> 自然無假者，則無所失矣。(「唯默而得之而性成之者得之。」句下注)

張湛並非一味反對「智」。他只是指出：既窮盡究極之道，則言說意旨應一併
忘卻。從另一個角度來說，也唯有忘記用以指稱事物的工具，才能把握事理
眞正的意涵。《文子‧上義》云：「誦先王之書，不若聞其言；聞其言，不若
得其所以言。」〔註52〕剝落名言的障蔽之後，所得之知自然而然，無所假借，
就不會失卻了。

　　名言來自世俗社會，是人類長期積累、交流思想的工具。當我們面對涉
及名言的學習時，第一個挑戰無疑是關於名言的地位、名言所不及的領域，
表述「沉默」的名言爲何等，這些是道家經常討論的問題。

　　人類的認知心靈總是有限的，我們思考時，必須透過概念之間的推演去
聯想，去分析，去理解。這些概念的形成，又必須透過名言爲媒介，以關聯
其所認知的對象。概念載負著意義，在心靈內部運轉。而名言則爲概念的外
在化、客觀化，把我們心中的意義轉化爲可以表達的符號。可見，名言與概
念是不可分的，它們就如同一個事物的兩面：名言是概念的表達形式，而概
念則是名言的思想內容。既然概念依賴名言而得以被認知，則名言實是思考
表達的必要媒介。若將其一概抹去，亦將渺無痕跡，不可指說。這就是所謂
「言則離道，不言不足以明道」的道理。所以，即使是「不立文字」的禪
宗，傳教時也不能完全逃避言語文字，否則畢竟很難交通傳遞，禪宗作爲教
派，也不能存在和延續。「不立文字」卻仍然需要依靠文字（語言），於是在
「立」了許多文字、講了許多道理之後，便特別需要用種種方式不斷地揭示、
提醒：人爲的語言文字並不是眞實本身，不能用它們去眞正言說、思議和接

〔註52〕　見《中國子學名著集成‧文子纘義》（中國子學名著集成編印基金會，1978
　　　　年12月初版），頁640。

近那真實的本體。這也就是在講經佈道之外，還有許多「公案」的來由。《莊子‧大宗師》：

> 南伯子葵曰：「子獨惡乎聞之？」（女偊）曰：「聞諸副墨之子，副墨
> 之子聞諸洛誦之孫，洛誦之孫聞之瞻明，瞻明聞之聶許，聶許聞之
> 需役，需役聞之於謳，於謳聞之玄冥，玄冥聞之參寥，參寥聞之疑
> 始。」

所謂副墨之子、洛誦之孫等，莊子只是以擬人化的手法，將自己所以得知體道工夫的來源更作闡明。一則說明人們上達天理的工夫多從下學人事之中得來；再則說明聞道之途不能離於語言文字心思意慮之外。因之，人們聞道，往往也從所謂副墨的文字書籍入手，進而熟讀深思，以致見解明通，心領神會。再加以力行實踐，涵詠歡唱。更進而冥會至理，以達到忘言而得意的層次。

順這種思路，則照理說，沒有人應該盲從任何學說家派的首倡者。因為一隨從首倡者就違背了那首倡者的本意。由此可知：《金剛經》何以說：釋迦說了四十九年的法，為了無所得故，卻自認未曾說一法。則也可以依同樣的道理說，道家留下了那麼多文字，為了破執起見，也未曾寫一字〔註 53〕。至言去言，言而無言，以言合道而沒入於道。道之「無」化解了言之「有」，是以默然。

名言本身有雙重性，它本來是吾人認知「道」的媒介，但由於人類的誤用，它反而異化成隱蔽「道」的工具，使我們對「道」的認知受到它的干擾。《莊子‧齊物論》所謂「言隱於榮華」即指語言的作用被不實的浮詞所隱蔽了。是以吾人在使用名言時，要小心不讓名言對道形成一種遮蔽，它只能為道提供服務，將之善巧地表達出來。故名言固不可無，然而僅僅是工具，而非道之本身。故以生命哲學之立場，反對以名言為道而滯陷之，將「知」道之「知」限於言語之辨明，忘卻了真正目的在求生命的超升，而徒然浪費生命〔註 54〕。故認知一方面必須以各種具體的材料為基礎；另一方面，卻也只

〔註 53〕 《史記‧老子韓非列傳》謂老子「著書上下篇，言道德之意，五千餘言」、莊子則「著書十餘萬言」。見瀧川龜太郎《史記會注考證》（洪氏出版社，民國七十五年九月版），頁 854、855。

〔註 54〕 《莊子‧天下》評名家「能勝人之口，不能服人之心」，意亦在此。名家中，惠施從觀念上的差別問題歸結到「氾愛萬物」，這是從抽象回到人生實際，要我們發揮愛人愛世的精神，他的理想還算是比較具建設性的。

有儘量擺脫各種具體材料的糾纏，思維才能獲得自由。換言之，吾人在得一知識產物之際，不應為此一知識產物所限所困，而應立即以高一層次的悟性知見超越之，直接體會其所蘊之義。看來，得道不得道，關鍵在乎能忘或不能忘。惟能不執於名言者乃能體得真道。當然，前提是：先要「得」道才有資格談「忘」。

四、收拾反觀

　　一般認為，道家輕視經驗知識而重視超越玄智。老子所以說「絕學無憂」，即是因為：「為學」必然落入經驗涉獵，故一天多似一天，每天皆有所增益。然此種「知」為落於追逐之外知。期以追逐窮盡一切「所不知」，殊不知：「所不知」永不能盡，徒使生命陷於無窮的追逐中。愈追愈遠，而忘其本然：

　　　　常有盡物之心。物既不盡，而心更滯有也。（〈仲尼〉：「盡物者常有」
　　　　句下注）

認知活動是有向判斷，即心靈指向外在對象物，而剖示對象物的性質內容，進而形成概念。所以，在有向的知識判斷中，對象必然轉為概念，所以不免落入知識領域。凡可依客觀論證所證明者，則可以量度，可以標準化，科學知識即是如此。它純是思辨上的有，沒有遭遇，沒有歷程，也沒有感觸。而內容真理包括藝術、道德、宗教之類，皆非依客觀論證所證成。實踐形態的哲學必須從存在入路。存在入路繫屬於主體。每一主體以自己作為第一身，由內在的人性親涉其生命具體的歷程。這裡面有一種極細密的自我實現歷程，一種極艱難的自我修為工夫。是以德性之知自不可與見聞之知放在同一層次。我們無法通過「感官的觀察」或「經驗的推概」以建立道體。

　　況且，求知原本可以純粹出於好奇。好奇本身並非罪惡，但求知的過程，人卻往往喜好與他人對比，爭勝心亦會使心意產生迷惑。所知益多，矜持益甚，甚至異化為沽名釣譽之輩。或有所不知，以不甘勢弱，亦不肯向人請益；或自知有誤，亦不願承認之；或自恃知識較他人廣博，假知識以炫耀，貌若無所不知，以建立自我的形象。這種人只能依靠他人的恭維來肯定自我的價值，難免恐懼他人所知超越我，害怕別人以其所知損害我的利益。於是我就與他人對立起來，形成偏執。實則尚存比較之心，可見其所知者，多屬量上增益，顯然昧於自知；或擅勝某種技術，或專精理論分析，卻無以對生命作

存在的呼應，乃爲求知而知之，即是以心知之造作而使之知。有心知之造作，則有所負累，則此增益即成爲負價值義。可見，一切追逐之學問皆是「生命之離其自己」。此即老子所謂「爲學日益」。

聖人修持的方式，並非以有涯逐無涯，向外追求客觀名物的知識。《莊子·徐无鬼》：

> 目之於明也殆，耳之於聰也殆，心之於殉也殆。凡能其於府也殆，殆之成也不給改。禍之長也茲萃，其反也緣功，其果也待久。而人以爲己寶，不亦悲乎！

郭嵩燾曰：「目馳而明生焉，耳馳而聰出焉，心馳而所殉見焉。凡能於其府者，皆外馳也。反其所持，而緣之以爲功，致果以求之，積久而不知所歸，役耳目心思之用與萬物爲攖，故可悲也。」任感官逐物而不返，哀哀如喪家之犬，失其故居，莫知歸焉。〈繕性〉：「古之行身者，不以辯飾知，不以知窮天下，不以知窮德，危然處其所而反其性已，又何爲哉！」唯恐人以逐物而喪失自性。《列子·仲尼》篇中，壺丘子說：不能僅止於從事外游，而且要從事內觀。此是儒釋道皆同意者。《孟子·盡心上》：「萬物皆備於我矣，反身而誠，樂莫大焉。」〔註55〕朱熹注：「當然之理，無一不具於性分之內也。」〈告子上〉又說：「學問之道無他，求其放心而已矣。」〔註56〕要人在自家身上作工夫，不假外求。此外，陸象山強調「理」本具於人心，亦不主張向外去窮理。他說：「萬物皆備於我，只要明理。」他認爲理學家的毛病就是向外去窮理。今天格一物，明天格一物，就如同跟自己的影子競走一樣：追得愈急，影子逃得愈快，結果徒然使自己疲於奔命，這就是由於忽略了自己本身是影子的主宰。心和理的作用也是如此：萬事萬物的理，都是心的投影。因此我們不必向外去追逐形形色色的理。只要體認心中的這個理，便能以一御萬，無所不通了。王陽明亦認爲，「聖人的義理是本性具足的，只要反求於本性便是格物了。」這些例句或與《孟子》、《列子》所說容有出入，但所論之理似無二致。

道家亦反對人徒務追求世俗之知。世俗認知靠感官與外物的接觸，但對道的體驗不靠感官。「道」不是世間有形的物體，不是感官和名言概念所能掌握的。是以憑感官經驗與理智分解以求知識，根本是無與於道的。知識的領

〔註55〕《十三經注疏》（十四），頁229。
〔註56〕《十三經注疏》（十四），頁202。

－101－

域既非生命實存的境況,則知識雖有所見,終失其本原生命的整全性,淪落於俗情偏執的漩渦。體道不是表面意義上的認知,是自由目光的瞬間,突然間完全貼近事物的注視;不是從自己出發、從我的角度去看事物,而是直觀事物本然而獨立的狀態,從中洞見超越常識的認知,這是超理性超語言的經驗。這樣的知與世俗之知,其認知主體及認知對象自然都不相同。要達體道之境,不能從西方知識論的進路入手,或從客觀知識方面判別之,而終須工夫修持。此修持是發玄智。張湛提出,修養的工夫,要使耳目不順刺激以外用。需將心神自外界收攝回來,將注意力集中在自己身上,反觀自身。真正之知,要使生命復歸其自己。對治現實生活種種執相,憑切己之實踐,而不斷昇進,並推己及物,以達渾化的道的境界,此即《老子》所謂「爲道日損」也。

然而,世界上文明日進,民智日開,已是不可避免的事實。一個人固然不能專務求取外在客觀的知識,亦不表示他可以完全忽視此種知識。雖說道家的重點原不在此,但亦不可否認道家在這方面仍有偏失之弊。

五、全面觀照

非惟耳目見聞只能了解具體事物,有其侷限,邏輯思維亦不能把握宇宙發展的究竟法則。前面說過,有知之知被感官經驗所侷限,或被概念思辨所牽引,皆在無限追逐中表現,皆歧出之失當。隨順理性的肯否二向滾動下去,只會引向現實世界。且因有主體和客體間反映和改變的關係,故有知之知只能在主客對待之關係中撐架。〈周穆王〉第八則記述秦人逢氏之子:「少而惠,及壯而有迷罔之疾。」《列子》原來的意思是說,逢氏之子小的時候很聰明,長大了卻有迷惘的毛病。所謂「迷惘」,按照後文看來,是指價值觀和世俗完全相反。《列子》的「惠」與「罔」是逢氏之子不同階段的不同狀況。張湛的《注》文卻說:「惠非迷也,而用惠之弊必之於迷焉。」將「惠」視爲「迷」之因,與此句原文雖不合,卻仍相應於全篇「天下之人皆惑於是非,昏於利害……向使天下之人其心盡如汝子,汝則反迷矣。哀樂、聲色、臭味、是非,孰能正之?且吾之此言未必非迷。」「價值相對」之旨。欲以己爲正,進以正人,斯之謂「用惠之弊必之於迷焉。」

逢氏之子「聞歌以爲哭,視白以爲黑,饗香以爲朽,嘗甘以爲苦,行非以爲是:意之所之,天地、四方,水火、寒暑,無不倒錯者焉。」這如果從

醫學眼光來看，或許要說他是「大腦產生病變」。人腦的皮膚知覺區後端，有一司營較高級精神功能與高度認知能力有關的腦區。此一腦區完全與人類後天所受的教育環境與生活體驗有關。一旦產生病變，對日常所熟悉物體的形狀、質地、顏色、凹凸、厚薄、輕重等特質，常有認知能力喪失的現象。另外，位於感覺、視覺、聽覺等三個腦區交合處的頂葉，也是司營人類最高級精神功能的後部關連區。此一腦區綜合了包括思考、認知、知覺等高級精神功能。若遭受病變破壞，例如一氧化碳中毒或外傷等，而引起腦組織纖維退化現象，病人會有許多相關功能的症狀發生，其中之一就是對事物之前後秩序、形狀等無法辨識，這是因為患者的語言聽力與認知能力無法達成關連所致。另一種症狀則是患者對原有事物之擬想能力、回憶能力、憧憬能力喪失。例如：以往患者心中對某人某事所形成的心像能力均不復存在，對過去所學習的知識或經驗亦無從記取。記憶常無法集中，以及有思想、反應遲鈍等現象〔註57〕。像此則中逄氏之子「少而惠」，可見其年少時，對事物的感覺、判斷等，亦與一般人無異。「及壯而有迷罔之疾」，或許即是大腦這些部分受到破壞所致。當然，這只是寓言。但《列子》藉此與最堅持是非之分的「魯之君子」作對比，批評他們是「迷之郵（尤）者」，旨在鬆動人類社會固定僵化的價值系統，用意非常明顯。

任何言論，包括哲學理論，都是從某個主觀的角度出發，在一個具體的範圍內提出的。因為，任何認知必有其依據，而此依據又必在某個前提下才能成立，此前提又有其前提……我們總是可以質疑：何以須有如此之前提？又此假設能否成立？……如此，則無窮後退，莫知其止。是以任何認知莫不限於某通孔之肯定而具有可爭議性。〈仲尼〉第十則：

> 目將眇者，先睹秋毫；耳將聾者，先聞蚋飛；口將爽者，先辨淄澠；
> 鼻將窒者，先覺焦朽；體將僵者，先亟 佚，心將迷者，先識是非：
> 故物不至者則不反。

此是闡述道家「物極必反」的道理。其中「秋毫」為難見之形，「蚋飛」為難聞之聲，「淄澠」為難辨之味，「焦朽」為難聞之臭。推此言之，則「是非」當為難識之知。張湛的注釋是：「聖人居中履和，視目之所見，聽耳之所聞，任體之所能，順心之所識；故智周萬物，終身全具者也。」聖人看眼睛看得見的，聽耳朵聽得到的，順應內心所體認的。「聰明強識皆為闇昧衰迷之所

〔註57〕見克里克《驚異的假說》（天下文化，1997 年 3 月初版），頁 226～245。

資。」是非原無定準，固爲難識之知，役使聰明勉強辨識，只會更加昏闇愚昧衰眊迷惘，惑莫大焉！

因爲認知心靈本質上就是分化了別，很容易一直向前伸展，將事物依二元對立的方式作無限的分割。概念就沿著此分割的過程逐步形成，而後又展示爲一系列推演關係的名言。若不自覺地隨著認知心不斷分化下去，乃生肯定、否定等等判斷。只有落在肯定、否定的對待關係中，才存在知識確定性問題。張湛雖未正視知識的客觀意義，但他是高一序地消融了知識的是非判斷。他所提出、要我們思考的是：任何知識中肯定的判斷，是否絕對能肯定得住？同樣地，任何否定的判斷，是否能否定得住？事實上，這些肯定或否定都不過是依他而成，自身並無必然的依據。承繼莊子的彼是、方生之說，張湛在這裡也是要發揮是非判斷的互倚性。由於我們不可能對「事物在不同時空條件下所出現的各種情境」進行全面的研究，所以，想要得到整全之知幾乎是不可能的事：

> 窮理備智，則所通萬途；因事偏達，偶識一條。（〈黃帝〉：「其國人
> 數數解六畜之語者，蓋偏知之所得。」句下注）

體道者窮究事理，智識周備，是以無不通達。相反地，因任事理片面通達的，只會偶然識得其中一個面向。而人也唯有從主觀去累的實踐，衝破知識中最基本的對偶性原則。一旦對偶性原則被衝破，則知識的確定性問題亦告瓦解，而顯一敞開的包容性。萬物在主觀心境的觀照下，一體平鋪，莫有差別對比。故若要肯定，則全部肯定之，因爲此時肯定並非與否定相對而生的肯定。因既已齊同萬物的分際，則無對立、差別相。在自然的發展中，讓現象的對立並存，是非兩在，不自是其所是，非其所非，莊子稱之爲「兩行」。〈齊物論〉：「聖人和之以是非而休乎天鈞，是之謂兩行。」「兩行」可解爲：對立的二者同時運行於渾全而絕對的道體中，亦可解爲：雙邊皆受認可。無論如何，能超越對立，等視物我，才能兩行。不只是沒有肯定、否定的對立，美惡、是非、得失，亦皆得剝落：

> 一達於理，則外物多少不足以概意也。（〈力命〉：「北宮子既歸，衣
> 其裋褐，有狐貉之溫；進其茙菽，有稻粱之味；庇其蓬室，若廣廈
> 之蔭；乘其篳輅，若文軒之飾。終身逌然，不知榮辱之在彼也，在
> 我也。」句下注）

對事理完全通達，那麼外物的好壞也不能影響他的志意。則是之無異乎不是，

然之無異乎不然，同歸默然無辯。此具足放下不是分解概念的置定，而是各自歸於完整統合的大化之中。使各物回歸其真自己，各為絕對的真實，性分具足，不相凌駕。此則不泥於世俗之知，而提昇至「道」之知。

　　張湛既然認為，宇宙連我在內是渾然一體的。我所認知的事物，只是宇宙中與我有關的一小部分——而且我的認知還未必正確，至少不是渾然一體的宇宙本來面目。因此所知愈多，離渾然一體的宇宙本來面目愈遠，所以這渾然一體的本質是不能用智慧來分析的。只有不以知識分解，才能物我不分，保持完整的渾然一體，而得到「道」之知。這種主張也有其限制。錢穆認為：

　　　　中國思想，常見為渾淪一體。極少割裂斬截，專向某一方面作鑽研。

　　　　因此，其所長常在整體之融通，其所短常在部門之分析〔註58〕。

談修養，故強調對整全的「道」之知。然而，卻也忽略了邏輯分析能力的訓練，這多少會妨礙客觀知識方面的成就。

六、化而又化

　　要成就一切法，必須先否定它，而後成就。

　　語言作為表達的工具，總還有語言相，易為執定的機緣。所以《莊子》每作一論述，必意識到自己曾有所說，而自覺地以雙重反詰消融此曾有所說之跡，使其主張不落入意見對比之中。林西仲謂之「著而不著」〔註59〕，王夫之謂之「隨說隨掃」〔註60〕。比方像〈齊物論〉在論述「以明」的道理後，莊子接著問道：「今且有言於此，不知其與是類乎？其與是不類乎？類與不類，相與為類，則與彼无以異矣。」如果認為自己「無是非」或「泯是非」，便與「有是非」或「分是非」的論者對立起來。假如肯定自己「無是非」這個否定，而否定對方「有是非」這個肯定，就是執著「有是非」或「無是非」的對偶，豈非與他所要批評的世俗一般，都可受到「無是非者」的反駁？然

〔註58〕　見《莊老通辨》（東大圖書，民國80年12月初版），頁113；福永光司亦認為，中國人的思考比較不是分析的、邏輯的、法則的，而是全一的、直覺的、體驗的。見陳冠學譯《莊子》，頁14。

〔註59〕　見《莊子因・莊子雜說》。黃錦鋐解釋說：「莊子之言道也，似車輪之轉地，著而不著。謂車輪不著地耶？車輪實與地面密切接合。謂車輪著地耶？則車輪又轉動如恆，其不著地明矣。」見《莊子及其文學》（東大圖書，民國73年9月再版），頁189。

〔註60〕　轉引自吳光明《莊子》，頁7。

而，這種思辨方式是分解的追溯，無論追溯至如何極端，都還是對分解的執著，是以《莊子》不依這條思路，但求渾化之。

相同地，既然一切立論皆可諍議，佛家遂展現一種特殊的表達方式，如般若學即以異質的方式表達，不作任何著相的肯斷，如肯定 A，則有非 A 的反對，故運用雙遮雙遣方式，說：A 是 A，A 不是 A，非 A 是 A，非 A 是非 A，或非非 A 是 A……不斷衍生下去，使任何肯斷都不能穩住，以顯一切法無自性。如此一來，即可消融立論言說的可爭議，達至圓融無礙的理境〔註61〕。這種自反性的消融，「即於語言以消融語言」的方式，其最終目的在化解其言說的定相，忘言絕慮，心行道斷，不假言說概念，渾然與道同體。

伊川批評莊子的「坐忘」：「未有不能體道而能無思者，故坐忘即是坐馳；有忘之心，乃思也。」可道家正要人連「忘」都忘。回頭看張湛對認知活動的主張：為求正確地認知，要化除成心、化除名言的障礙……到最終，連「化除的工夫」也須化除，而復歸於「無知」。這裡所謂的「無知」不同於木石之無知，不是醫學上所謂的無意識、下意識、昏醉等無所思維、了無知覺的狀態——當病人腦部受到直接（如嚴重外傷、發炎等）或間接（如代謝異常、缺氧、藥物中毒等）的傷害，引發昏迷，使大腦半球或腦幹的功能喪失，便會失去對外界的認知能力及應有的反應〔註62〕。它的確了無知識對象，但並不表示便是死寂或自我麻醉〔註63〕：

> 夫因心以剗心，借智以去智；心智之累誠盡，然所遣心智之跡猶存。明夫至理非用心之所體忘。（〈黃帝〉：「剗心去智，商未之能。雖然，試語之有暇矣。」句下注）

> 大忘者都無心慮，將何所化？此義自云易令有心，反令有慮，蓋辭有左右耳。（〈周穆王〉：「吾試化其心，變其慮，庶幾其瘳乎！」句

〔註61〕 見吳汝鈞《佛教的概念與方法》（商務印書館，1992 年 11 月初版 2 刷），頁 22～42。

〔註62〕 用神經學家克布（Coble）的定義來看，能夠對自己周圍有一個認識，能認清自己在環境中的角色，且能夠執行腦功能的狀態，我們稱之為意識狀態。故意識清醒的狀態最重要的是：要認識環境及表現自己的角色。見《認識你的頭腦》，頁 186、196、201。

〔註63〕 凡《列子》書中言覺夢顛倒者，辛冠潔皆視之為「嚴酷的社會在嘲笑人們嚮往幸福的一種投影」，並認為此種狀態可以達到「亦無所不知，亦無所知」。他所犯的錯誤即是如此。見〈列子評述續〉（《中國哲學史研究》1986 年第 4 期），頁 13。

下注）

古人不以無樂為樂，亦不以無知為知。任其所樂，則理自無樂；任
其所知，則理自無知。（〈仲尼〉：「夫樂而知者，非古人之所謂樂知
也」句下注）

方欲以無言廢言，無知遣知；希言傍宗之徒固未免於言知也。（〈仲
尼〉：「用無言為言亦言，無知為知亦知。」句下注）

比方亦復欲全自然，處無言無知之域，此即復是遣無所遣，知無所
知。遣無所遣者，未能離遣；知無所知者，曷嘗忘知？固非自然而
忘言知也。（〈仲尼〉：「無言與不言，無知與不知，亦言亦知。」句
下注）

以有心無心而求道，則遠近其於非當；若兩忘有無先後，其於無二
心矣。（〈仲尼〉：「亦非有心者所能得遠，亦非無心者所能得近。」
句下注）

為了保全自然本性，處在不用言說的境域，憑藉「不說」來廢除言說，「不
知」來排遣心知的作用，這就是排遣沒什麼可排遣的，知道沒什麼可知道
的。排遣沒什麼可排遣的，不能真正捨離排遣一途；知道沒什麼可知道的，
何曾真正忘懷心知的作用？尚不能免除言說，不能不運用心知，就不是自然
地忘卻言說心知。忘到最徹底的時候，完全沒有心知思慮，又有什麼須要
化除的呢？意思是說：不論「有心」或「無心」去求「道」，都不合宜。還有
「無」去快樂、「無」去心知這「無」的工夫之跡，就不算知「道」。最終
要連「有心」「無心」一併化掉。《莊子・天地》：「黃帝遊乎赤水之北，登乎
崑崙之丘而南望，還歸，遺其玄珠。使知索之而不得，使離朱索之而不得，
使喫詬索之而不得也。乃使象罔，象罔得之。黃帝曰：『異哉！象罔乃可以
得之乎？』」玄珠比喻大道，象罔言無心之意。也就是說大道惟無心者始可
得之。聖人如欲體悟大道，也只有將知識、聞見、語言、思慮等一切向外
的作用掃除淨盡，而以象罔無心的向內工夫，返觀內照，才能逐漸冥合印證
大道。

　　不同於世間有分別的一般認知，復歸於無知是「無」掉有成心執著之
「知」。是以睿知之知洞悉大化之機，知而無知相。何謂知相？主客對待關係
之撐架即「知相」也：

　　智者不知而自知者也。忘智故無所知，用智則無所能。知體神而獨
　　運，忘情而任理，則寂然玄照者也。（〈仲尼第四〉注）

　　同無則神矣，同神則無矣。二者豈有形乎？直有其智者不得不親無
　　以自通，忘其心者則與無而為一也。（〈仲尼〉：「神合於無」句下注）

運用智識的人不能不「親無以自通」，反而什麼都無法達到；忘卻心知的人，
看似什麼都不知道，實則渾同於無，通達神明，不必刻意求知而自然知
〔註64〕，了無知相，是寂靜深察的人。必目無全牛，然後才能盡有全牛。借
用張湛在〈湯問〉篇「愚公移山」〔註65〕的話說：「俗謂之愚者，未必非智
也。」〔註66〕「俗謂之智者，未必非愚也。」〔註67〕而〈仲尼〉篇對真正的
智者的描述是：

　　都無所樂，都無所知，則能樂天下之樂，知天下之知，而我無心者
　　也。（「無樂無知，是真樂真知。」句下注）

　　此寂然不動，都忘其智。智而都忘，則神理獨運，感無不通矣。（「氣
　　合於神」句下注）

　　所適都忘，豈復覺知之至邪？（「乃不知是我七孔四支之所覺，心腹
　　六藏之所知。其自知而已矣。」句下注）

　　示現博學多識耳，實無所學，實無所識也。（「丘博學多識者也」句
　　下注）

　　夫無言者有言之宗也；無知者，有知之主也。至人之心豁然洞虛，

〔註64〕　見鄭峰明《莊子思想及其藝術精神之研究》（文史哲，民國76年10月初版），
　　　　　頁46。
〔註65〕　「愚公移山」一則，論者多謂主旨是有志竟成。關於《列子》的作者，迄今
　　　　　雖未有定論，然《列子》為道家典籍當無可疑。道家從不教人逆勢操作，而
　　　　　「愚公移山」在〈湯問〉篇中為獨立完整的一章，並沒有「前後文」可資參
　　　　　考。反倒是「愚公移山」的下一章，甫開頭即是：「夸父不量力，欲追日影。」
　　　　　且通觀《列子》全書，充斥唯天命是賴的人生觀。八篇中，又以〈力命〉篇
　　　　　表現得最強烈。首章就提出人力與天命爭辯的寓言，結論是天命壓倒了人力。
　　　　　全書實在找不到人定勝天的論調，「愚公移山」此章如何能是異數？即就這段
　　　　　文字，結局仍得靠「（天）帝感其誠」。換句話說，若非夸蛾氏二子，太形、
　　　　　王屋二山，是不是仍能「何苦而不平」還大有問題。筆者懷疑：「愚公移山」
　　　　　是不是道家對儒家「知其不可而為」提出的反思？
〔註66〕　「北山愚公者」句下注。
〔註67〕　「河曲智叟笑而止之」句下注。

> 應物而言，而非我言；即物而知，而非我知；故終日不言，而無玄
> 默之稱；終日用知，而無役慮之名。故得無所不言，無所不知也。
>
> （「亦無所不言，亦無所不知；亦無所言，亦無所知。」句下注）

不用言說，是言說的宗師；不用心知，是運用心知的主旨。至人寂靜而不浮動，完全捨棄他的心知。心知完全捨棄之後，豁然洞虛。對應外物來說話，不是我主動要說什麼話；就著外物的真實去認知，不是刻意想知道什麼。也不設定特定的情境才會快樂，所以不論所往為何，無所掛心。他可以整天不說話，別人對他卻沒有幽暗靜默的評語；整天好像在運用心知，別人對他卻沒有役使煩慮的講法。所以沒有是什麼不能說的，沒有什麼是不知道的。這其中難道還有覺知的施為嗎？只以其神理獨運，感應無不通達，展現出博學多聞的樣貌罷了。實在是沒有刻意去學什麼、刻意去認知什麼。

必須是先有知，而後忘知才有其意義。張湛乃是面對當時的知識分子而言忘知，所以忘知的根柢還是某種程度的知識。所以，所謂「無知」是對世俗之知的侷限性的揭露。之所以用這種負面的詞語，是以否定的方式保存其心靈渾一整存〔註68〕。以虛靜心觀照萬物，則無知而無不知，不忘而自忘〔註69〕，方能成全真知。如是，則人的認知活動雖屬有限，亦能取得無限之

〔註68〕「經驗的認知」和「主體的修養」是不同的，下圖為連續開展的歷程。然「主客對立」之知究竟如何轉化為「直覺體證」之知？筆者無法表現出來。

〔註69〕《老子》以四十章的「反者道之動」與七十八章的「正言若反」為辯證的法則。居負面而能操正面，此是道家「相對」理論的精勝處。如：二章：「夫唯弗居，是以不去」、七章：「是以聖人後其身而身先，外其身而身存。非以其無私邪？故能成其私。」、二十二章：「曲則全，枉則直，窪則盈，敝則新，少則得，多則惑……不自見故明，不自是故彰，不自伐故有功，不自矜故長。夫唯不爭，故天下莫能與之爭。」、三十六章：「柔弱勝剛強」、三十七章：「道常無為而無不為」、四十一章：「明道若昧，進道若退，夷道若纇。上德若谷，大白若辱，廣德若不足，健德若偷，質真若渝。大方無隅，大器晚成，大音希聲，大象無形。」四十二章：「物或損之而益，或益之而損」、四十五章：「大成若缺……大盈若沖」、六十三章：「以其終不自為大，故能成其大」、六十六章「江海所以能為百谷王者，以其善下之，故能為百谷王。是以欲上民，必以言下之，欲先民，必以身後之。是以聖人處上而民不重，處前而民不害，是以天下樂推而不厭。以其不爭，故天下莫能與之爭。」、七十五章：「夫唯無以生為者，是賢於貴生。」八十一章：「既以為人己愈有，既以與人己愈多」等都是很好的例子。只不過，也因為此種文字的特性，容易被人誤解為功利或權謀。在下一章「命」一節將會討論。要注意的是，一般人即使明知宇宙本無絕對的東西南北，《莊子·齊物論》曰：「物謂之而然」萬物之名皆由人稱謂而成立。太古之初萬物本無名，面對一物，開始時得任意稱呼之，皆無

意義：

> 知盡則無知，能極則無能，故無所不知，無所不能。（〈天瑞〉：「能
> 陰能陽，能柔能剛，能短能長，能員能方，能生能死，能暑能涼，
> 能浮能沉，能宮能商，能出能沒，能玄能黃，能甘能苦，能羶能香。
> 無知也，無能也，而無不知也，而無不能也。」句下注）

「知盡則無知，能極則無能」，臻乎此，則沒有什麼是不知道的，沒有什麼
是不能成就的。是體道之過程，源於自覺向外無限追逐經驗知識之非，而
終結於忘卻。遺有「知相」的智慧並不是上等的智慧，真正有智慧的人彷
彿沒有智慧。工夫上，一層高似一層，須要一化再化、再化、再化……。
智慧的終極是化除淨盡，最終敞開自己的心胸，放棄世俗之知，去經驗絕對
之道。

　　張湛的知識論就認知主體而言，首先提醒人的材質有其先天的差異，每
個人的認知能力亦隨之受到限制。智力所達不到的、未曾經驗過的，就難
以知曉。對應此，人應了解自己的認知能力所能達到的範圍。超出此範圍，
應承認自己的限制而安於無知。持一種保留的超然態度，接受各種可能性，
而不妄加論斷。另外，人有所不知，也可能是因為成心作祟。既有之知在
認知活動的過程常會干擾、妨害對新事物的學習。對此，張湛主張：應盡
量化除固執閉塞的成心，隨時保持開放的心靈，以便對事物有更接近正確的
掌握。

圖 3-1-1

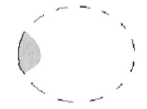

認知主體會受到材質、經驗、成心等限制，無以充其極地發揮認知的能力。而認知客體廣漠
無涯，人窮畢生之力，仍只可能認知其中極小部分。

不可：但為了「與人為徒」，還是只能依荀子所謂「約定俗成」的原則去使用
名言——意即：仍須使用世俗通曉可解的名言，以免荀子所言的三惑。就這
點來說，荀子近名家甚於道家，停留在名理域而未躍至玄理域，可以想見他
不會欣賞道家的詭辭。

圖 3-1-2

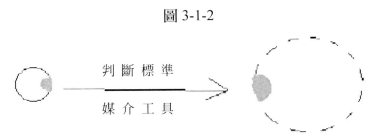

認知主體必須透過名言等工具以及自己的判斷標準認知對象物。

圖 3-1-3

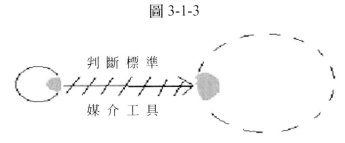

為了對認知客體有更真切的把握，認知主體須遣蕩認知工具與判斷標準的限制。

圖 3-1-4

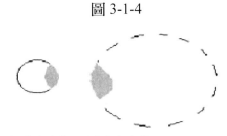

認知主體剝落名言與判斷標準的障蔽，照見認知客體。

圖 3-1-5

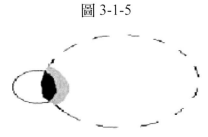

認知主體透過直覺體證與對象物相印合，但仍只能認知廣漠學海之冰山一角。〔註70〕
製圖者：徐筱萍、周美吟

〔註70〕 見吳怡《禪與老莊》（三民，民國 81 年 11 月第 8 版），頁 176。

至於認知對象品類繁雜，並且一直處在不斷變化的狀態，個人有限的時間和心力是不可能認知得完的。何況對外在客觀名物的認知，亦不能對體道有所增益，反而拉扯心神不斷向外馳騖而不知返。是以吾人應停止對外在客觀名物無止盡的探索和追求，收拾反觀。將眼光從外界收攝回來，重新重視自身觀照體道的工夫。至若內容真理等難以言詮之知，則須穿透名言概念的迷障，把握文字語言背後真正的「道」。現象界的價值每為相對而不全之知，是以唯有從「道」的角度全面觀照，才能超越相對的價值，而不會陷落於一偏之知。

在認知的作用方面，張湛提出：運用智巧不當，或更添迷惑，甚至流為自我矜持的工具。一旦涉足名利場，不免為自身招來禍患，故在用知之時要非常謹慎。

張湛整個知識論最後歸結到「忘知忘言」上。程序上，須先有世俗之知。掌握言知之後，進而參透言知背後根源之真知。泯除「言知」之相後，連泯除的工夫亦須泯除。認知即是從「執滯言知」到「忘言遣知」的工夫歷程。只有體證不言之言、無知之知，方是道境的呈現。總結張湛對「認知」活動的看法，可以下列的圖來展示：

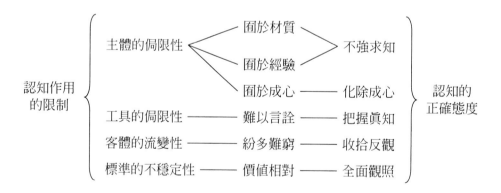

檢討張湛對認知活動的看法，我們認為，他的理論浮現下面幾個問題：

（一）忽視客觀知識的價值

並非所有知識在一切條件下，都沒有確定性。對現實中知識的客觀性問題，不能只以「價值相對」、「陷於無限追逐」、「易生是非」等帶過，此是中國哲學知識論的不足。道家哲學屬於徹上型態——「徹上」就是透徹形上終極的境界，但是徹下知識一面則有所欠缺。比方說，對於純知以及科學

方面的追求就嫌不足。另像荀子，〈天論〉雖然說「天行有常」，但又說「唯聖人爲不求知天」。〈君道〉：「道者何也？日：君之所道也。」〈儒效〉：「道者，非天之道，非地之道，人之所以道也，君子之所道也。」〔註71〕荀子言道，並沒有簡單地襲用「天道──人道」的框架，而是在明確了「天」是「陰陽大化」之自然後，就對進一步探討自然界的奧祕失去了興趣。他要把注意力集中在社會關係的領域，專心致力地實現「人之道」。荀子重視「人道」、「不求知天」的致思取向是中國哲學的傳統。〈天論〉更明白表示：對於那些「無用之辯，不急之察」皆應「棄而不治」，這是缺乏科學活動的自覺，亦割斷這方面發展的可能〔註72〕。反觀西方：對於看似無用的純知的追求，反而造成「利用厚生」的效果。這是今天在面對「認知」的問題時不能不注意的。

（二）忽視認知的無限性

張湛認識到了名言概念及具體感官在認知上的侷限性，卻沒有看到：人類認知能力的無限性。姑且不論每個人生就的腦容量爲何，在有限的腦容量中，只要我們充分發揮感覺和思維的能動性，則形可分而理可達，且恒有向上超越的無限潛能。

（三）忽視感官的工具價值

張湛過分強調名言概念和耳目感官的侷限，但它們畢竟是聯接認知活動主客體的橋梁。在學習之初，亦不可能不以之爲憑藉。甚至它們本身亦自成有一定價值之學問。

（四）忽視個別的差異性

如果把價值間相對的關係講過了頭，必然導致大小不分、長短無別，抹殺事物之間的差異，就陷於荒謬。一再將「差異性」讓渡給「同一性」的結果，可能會破壞創造新藝術與新知識的機會。藝術的觀照是以兒童的無經驗之眼、以奇妙、喜悅、好玩、新奇的心態去看事情。不論所見爲何，都像第一次看到它一樣──有些成人犧牲掉這些東西。講同一，亦必看重個別差異，方不致偏廢之弊。

〔註71〕見王先謙《荀子集解》，頁 205、206、156、77。
〔註72〕他所謂的制天用天，政治的意義恐怕還是大於科學的意義。見韋政通《荀子與古代哲學》（商務，民國 81 年 9 月第 2 版第 1 刷），頁 59。

他的知識論，最大的優點則在於：

（一）相對性的突出

張湛的知識論在認知過程的複雜性方面有其貢獻。他提出：人類認知的能力和侷限，包括主觀條件對認知所起的能動作用，以及認知受主觀條件的多種制約。不同的認知者對同一對象的認知有所差別，有時甚至互相對立。即使同一個人對同一對象的認知，也不會在一切時間、一切條件下完全一樣。可防止價值單一的僵固思考。

（二）開放性的展現

魏晉思潮頗具包容性，承認價值多元。是以不只能接受神州內的諸子百家，亦可包容外來的不同學說。這種開放的態度為中國人接受佛教提供了有利的文化環境。朱廣之著〈諮顧道士夷夏論〉，主張佛道一致論，認為：不必論二教高下，或在佛道間偏袒一方：「崇空貴無，宗趣一也。蹄網雙張，義無偏取，各隨曉入，唯心所安耳」。顧歡的〈夷夏論〉中有這樣輕慢夷族的話：「蹲夷之儀，婁羅之辯。猶蟲諠鳥聒，何足述效」。朱廣之對此嚴予批駁。認為邦殊俗異，亦各得所安，不宜用「狐蹲狗踞」之詞辱稱其俗。夷夏習俗雖異，但無美惡之別，所謂「夏性純善，戎人根惡」是錯誤的。若要說善惡之性，則夷夏各自皆「善惡參流，深淺互別」。他說：「禮以伸敬，樂以感和」，敬和是本，禮樂是末，「道義所存，無係形容」，「祇蹲虔跪，孰曰非敬，敬以伸心，孰曰非禮」。且方俗殊韻，不專在胡夏，「近唯中邦，齊魯不同，權輿俶落，亦古今代述，以其無妨指錄，故傳授世習」。若「漢音流入彼國，復受蟲諠之尤，鳥聒之誚，婁羅之辯，亦可知矣」。朱廣之的觀點表現了一種民族平等的思想和文化上寬容的態度，說理也公允透切〔註73〕。

而自從佛教傳入，它的大宇宙觀更擴大了中國人的眼界，使人們知道了神州以外還有廣闊的新天地，應該破除狹隘的地域觀念，放開胸襟，接受外來的新鮮文化知識。

所謂「排斥性」乃是指不願將某些人或某群人納入思慮中。人類花很多想像力去界定那些人是他們「不必」關心的。這種「排斥性」的危險是它排斥其他人、其他族群，結果，人類失去他們本是一體的感覺，而將其他人劃

〔註73〕《弘明集》（四部叢刊，上海商務印書館縮印宋刊本，1965年初版），頁89～92。

為不同、甚至非常危險的族類——他們不屬於「我們」，我們對他們不必有什麼顧慮。張湛的知識論承自道家開放的胸襟，反對合模化，並尊重個體的殊異性。能肯定每個個體存在的意義及其特色，才能為世界各個族群和諧共處的可能提供理論上的依據。

第四章　人生論

第一節　命

　　對「命」抱持什麼樣的態度，往往會影響我們立身行事的原則。一般對「命」的觀點，大致可分：一、一切遭遇皆由外在客觀的「命」制定，人對之無可如何；二、部分可由人的主觀努力操控改善；三、完全不相信有「命」這一回事這三種。徵諸載籍，這三種說法各有人主張，也多「持之有故，言之成理」。

　　《列子》十分強調「命」對人生際遇的重要性。舉凡生死窮通、貧富賢不肖……不受制於「命」的規定。事實上，他的「命」概念和「自生自化」的理論有極密切的關係〔註1〕。《列子》的自生自化，就「命」而言，是指人生際遇的「不得不然」。張湛承繼這樣的想法，也認為：萬物都是依據其必然性產生和變化的。和《列子》不同的是：張湛並不認為，後天人為的付出，對現狀不具任何作用。至少，人對自身可以努力的範圍，不能推卸責任。張湛這種論調，對於《列子》原文對「命」所持消極的態度，已有所扭轉。

一、「命」涵蓋的範圍

（一）個人

　　　天者，自然之分；命者，窮達之數也。（〈仲尼〉：「吾昔聞之夫子曰：
　　　『樂天知命故不憂』，回所以樂也。」句下注）

─────────────

〔註1〕　見蕭登福《列子探微》，頁62。

> 若其非命，則仁智者必壽，凶愚者必夭，而未必然也。（〈力命〉：「死
> 生自命也」句下注）

在探討現象界的本體「道」的時候，我們不免會問：什麼是「道」的法則？道的法則從何而來？為避免作無窮後退的追溯，我們說，道之所以是道，就在於它自己就是自己存在的理由，而以「自然」說之。「自然」是相對於「他然」而言，意謂非依他而立，或有待於外的。是以這裡所謂的「自然」，一是就「原因」而言，表示無法推究其原因；一是就「目的」而言，表示沒有目的。在張湛的「天道觀」中已討論過，天道方面的「自然」是指：萬事萬物都是在自然而然、且不得不然的情況下產生的，並沒有主宰者，也不容許有絲毫的人力左右其間。同樣地，萬事萬物之所以會有如此的「命限」，乃是「自生自化」的結果，是自然而然便如此的。也就是說：自己是自己之所以如此的原因，並非任何外在因素所造成，也沒有什麼目的可言。

這兩句引文合而觀之，則不論是死生壽夭，或是貧富貴賤等個人的遭遇，皆屬「命」規定的範圍。「仁智者必壽，凶愚者必夭」應解為「仁且智者必壽」、「凶且愚者必夭」。因為這是出於對「有德者必有福」的期望。「智愚」與天生材質較相關，不當視為「應否壽夭」之依據。然而，我們可以質問：依張湛承自《莊子》「生勞死息」、「生不必優於死」之生死觀，則仁智者即若「必壽」，亦不必優於凶愚者之「必夭」。此處的前提應當是：一般人認為「壽勝於夭」的價值觀。一般人認為長壽是福，則仁智者應該長壽，而事實不必然，故曰有命。而「壽」之所以勝於「夭」，又必須奠基於「生是樂」的前提；否則，若生是苦，則長生即長苦，人們對仁智者便不會出現「必壽」的期待。這樣，則仁智者何止「必壽」？乃當必富貴、必康泰……直須使天下之美為盡在己而後已。再往前推，會有如此之天性——如仁凶之別、如此之材質——如智愚之殊，是否亦皆命定之事，非人力所可如何者？若是，則即使仁智者必壽，如果「仁智與否」亦為命定〔註2〕，則壽夭亦為命定。只不過，因為現實上行為善惡、才智高下與壽命長短之間，不存在必然的關係，因此，在「命運實決定人之成敗窮達」這個前提下，有仁德有智慧的人未必長壽；凶殘愚蠢的人亦未必夭折。壽夭窮達，似乎成了命運制定的偶然，沒有一定的根據。

〔註 2〕 參見第四章「聖人」一節，頁 219。

（二）時勢

在〈說符〉篇第十五則事例中，宋國先後有兩位蘭子〔註3〕，憑靠技藝求見宋元君。第一位蘭子會踩高蹺、還會同時丟七把劍到空中輪流飛躍，討元君的歡喜而受重賞；第二位蘭子身輕如燕，能表演遊戲，元君斥其技藝無用，將之拘捕，過了一個多月才釋放。張湛對此事的解釋是：「此技同而時異，則功賞不可預要也。」技巧相同，功賞不同，是因為「此一時也，彼一時也」，情勢改變了的緣故。而功賞不能預期，是因為時勢不能預期。其實，平心而論，就這個事件來說，第一位蘭子受重賞原屬僥倖。因為他所擅長的踩高蹺等，在政治上原就不屬不可無之的特技。元君一時高興而獎賞，對這位蘭子來說，算是幸運；但就元君而言，賞了不須要賞的，卻是作了不好的示範，容易讓別人誤認為：只要會雜耍就可以得到好處。但第二位蘭子被拘捕，本身卻也不是完全沒有責任。至少，他不具備高遠的識見，認清時局所須為何，而後再加以沉潛鑽研，所以完全委諸時勢也不算正確。張湛又說：

> 若其非時，則勤儉者必富，而奢惰者必貧，亦未必然。（〈力命〉：「貧窮自時也」句下注）

若說「勤儉者必富，奢惰者必貧」，就等於認定：人為的努力對命運的好壞有決定性的作用，但現實所見卻未必然。我們固然可以舉證勤而富、懶而貧的例子，但這在邏輯上終究屬於「選擇性的證據」〔註4〕；因為，我們很容易就能舉出懶而富、勤而貧的例子。只要我們能舉出懶而富、勤而貧的例證，則「勤儉者必富，而奢惰者必貧」的命題就不能成立。是以，張湛不承認勤惰與貧富之間的必然關係。他認為：決定貧富的關鍵，即在遇時不遇時。然而，相反地，能否以「勤儉者未必富，奢惰者未必貧」這個前提導出「是以貧富端視遇不遇時」這個結論呢？同樣也有問題。先不論道德問題，亦即：先不論致富之道是否合於道德，單就「致富」之願望而言，只知勤儉恐怕仍是不夠的。用現代話來說，包括看準市場需求、流行動向等——在古代，即

〔註3〕　蘭子：張湛注曰：「凡人物不知生出主謂之蘭也。」不知張湛此注所據為何？俞樾曰：「說文門部：『闌，妄入宮掖也，讀若蘭。』是蘭子之蘭即闌之引申義。」釋文云：「史記注云：無符傳出入為闌。應劭曰：闌，妄也。此所謂闌子者，是以技妄遊者也。疑闌字與蘭同。」似較合理。

〔註4〕　見勞伯‧蕭勤士著、林炳錚譯《如何使思想正確》（協志工業叢書，民國81年6月初版20刷），頁15～24。

是「國家或國君需要什麼」。還有，如何以最低成本獲致最大的利益？這一方面是智力所限，一方面也是後天是否用心學習。是以「時」不過是條件之一，即使人有遇時不遇時，吾人亦不必然得被「時」牽著走。睿智的人懂得利用時局創造機會與財富。總之，導致貧富的原因牽涉甚廣，「勤儉與否」與「貧富」即使沒有必然的關係，也不代表兩者之間完全沒有關係。當然，同樣地，也不能否認「時」的因素亦參與其間。只是要注意：「生不逢時」並不能當作無以致富的唯一理由。更進一步說，不能因為「勤儉未必富」導出「所以可以不必勤儉」的結論。畢竟，奢惰而富貴者，幾人能夠？又能保持多久？既為可遇不可求，只有在務實「勤儉」之後，方具備待「時」而發的資格。

> 二子之所以窮，不以其博與術，以其不得隨時之宜。（〈說符〉：「智苟不足，使若博如孔丘，術如呂尚，焉往而不窮哉？」句下注）

《列子》以為人事上的「壽夭窮達，貧富貴賤」都不是人的智力所能創造或改變的，這一切都是出於「命」的安排。張湛順著《列子》原來的意思立說，他指出：無論孔子和呂尚學問如何淵博、道術多麼崇高，如果不能隨順時機的適宜來行事，還是可能身陷困窮。他的意見是：貧富窮達是遇不遇「時」的問題。包括有德術者能不能遇到聖君？所懷藏的道術在當時的時勢是否得以施展？「時勢」為人所無可如何者。得時者昌，逆時者蹇。而「形勢比人強」的觀點和《列子》一致，人力是不能戰勝時勢的。「時」亦為「命」限制一個人發展的形式之一。

自來有志者少，無志者多。有志矣，而才或不足稱之，故自古又有才難之嘆。使有志矣，才又足以稱之，而世或莫之知、莫能用，而無以伸展其才，豈不令人扼腕？這就只能說是不遇其時了。然而，有志操之在我，無才亦可以磨鍊，這其中其實只有時機才不是我們所能控制的，但又非完全不能控制。我們不否認人有遇不遇時之別，但重點其實在：當時機到來時，我是否能把握住？想在時機成熟時有所施展，平日便須一邊蓄積豐厚的實力，一邊留意世局。倘若各種條件具足，機會一來，善加把握，自然水到渠成，左右逢源，無往而不利了。而若始終不遇其時，固可曰有命，然而，一方面，「有遇有不遇」並不能當作不養才的藉口；一方面，盡人事之後，即或不遇時，自省其身，無所缺失，亦可了無遺憾。只有在這種情況下歸之於命，方可安之。

圖 4-1　才士遇時之難

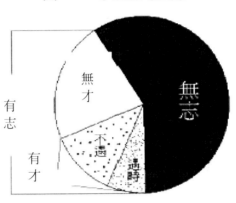

　　另外，值得思考的是：所謂貧富窮達等，由於沒有一定的標準——擁有多少資產算是富有？到達怎樣的地位才叫亨通？是以它們並不是客觀的際遇，最主要還在於人主觀的感受。或家財萬貫仍嫌其少，或簞食瓢飲而仍覺其富。《莊子‧齊物論》：「大廉不嗛」、「廉清而不信」廉潔者以世俗的眼光來看多貧困匱乏，但按照《老子》三十三章「知足者富」的講法，則最廉潔的聖人知足不乏。是以貧富非惟沒有一個客觀的數字可為標準，亦不能徒以金錢來衡量。這樣，則聖人即使家徒四壁，阮囊羞澀，亦不必然就與「有德者必有福」的願望相違，而喟嘆「時」不利兮。

　　這裡張湛尚未觸及一個問題，即：若時勢不宜於行義，人可否為免於困窮而屈從時局、不顧道義？中國哲學單言「命」字，常指「命運」而言；若合「天命」而言，則指「天賦之使命」[註5]。這兩個層面重點不同。「命運」強調客觀條件的「限制義」，而「天命」強調的是義理條件的「道德義」。張湛這裡點出「時」的強勢作用，是著眼在命的「限制義」上：人生的遇不遇，有幸與不幸，時勢所使然。適逢其時，能使瓦釜雷鳴；時不利兮，則使黃鐘毀棄，雖有力亦無濟於事。若只相信人力物力的作用，而不相信時機運氣之否泰，是過於樂觀和自信了。限制義看到人智人力的不足，要人知命安命；道德義並非將人的智力誇大成無所不能，它只是要人在可以盡力的部分下功夫。至於遇時不遇時還在其次，「天賦之使命」卻不可不窮盡，方成其為人，《韓詩外傳》記載巫馬期的事蹟：

　　　子路與巫馬期薪於韞邱之下，陳之富人有處師氏者脂車百乘，觴於

────────────
〔註5〕見《儒道天論發微》，頁 127，註83。

> 輷邱之上,子路與巫馬期曰:「使子無忘子之所知,亦無進子之所
> 能,得此富貴終身,無復見夫子,子為之乎?」巫馬期喟然仰天而
> 嘆,闋然投鎌於地曰:「吾聞之夫子:勇士不忘喪其元,志士仁人不
> 忘在溝壑〔註6〕。子不知予與?試予與?意者其志與?」子路心
> 慚,負薪先歸〔註7〕。

在《論語・子罕》中,孔子曾說:「衣敝縕袍,與衣狐貉者立,而不恥者,其
由也與?『不忮不求,何用不臧?』」〔註8〕子路當不至於見一富者即動其
心。但巫馬期對道德懷著生死以之、鍥而不舍的情操,不以富貴窮達易其心
志,這正體現儒家的真精神。然而道家也不是沒有這個部分。《莊子・人間
世》:「子之愛親,命也,不可解於心……是以夫事其親者,不擇地而安之,
孝之至也」「子之愛親」所以是命,是因為「不可解於心」。父子之親不是發
生意義的外在關聯,不能自由選擇要或不要;它是本質意義的內在關聯,這
是生命存在的真實,是以不可解。故子之事親,不論境地為何,皆順命為
之,惟求父母之安適,無論貧富貴賤,皆應安其心以事親,此可謂之盡孝矣
〔註9〕。道家就要人在此義命的擔負中自在自得。莊生安命之旨,在面對任何
順境與逆境,均以孝子對雙親之心順從而無慍怒,使哀樂不能減損欣賞觀照
的高度自由。儒道的共同之處在於:徹悟天道大公無私,所以力言身處絕境
亦不怨天。惟儒家雖亦自得自適於一切順境逆境,但「知命」之旨不在個人
精神上的逍遙。是以聖人對自己際遇的順逆固然不以為意,但以其懷有濟世
之志,見天下蒼生受苦,如何能安?可知其不遇時之嘆,實以其無以施展
濟世之志,不能救民於水火,而非為一己之窮厄而發,此不可不辨。

二、「命」形成的原因

張湛承認有「命」。至於「命」既非神力所設,究竟由何而來?「命」有
先天預定的成分,而且,事先注定的命運一定會發生。無論是生死壽夭,或
是富貴窮厄,不能完全取決於智力。人力對「先驗之命」可為者有限。「命」

〔註6〕 《孟子》朱《注》:「元,首也。志士固窮,常念死無棺槨,棄溝壑而不恨。
勇士輕生,常念戰鬥而死,喪其首而不顧。」
〔註7〕 《韓詩外傳初編》(四部叢刊,上海商務印書館編印,天一閣刊本)。
〔註8〕 見楊伯峻編著《論語譯注》(藍燈文化,民國76年9月初版),頁102。
〔註9〕 莊子雖言父子相親,但不提倡孝之名。雖無孝之「名」,然卻有孝之「實」。
惟去孝之名,方不使其役人之性也。

也有平素積行而致的成分。積善則吉，積惡則凶。故人當反求諸己，無論先驗的「命」之制定如何，所言所行，皆能無愧於心。這是張湛對《列子》原文的修正。下面分敘這兩個項目。

（一）客觀面：先天預定

張湛注《列子》，在每一篇標題下，都會予一總說來統攝全篇內涵要旨。〈力命第六〉的標題下，張湛即說是：

> 命者，必然之期，素定之分也。雖此事未驗，而此理已然。若以壽
> 夭存於御養，窮達係於智力，此惑於天理也。

所謂「命」，是在冥冥中已有固定之安排。就算一件事還沒有發生，但是在道理上早就已經註定是這個樣子。張湛說「命」是「必然之期，素定之分」，即表示，「命」是先天預定的。這裡所謂的「必然」，是指「一定會發生」。至於「為什麼會發生」，卻是偶然的，無法解說其原因的。何以知其為偶然？因為，如果御養者即獲高壽、智長者即能通達，這就表示：行為與結果的關聯本身有「必然性」。但事實上，壽夭窮達並不是完全由先天的智識能力、或後天的調御將養所決定，最主要是由「命」來主宰。然而「命」何以讓有些存心御養的人短命而死、智力超群的人困厄偃蹇？就只能說是「偶然」了。誠如莊萬壽所說：

> 「不得不」如何如何，就是事情發生後，承認其必然性，但發生的
> 過程，當然會有正反，或多樣發展的變化，以致產生不同的結果。
> 這種變化的因素，是命來決定的，而所以會如此是碰巧的，也就是
> 偶然的〔註10〕。

壽夭是否存於御養？不能取「一個不善加御養的人」，與一個「費心御養的人」作比較，發現前者壽命較長，然後就得到證明：原來「御養」的工夫徒然多餘。同樣是這個人，如果除去「御養」的工夫，壽命是否必然更短？這在現實上當然是無以證明的。但也正因為無法證明「御養與壽命長短的關係」，是以同樣也不能得出「御養無益於延年，壽命完全出自命的安排而為偶然之象」的結論。更何況，壽命長短是一項，若不善加御養，即使壽命很長，病痛纏身，恐亦了無生趣。人即使不能完全主宰自己的壽命長短，但對健康狀況則仍有可盡心者。至於窮達是否係於智力？前面已討論過，茲不再贅。

〔註10〕 見《道家史論》，頁153。

　　張湛認為：先天預定的「命」是人知所無法理解的。既然「命」是人的智力所無法理解的，則人力即無從介入而對它造成影響，對它揣測計度便成了無意義的行為。

1. 無法理解

　　〈力命〉篇：「不知所以然而然，命也」張湛的注文是：「自然之理，故不可以智知。」〔註11〕

　　同篇有段文字是：「怨夭折者，不知命者也；怨貧窮者，不知時者也」張湛的注是：「此皆不識自然之理。」另外：

> 不知所以然而然者，命也；豈可以制也？（〈力命〉：「既謂之命，奈何有制之者邪？」句下注）

> 生死之理既不可測，則死不由物，生不在我，豈智之所如？（〈力命〉：「生生死死，非物非我，皆命也。智之所無奈何」句下注）

> 動止非我，則非智所識也。（〈力命〉：「隨時動，隨時止，智不能知也」句下注）

所謂「生生死死，非物非我，皆命也。智之所無奈何」，《列子》認為自然對於人事有決定與支配的作用，而人根本無法掙脫自然的束縛。他強調「命」的作用，生死、貧富，皆是「命」、「時」等因素所造成的，而張湛以「自然」說之。換言之，這裡的「自然」也就等同外在客觀的命限〔註12〕。《列子》認為，不能憑靠智識去了解「命」。何以不能憑智識去了解？張湛的解釋是：因為這是出於「自然」。事物有其自然本性，而事物的發展也有其自然的趨勢，凡事莫不依據其自然本性，永無止盡地依自然的趨勢而發生變化，任何事物都無法改變或阻止這種變化的方向。既然這些現象都是事先註定的「不得不然」，那麼便沒有什麼因果可言。前面說過，既是自然，則不能推知「為什麼會這樣」的原因，也不能追究「為什麼要這樣安排」的目的。一定要問為什麼，只好說，這就是「命」。相對於主體自我，「命」是外在的，無法認識，

〔註11〕類似文句，在此書中出現三次。另見〈黃帝〉：「不知吾所以然而然，命也」句下張注：「自然之理不可以智知；知其不可知，謂之命也。」〈力命〉：「自富自貧」句下張注：「不知所以然而然者，命也，豈可以制也？」見《列子集釋》，頁64、193、206。

〔註12〕張湛的「自然」，不只有「命」這一內容；換言之，張湛的「自然」的內容並不直接等同於「命」，這裡只是其中的消極義。詳見〈結論〉對「自然」一詞各義的分類。

也無法把握，這和「相信因果報應」和「能賞善罰惡的天的存在」都不相同。所以，「命」即是對客觀命限不知所以然的一種解釋。既然「人知」不能了解「命」，「人力」遂也對命無可如何。

2. 不能掌控

凡無可奈何之事皆爲條件與機會所限制，此即所謂命定之事，故「命」是人所不能控制的。《列子》認爲：人的壽夭、窮達、貴賤、貧富、生死等等際遇都是「命」，並非人之「力」所致。

〈力命〉篇第十則，《列子》有段純議論的文字。最後的結論是，對於「命」以人力去衡量、揣測、計算，都是無謂的。因爲在「命」面前，人力極其微薄、幾乎不能發揮作用。只有不去加以作爲，順其自然〔註 13〕，庶幾得以保全。而究竟能否保全，都不是智力的作用所能決定的。是「自全也，自亡也，自喪也」。張湛注曰：「自全者，非用心之所能；自敗者，非行失之所致也。」能夠保全，是自然而然、沒有原因可以解釋的，不是運用心知所能成就的；如果敗壞了，也是自然如此，不是行爲有過失造成的。〈力命〉篇中有哪些例子提供佐證呢？

第二則，西門子對北宮子說，你窮困而我顯達，是因爲你的品德澆薄、而我的品德醇厚的緣故。東郭先生反駁說：「汝（西門子）之達，非智得也；北宮子之窮，非愚失也。皆天也，非人也。」張湛注：「此自然而然，非由人事巧拙也。」顯達或困窮，不是因爲人事上巧妙拙劣的差異造成的，所謂「自然而然」，就是指是被「命」所決定的。王充顯然同意這種看法。《論衡‧命祿》就有段主旨相同的句子：「是故才高行厚，未必保其必富貴；智寡德薄，未可信其必貧賤；或時才高行厚，命惡廢而不進；知寡德薄，命善興而超踰。」〔註 14〕另外，〈逢遇〉：「操行有常賢，仕宦無常遇。賢不賢，才也；遇不遇，時也。才高行潔，不可保以必尊貴，能薄操濁，不可保以必卑賤。」〔註 15〕亦認爲才德與貧富貴賤無關。事實如何呢？西門子原本是以「品德高下」解釋窮達的原因；可是東郭先生卻轉而說：窮達與「智力」無關，這簡直是沒有交集的辯論了。西門子若欲反駁，亦可說：我本來就不在討論：智力與窮達的關係。但在筆者看來，窮達與品德的關係，恐怕比與智力的關係

〔註 13〕這裡的「自然」指「命」。
〔註 14〕《諸子集成》第一集第五冊，頁 5。
〔註 15〕《諸子集成》第一集第五冊，頁 1。

更遠。現象界我們看到的是：人有可能憑智力致富、顯貴，而單憑品德高尚，如何獲致高官厚祿？現實上，反而是厚顏無恥的人，道德觀念淡薄，更容易鑽營、逢迎，而能平步青雲，加官晉爵。《莊子・列禦寇》：「宋人有曹商者，為宋王使秦。其往也，得車數乘；王說之，益車百乘。反於宋，見莊子曰：『夫處窮閭阨巷，困窘織屨，槁項黃馘者，商之所短也；一悟萬乘之主而從車百乘者，商之所長也。』莊子曰：『秦王有病召醫，破癰潰痤者得車一乘，舐痔者得車五乘，所治愈下，得車愈多。子豈治其痔邪，何得車之多也？子行矣！』」特別是生當亂世，在昏君亂相的時代，往往只有小人才能得志。可見西門子的說辭原就站不住腳。至於東郭先生的窮達命定論，前已說過，一樣不能成立。

同一篇在引述著名的管鮑之交、齊桓公不記恨而用管仲，及管仲推薦隰朋的史事之後，還特別加上這樣一段評論：「召忽非能死，不得不死；鮑叔非能舉賢，不得不舉；小白非能用讐，不得不用。」張湛的解釋是：「此皆冥中自相驅使，非人力所制也。」江遹認為這些「皆命之自為，非人之所能為也」「厚薄之去來，有至公之道，有自然之理，弗由我也」；林希逸認為這些「皆出於命之自然，非人力也」〔註16〕。這幾種解釋都說明了：此處的「不得不」是指這些事件「非人力所制」、「弗由我」，表示行為主體在事件中沒有決定、干預的能力。連《列子》自己在此所下的結論也是「厚之於始，或薄之於終；薄之於終，或厚之於始。厚薄之去來，弗由我也」，重點即在「命」「弗由我」。張湛此處的注附和《列子》，重申「力」不勝「命」的主張。這一則故實，在先秦其他典籍出現多次，但旨意各有不同。單以《韓非子》而言，如〈說林下〉：「管仲鮑叔相謂曰：『君亂甚矣，必失國。齊國之諸公子，其可輔者，非公子糾，則小白也。與子人事一人焉，先達者相牧。』管仲乃從公子糾，鮑叔從小白。國人果弒君。小白先入為君，魯人拘管仲而效之，鮑叔言而相之。故諺曰：『巫咸雖善祝，不能自祓也；秦醫雖善除，不能自彈也。』以管仲之聖，而待鮑叔之助，此鄙諺所謂『虜自賣裘而不售，士自譽辯而不信者也。』」〔註17〕重點在最後的結論，即是管仲須靠鮑叔的推薦方得以為相；而〈難三〉：「桓公能用管仲之功，而忘射鉤之怨。」說的是國君知人善任，及其雅量容

〔註16〕 江遹《沖虛至德真經解》、林希逸《沖虛真經鬳齋口義》，見蕭登福《列子古
　　　　注今譯》，頁541～553。
〔註17〕 王先慎集註《韓非子集解》（二）（商務，1956年4月臺初版），頁59。

仇〔註18〕。《列子》則從「命」的觀點來探討，認為：與其說這是「自由而眞誠的選擇」，是「明智」、「雅量」的作為，不如說都是「不得不」然〔註19〕。這是直接否定了自由意志的存在。人類因昧於對「命」的認識，往往對宇宙萬象及自身行事做出錯誤的解釋，這些解釋通常只是為了滿足自己心理需要的錯覺。值得思考的是：人類的行為，究竟是「出於自由意志」——為了某種目的，才採取某種行動、抑或是被「命」所擺佈——已經採取某種行動之後，才「設想出」某種動機？照理，人們先對既定的各種條件有所認識以後，再對事物間必然的因果關係作出判斷，最後可以決定採取什麼樣的行動，甚至決定不採取行動。但判斷和行動是兩回事，因為人並不完全受理智支配——即人的行為有時會背叛他的認知，所以命定的說法有其生存空間。亦即：明知不該如此、或不想如此，卻還是表現出這樣的行為，可見人是身不由己，故曰有命。當然，這也是一廂情願的解釋。因為，也可以說成是：人本身具有選擇權，是自己做出不明智的選擇，或人的意志太薄弱所致。物理學家兼哲學家金斯（J. JEANS）在量子論問世前曾說：「要勸誡人們做一個有道德、有用的人，就像勸誡時鐘要準時一般。即使時鐘擁有心靈，它的指針也無法照它的心意來運轉，因為它的行動是根據其重量及鐘擺方向而早就固定安排好的。」〔註20〕把有生命、會思考的人，比作無生命、不會思考的時鐘，在邏輯上犯了「不當的類比」的錯誤。類比推理（Analogy）「是一種依據特殊道理而推知特殊道理的推理論法，係以類似為推理的基礎，所以這種論法只有可能性而沒有必然性。」〔註21〕在這個例子中，原本時鐘只是一種比喻，可能只是被用來作舉例說明；但是，如果想要進一步利用隱匿其中的類比，藉以引出任何新的論斷，那麼他就是利用類比作為推理的理由，則此推理是不能成立的。因為時鐘畢竟不等於人。適用於時鐘的道理，不一定適用於人。「自由」與「命定」之爭的問題在於：人類只有相信自由意志，才能為道德找到基礎。召忽為主殉死的「忠」、鮑叔推舉朋友、與桓公任用仇人的雅量等皆為正面的價值。依《列子》的邏輯，則負面的惡行——如桀紂之暴虐，是否亦為命定？如為命定，則人就不具備選擇權，既不具備選擇權，則自然無法對

〔註18〕　《韓非子集解》（四），頁2。
〔註19〕　另如《論衡・超驗》、〈初稟〉等引用此則故實的旨意同於《列子》。
〔註20〕　轉引自王溢嘉《賽琪小姐體內的魔鬼》（野鵝，民國83年4月9版），頁70。
〔註21〕　見《如何使思想正確》，頁101。

行為的後果負什麼責任，這種講法會癱瘓我們的罪惡感，也會模糊因選擇而產生的責任問題。

〈力命〉篇最後一段：「農赴時，商趣利，工追術，仕逐勢，勢使然也。然農有水旱，商有得失，工有成敗，仕有遇否，命使然也。」《列子》認為，現實中的事，有些是人力所能為的，有些是命運的使然，如：農人依時耕種，商人趨逐財利，工人追求技術，官吏競逐權勢，都是順應情勢、很自然的事情，是人力所能為的。然而，農夫種田，有可能遇到水旱災；商人作生意有賺有賠；工人製作器具，有成有敗；官運有亨通蹇塞的分別，這些現象則非力所能，而是自然之命所造成的。張湛注：「自然冥運也」是自然暗自運作造就的。參照《論衡》八十五篇，到處充滿著自然的命定論，尤其第一篇〈逢遇〉到第十五篇〈奇怪〉為甚，而且也談力命。〈命祿〉：

> 仕宦貴賤，治產貧富，命與時也。命則不可勉，時則不可力〔註22〕。

另〈狀留〉篇也有相近的文字：

> 且賢儒之不進，將相長吏不開通也，農夫載穀奔都，賈人齎貨赴遠，皆欲得其願也。如門郭閉而不通，津梁絕而不過，雖有勉力趨時之勢，奚由早至以得盈利哉〔註23〕？

命、時決定士人貴賤、商人貧富，非勉力所能改變。這與上面的「農赴時」章思想完全一致。

依筆者看，農有水旱，那不錯，可是經驗豐富的農人，應能大致掌握水旱災的周期，而隨之採取相關因應措施。疏於觀察或防備，難免要蒙受損失，這不是人力完全無以掌控的。作生意有賺有賠，但日進斗金的富賈巨商亦非全靠運氣。敏銳的眼光和圓滑的交際手腕、對商場環境、生產販售等流程的認識等，亦都從經驗中學習磨鍊而來。工藝有成有敗，但要說都是「命」「自然冥運」，也難以成立。用心學習、下苦工練習，當可使失敗的機率儘可能減至最低。仕有遇不遇，但若誠心向學，即使無以治天下，修身齊家總是有餘。再者，努力耕作，收成可能毀於天災，但守株待兔便無以收成。通有運無，固亦可能血本無歸，總不能因此坐吃山空。製作工藝，縱使失敗，從每一次失敗的經驗都可以學到有用的教訓，為下一次的成功奠定基礎。不多加練習，失敗機率只有更高。才德兼備，亦可能不遇明君，但平日不蓄積學識、

〔註22〕《諸子集成》第一集第五冊，頁5。
〔註23〕《諸子集成》第一集第五冊，頁140。

不修養品德的人，即使有幸得遇，又能有什麼作為呢？簡言之，便是謀事在人，成事在天。儒家的重點：在「謀事在人」的部分痛下功夫，故曰：「知其不可而為之」；道家的重點在「成事在天」的部分放下、不執著，故曰：「知其不可奈何而安之若命」。二者重點不同，但道家亦未全盤否定人的主觀能動性，一如儒家亦不認為人力的作用無限。無論是《列子》抑或張湛，就此段文字，也只是點出「人力有其限制」這個客觀的道理，至於如何因應這樣的局面，則並未明白表態。

〈說符〉第二十則敘述牛缺被強盜搶走身上所有的財物，卻毫無憂吝的神色。盜匪唯恐：憑藉他的賢明會使自己困窮，就結束了他的生命。燕人的弟弟引以為戒，和強盜爭鬥不得，又追過去軟言相求，強盜唯恐形跡敗露，又把他殺了。張湛說：「牛缺以無吝招患，燕人假有惜受禍，安危之不可預圖皆此類。」牛缺因為沒有憂吝的神色招致患難，燕人因為吝惜財貨遭受災禍，可見安危是無法預先謀劃的。作法不同，而遭遇卻相同，究竟什麼樣的因應之策才是正確的？沒有個定準。人可以運用智能去謀劃、判斷，但最終的結果仍然是無法預期。這仍是「命」的制定。既為「命」所制定，人力遂對之無可移易。但事實果真是這樣嗎？強盜的反應出人意表。因為無憂吝之容與「賢明」不必是同一件事。意即：修養得道的人亦不必然有良好的行政能力。前者屬「德」，後者屬「才」，盜賊或許是多慮了。無論如何，牛缺不以財物的損失而有憂容，料是平日修養自然的流露，當然不是他的罪過——總不能期待他為了隱藏其賢明，而故意表現出大為不捨的情狀。所以，對於他的被殺，不得不承認：世上有所謂的「意外」。然而燕人的作為卻頗令人費解。說是引以為戒，則當是唯恐被殺。他的邏輯好像是說：如果去把錢要回來，就表示：我在意這筆損失；在意這筆損失，就表示：我不賢明。既然我不賢明，盜賊就不必防我，就不會殺我了。可是盜匪明明已經放他一條生路，當真愛惜生命，則理當趁他們改變心意之前，以迅雷不及掩耳的速度逃之夭夭，豈有尾隨其後之理？莫非他期待對方完璧歸趙？匪夷所思！說是「安危不可預圖」，毋寧說是他的思路不合邏輯。說清楚些，他雖無「惡行」卻仍罹此咎，亦不能得出結論說：「智力」當真無可圖謀算計的餘地。

當其有知，則制不由物；及其無知，則非我所聞也。（〈楊朱〉：「生死之道，吾二人進之矣」句下注）

皆自然爾，非能之所為也。（〈楊朱〉「生非所生，死非所死；賢非所

賢，愚非所愚，貴非所貴，賤非所賤」句下注）

制不在我，則無所顧戀也。（〈楊朱〉：「將死，則廢而任之，究其所之，以放於盡」句下注）

全則不係於己（〈楊朱〉：「可殺可活，制命在外」句下注）

張湛所謂「命」，不過是人對之無能爲力的種種自然條件限制。人的生死壽夭、窮達貴賤、貧富厚薄皆命定之事，莫不受限於天然構成的條件，是自然而然，勢所必然，沒有確定的規律可循，非「命」以外的事物所能左右，不受主觀意志的影響和支配。「命」這方面的意涵，是張湛和《列子》重疊的部分。說一個人的遭遇由「命」來制定，容易使人將「命」視爲有主宰作用的神力。因此，要特別說明：張湛的「命」並沒有主宰或上帝的概念，而是自然之道。儘管張湛認爲「命」的作用很強勢，但他並不承認有制定天命者存在。身處逆境，只能說是時運不濟，卻不是像西方神話中的神祇對人的故意捉弄〔註24〕。更何況，天地之間如果眞有一位萬能而正義的主宰者，就不該出現勤儉者貧、奢惰者富、博學者不遇的現象，可見一切現象都是自然而然的，沒有原因或目的可言。說「命」是先驗的，是事先註定的，但這「事先」到底是什麼時候呢？是出生之前多久？而且他的天道觀既否認鬼神的存在，那麼「命」到底由何而來？由誰制定？以「自然」說之，說是沒有原因、沒有目的，等於沒有解釋。這樣的講法恐怕無以令人信服，特別不能說服命途蹇厄的人。因此，筆者懷疑：委諸「命」、「時」，就眞能「安」了嗎？受苦的人還是會覺得心有未甘吧？果眞有「命」，何以自己的命偏就如此窘窮不堪？哪裡肯認了就算？且如遭際與行爲兩不相干，實無以起勸善戒惡的作用。因若禍福皆由命定，人人執有命，那便不爲善也可能得福，不作惡也可能遭禍。命固如此，何須爲哉？若人人皆信命定之說，便沒有人努力爲善了。這不能不說是言命之弊端。

（二）主觀面：積行而致

張湛承認某些禍福的「果」得以歸「因」爲可以控制的自身言行，等於

〔註24〕 杜而未在〈列子的幾點意思〉（恒毅，第 8 卷第 10 期）中直接將天、道、命等同起來，這是有問題的。他說：「列子和老、莊一樣，不明明用道字來表示賞罰，天字代表道字來承擔這番意思……禍福是來自命，不來自（儒家的）天，命似爲有知兼有意志的。」這種講法與道家天無意志的自然觀相違，恐難以成立。

認可「人事能發揮一定的作用」，比《列子》原文彈性更大：

> 禍福生於所積也。(〈黃帝〉：「積於柔必剛，積於弱必彊。觀其所積，以知禍福之鄉。」句下注)

> 善者則吉應，惡積則禍臻。(〈說符〉：「賢者慎所出」句下注)

> 乘凶危之理，以害其身，亦道之常也。(〈仲尼〉：「有所用而死者亦謂之道，用道而得死者亦謂之常」句下注)

> 人有其財，我犯其私，所以致咎。(〈天瑞〉：「若盜之而獲罪，孰怨哉？」句下注)

禍福是從平素的言行積累而成的。其中，「積」字表示逐步增長，不易覺察，所以更該戒慎恐懼與努力不懈。積善則吉而得福、積惡則凶而罹禍，吉凶並非純屬運氣，而與人的行為善惡有關，「報應」的概念隱含其中。這樣的講法相應於《孟子‧公孫丑上》：「禍福無不自己求之者。」並引太甲曰：「天作孽，猶可違；自作孽，不可活。」〔註25〕《孟子‧梁惠王下》引曾子曰：「戒之戒之！出乎爾者，反乎爾者也。」〔註26〕《左傳‧襄公23年》：「禍福無門，唯人所召」〔註27〕原因是：一個人無論說什麼、做什麼，一定會產生某種影響，而這種影響，最後一定會回歸到自己身上〔註28〕。這種講法肯定人的主體性與責任性。落在人際對待而言，我們怎麼說、怎麼做，都會影響別人對應我們的方式：

> 禮度在身，考驗由人。愛惡從之，物不負己。(〈說符〉：「人愛我，我必愛之；人惡我，我必惡之。」句下注)

別人會根據我們的行為產生好惡之情。因此，別人對我的反應，不會背離我的言行表現。這也是「出乎爾者，反乎爾者」。這樣的主張認為，如果遭受到不好的待遇，推究起來，該當是一己對別人的言行有不當之處所致，這還是要人對自己作要求。而且，一個人的言行舉止，不但會為自己造福致禍，甚

〔註25〕 《十三經注疏》(十四)，頁63。這並不表示人可與天畫清界限；相反地，人之道與天之道是協同一致、互相對應的。因此，人當順天道而行。

〔註26〕 同上，頁45。

〔註27〕 《十三經注疏》(十)，頁605。

〔註28〕 西方基督教沒有所謂的「報應」，但有些章節明言：若所為是善的，上帝必予以獎賞；反之，上帝亦必加以處罰。見《舊約‧創世紀》18：19、12：1～3、15：18；〈利未紀〉7：18；〈出埃及紀〉34：6～7、10：4、12：15、12：19～20、15：26、19：5。

且還會影響到別人：

> 所謂出其言，善，千里應之；行乎邇，見乎遠。（〈說符〉：「慎爾言，
> 將有和之；慎爾行，將有隨之。」句下注）

傳統的「命」觀以「家」爲道德評價與善惡報應的單位。《周易・坤卦・文言
傳》所謂：「積善之家，必有餘慶；積不善之家，必有餘殃。」〔註29〕但是，
傅佩榮認爲：

> 家是指血緣關係所組成的團體，這個團體代代上溯的話，必定有善
> 與不善。像堯舜皆爲聖君，而其子皆不肖；又像禹湯文武皆爲開國
> 明主，而其後嗣終不免於亡國。因此，餘慶餘殃無從計數，又何得
> 言其爲「必有」？若眞是「必有」，則人之禍福大可推於先祖肇因，
> 而把自身的責任意識給化解掉。這樣難免形成悲觀的宿命論或放任
> 的無爲論〔註30〕。

他的看法是：以「家」爲單位的報應說，即使承認言行善惡與遭逢禍福的關
係，但由於將禍福的「果」歸結爲「家族中的祖先」所肇的「因」，不能使人
對自身的言行負責，對於約束個人行善避惡，終究不具備充分的力量。這是
對自己的遭際作往前追溯的解釋。但積極的想法其實是：若往行爲之後的結
果去推，則由於己身行爲的善惡會影響到子孫，是以更須謹言慎行，這應該
才是《周易》原先的用意。而前提自然是：每個人都愛自己的子孫，都希望
他們福祿滿全。而且這個前提大部分的情況都能夠成立。只是，人群中難免
有短視近利者，則以子孫作警惕似乎太遙遠，勸善的效力太單薄。對某些人
而言，不必言及子孫，就連自身立即會有的惡果都難以慮及了——如：以各
種處罰約束違法亂紀者，仍有心存僥倖・鋌而走險者，遑論那麼多甚至不會
謀面的子孫哩！

　　在〈說符〉篇第二則事例中，關尹向前來問道的列子說：「名也者，響也；
身也者，影也。」主要是強調作爲和「名聲」的關係。可是張湛注：「夫美惡
報應譬之影響，理無差焉。」即明白提出「報應」的觀念。這裡的「報應」
特別是指：行善得善名，爲惡得惡名。這是假設：「人莫不愛惜自己的名聲」，
這樣說對個人才具有約束力。然而，「美名」與「惡名」之間，還有很大的空
間。甚至，我們也可以質疑：「何以須成就美名？」「爲善得善名」這種道德

〔註29〕 《十三經注疏》（一），頁 20。
〔註30〕 見《儒道天論發微》，頁 179。

觀近乎功利主義，不足以顯發道德主體性之自覺與價值。任何一種道德觀，只要提出行善去惡要求者，皆不可避免地要觸及爲善之普遍性與必然性的問題。不能處理好這兩個問題，即不能安頓或貞定眾生之道德意志。

《列子》原文倒是沒有慮及「報應」的作用，〈楊朱〉篇尚且以爲：人但須聽天由命、放縱心意。一般提到「報應」，就容易聯想到「佛教」。張湛生當魏晉，可以受佛教影響，但這樣的觀念，卻不必然是受佛教的影響。儒家「出爾反爾」的講法，與佛教的「報應說」不同的地方在於：儒家並未討論到死後賞罰與來生轉世的問題。儒家縱有所謂「三不朽」說，然而，立德、立功與立言之所以使人不朽，蓋因其對社會產生長遠的影響。這種對絕對正義的渴慕，古今中外皆然。例如，爲了安撫民心，周朝對於他們能夠克滅商朝所提出的解釋是：他們的道德勝過商朝人，所以上帝站在他們這一邊。許倬雲先生說：

> 上帝的地位及作用也改變了。在商時，上帝是商人的部落神及宗主神；但周人的上帝是普世的上帝，也是道德的維護者及裁判者。天命靡常唯德是親，上帝是公正的。……天命的觀念，第一次給予生活在世上的意義，也使人的生活有了一定的道德標準〔註31〕。

「天命靡常，唯德是親」即反映了善惡各得其報的希冀。這種理性思考下的產物，奠定了中國的人文精神和道德基礎。即：從訴諸天意到反求諸己。行善得福，爲惡速禍〔註32〕。《老子》七十九章：「天道無親，常與善人」天道「常與善人」，其實只因善人隨順自然，合於客觀的法則，所以無凶無咎。看似上天特別親愛他、幫助他，實際他是自助而後天助。所以，儒道兩家雖也指出、也承認：人的行爲和遭遇有一定的關係，其目的在於要人對「自己」

〔註31〕 見許倬雲《中國古代文化的特質》，頁65。

〔註32〕 以儒家的祭禮爲例，祭祀不是依於人之需求而立，故祭祀所表現的宗教意識可不夾雜功利的動機，而是出於報恩的意識所生之不容已的思慕之情。此乃一精神活動，在此活動中，即足以引發人之道德情懷。故曾子說：「慎終追遠，民德歸厚矣！」追遠即一種報恩意識，《樂記》：「樂也者，施也；禮也者，報也。」此禮即祭禮。重報恩不重求福，實是儒家祭禮一大特色。如若平日不如理而行，單憑祭祀時向祖先祈福，雖多何益？見唐君毅《中國人文精神之發展》，頁375。李澤厚也說：「孔子不是把人的情感、觀念、儀式（宗教三要素）引向外在的崇拜對象或神祕境界，相反，而是把這三者引導和消溶在以親子血緣爲基礎的世間關係和現實生活之中，使情感不導向異化了的神學大廈和偶像符號，而將其抒發和滿足在日常心理——倫理的社會人生中。」見《美的歷程》谷風出版社，民國76年11月初版），頁64。

作要求，但是卻不能去強調這個部分。因爲，儒道兩家所要講的道德是「自律」的。如果去強調「報應」，這樣的道德似乎就有了條件或目的，如此一來，「爲善」似乎是爲了「近名」或其他好處、不「爲惡」是爲了「不近刑」或其他惡果。就算基於這樣的理由去爲的行爲是善的，恐怕也因帶有功利色彩，而無法保住道德行爲本身純粹的價值和意義〔註33〕。

　　所以，「爲善召福、爲惡速禍」如果有必然性，也不能作爲行善的原因，否則便失去了爲善的眞正意義。好比《老子‧第七章》：「是以聖人後其身而身先，外其身而身存。非以其無私邪？故能成其私。」有人就說道家是陰謀家〔註34〕。「無私」只是手段，「私」才是他的目的。實際上，老子也只不過是指出客觀的自然規律，「如果這樣做，就會有這樣的後果。」薛蕙的解釋是：「夫聖人之無私，初非有欲成其私之心也。然而私以之成，此自然之道耳。」〔註35〕《論衡‧自然》的解釋則爲：「故無爲之爲大矣。本不求功，故其功立；本不求名，故其名成。」〔註36〕老子所謂「成其私」，是在聖人效法「天長地久」的前提之下而加以討論的。「天地所以能長且久者，以其不自生，故能長生。」「不自生」即不自貪其生。聖人的行爲要效法天地的無私意。在高位的人，由於機會的便利，往往容易搶先佔有，因而老子呼籲人要貢獻力量而不據有成果。如果能「後其身」，做到退讓無私，自然會「身先」，贏得人們的愛戴。所謂「成其私」，對於他人來說，得到大家的愛戴；對於自己來說，成就了個人的精神生命。換言之，「身先」、「身存」、「成其私」在老

〔註33〕同樣是道家，《老子》和《莊子》也有其差別。《老子》常講效果，《莊子》則否。如：《老子》五十六章：「故不可得而親，不可得而疏；不可得而利，不可得而害；不可得而貴，不可得而賤。故爲天下貴」是講和光同塵的效果，反而「爲天下貴」；《莊子‧徐无鬼》：「故无所甚親，无所甚疏，抱德煬和以順天下，此謂眞人」只是談眞人的修養齊親疏之別而委順眾生，但不談效果。見王煜《老莊思想論集》（聯經，民國79年5月第3印），頁328；徐復觀說：「老子的人生態度，實在由其禍福計較而來的計議之心太多……而莊子則正是要超越這種計議、打算之心，以歸於『遊』的藝術性的生活。」，見《中國藝術精神》（學生，民國81年7月初版11刷），頁100。

〔註34〕薛蕙解《老子》三十六章：「仁義聖智，老子且猶病之，況權詐乎！」《史記‧陳丞相世家》載陳平曰：「我多陰謀，是道之所禁。」見《史記會注考證》，頁816。《老子》書上一再提到嬰兒，要人反樸歸眞，保有赤子之心，最反對人用機心。至於客觀的道理，端視讀者如何運用。即使有人利用老子之道行陰謀之術，恐亦不能歸咎《老子》本身即爲陰謀家言。

〔註35〕轉引自陳鼓應《老子今註今譯》，頁65。

〔註36〕《諸子集成》第一集第五冊，頁179。

子，是「後其身」、「外其身」、「無私」所會有的「自然的結果」，而不能作爲
這些動作的「動機」或「目的」，這是不可不辨的〔註37〕。所以一方面，認爲
禍福由自己行爲招致而成，非由命定，才能藉此勸人努力進取，免於怠惰放
恣；但另一方面，又必須除去「善有善報」的觀念。這一否定，使吾人的善
行達到更高的層次。人唯有發自內心的善念，自自然然地去說好話、做好
事，那樣的「道德」才是儒道兩家共同認可的，也才不是魏晉名士所要反對
的。眞到那樣的境界，其實，連道德也不必說，彷彿本來就該如此，一切自
自然然。

最高的聖人具備最豐厚的內涵，不爲任何目的去行善，終於豐富了本身
的精神和德行。這是作爲勸善的教化之詞，然現象界行爲善惡和遭際相乖謬
的畢竟亦是事實。世俗當然不免會質疑：道家對道的公正是否過於樂觀？儒
道兩家不能滿足世俗對果報與永生的渴求，許多宗教只好以來生或永世的天
堂與地獄來勸人爲善。佛教便以此乘虛而入。就講報應的佛教而言，小乘只
以天堂地獄、因果報應來勸人，其間仍遺有自利的觀念。世俗遂以爲修持功
德即可獲得福祐，這是向佛行賄的買賣行爲。據《傳燈錄》說，梁武帝曾「捨
身同泰寺」，虔誠奉佛，大通元年，他迎請達摩到都城南京，「帝問曰：『朕即
位以來，造寺寫經度僧，不可勝紀，有何功德？』祖（達摩）曰：『並無功德！』
帝曰：『何以無功德？』祖曰：『此但人天小果，有漏之因；如影隨形，雖有
非實。』帝曰：『如何是眞功德？』祖曰：『淨智妙圓，體自空寂。如此功德，
不以世求。』」〔註38〕梁武帝之行爲，乃出自趨吉避凶的心理，意在贖罪，全
是有爲而發，是以菩提達摩尚不許其言功德，況世俗中迷信的善男信女，存
有求福報之心，那種功利的心態，如何能說功德？眞功德乃是圓融純淨的智
慧，體性是空寂的。達摩所謂：「如此功德，不以世求」，竺道生所以說「善
不受報」，正是對佛法的釐正澄清。但是另一方面，道生倡「善不受報」，在
道德層級上固然提昇許多，恐亦削弱了對普羅大眾的吸引力。

〔註37〕 胡楚生說：「聖人應該效法天道無爲無私、不自營生的精神，因而在修己治人
　　　　成物等方面，都沒有小我的私心私智，他措心廣大，慈愛及於民眾萬物，所
　　　　以反而能夠成就其合乎宇宙自然的大我與大公，而使其人生更臻於美善的境
　　　　界，卻並不是尋求專爲一己之利而謀的私心私智。」即是此意。見《老莊研
　　　　究》（學生，民國81年10月初版），頁55。
〔註38〕 張華釋譯《景德傳燈錄》（佛光山宗務委員會印行，1997年初版），頁33～
　　　　34。

三、因應之道

（一）順應

萬物有天然生存之理，人類有自然必遵之道。這就是萬物與人的「限制」。具體言之，個別存在自身的生、死、壽、夭、窮、達、貴、賤、貧、富等等現象，就是它自身的「規定性」。這「天然所給予之限制」，而人所無可奈何者，便是「命」。它們既非外在因素所能干預——因為，命的本質是：「自壽自夭，自窮自達，自貴自賤，自富自貧」〔註39〕，並非人的主觀意願或能力所能轉移改易。故人應體認自己的限度，順天理而識時務，安於自然所賦予之條件而用之，不作無厭之求，更不須強以力勝命，自陷痛苦。與命相爭，勢必用力多而事功寡，甚至越分違理，行險以圖僥倖，自肇禍端，其悔何及。

張湛主張應順應「命」。首先，在心態上就應先排除「執定非如何不可的成心」。他在〈力命〉篇中運用成組的文字來表述：

有壽夭則非命。（「信命者，亡壽夭」句下注）

有是非則非理。（「信理者，亡是非」句下注）

有逆順則非心。（「信心者，亡逆順」句下注）

有安危則非性。（「信性者，亡安危」句下注）

《列子》原文所謂「信命」「信理」「信心」「信性」，即是指順自然、安於命而言。所謂「亡壽夭」、「亡是非」、「亡逆順」、「亡安危」並非抹殺現實中這些現象之間的區別。江遹認為「亦於夭壽之間，任其自然而不有之爾」，這些現象是我們生命的限制。從現實的眼光來看，它們當然是不同的，人們也往往因為這些差別而或去或取、或喜或悲。求可得否？我們或許無能為力。然而，一旦知道：它們都是在冥冥之中生成之，安定之，皆受到自然之命的安排而有一定的規律。既不知所以然而然，吾人遂對之無可奈何。既同為「不能掌握的客觀限制」，則對我們而言，也就沒有什麼差別。知道沒有必要區別，則但須任其自然，「無喜懼之情也。」〔註40〕不必在乎它們，樂此怒彼，被這些「外物」牽著走。只要不被這些現象影響，它們對我而言便不再是限制，如果我們真能在精神上超越現實所給予我們的限制，才能得到被解放的

〔註39〕見〈力命〉篇，《列子集釋》，頁193。
〔註40〕「信命者於彼我無二心」句下注。

自由。任其自壽自夭，自逆自順，一切的災祥福禍皆不入於胸中，也就無所謂壽夭、逆順、安危可言。所以張湛才說，心中對「壽夭、是非、逆順、安危」還有分別的執著，就是不能知「命」，真要明白自然之理，就該做到：心中不起好惡的分別。無論外境如何變化，皆能洞識性命之本然而安之。他的意見是：

> 此明用智計之不如任自然也。(〈力命〉：「於彼我而有二心者，不若捐目塞耳，背坂面隍亦不墜仆也。」)

「任自然」即是「安命」。安於命，是為了樂於命或少憂於命。安命的前提是「知命」。只有相信有命、相信有非我所能掌控者，才能透過意志，鍛鍊出忘懷壽夭、是非、逆順、安危的勇氣與智慧，不橫加「智計」干擾自然之命的制定。一旦能夠「知命安時」，則面對種種逆境與不愉快，就能抱持一種坦然接受的態度，不怨、不戚、不懼，超越對現實或喜或悲的反應，而自現實的限制中超拔出來，不讓自己感到被「命」所限制、甚至壓迫。事實上，對「命」的精神超越之追求，也就是源自於這種避免痛苦的渴望。因為：

> 聖神雖妙，不能逆時運也。(〈力命〉：「聖智不能干」句下注)

「命」具有無與倫比的支配權，是「最高決策單位」，可以主宰人的生死榮辱、貧富壽夭。稱之為「命」，是因為它猶如「命令」一般，不可違越，它的權威性不接受人類的智慧或德術等條件的指揮。換言之，任何人無論道術再高深，也不能改易它之前的制定。既然「命」乃是天道之自然，是無法曉知的存在，即使以人心之智、聖神之妙，都不能違拒之，而只能順從。因此，我們應安命知時，才能不為壽夭、榮辱、安危所縈懷，也才不會過分去預迎不可知之命，揣度利害，以循私情，強有所求，而流於大膽妄為。再者，宇宙秉持自然的律則自運自會，整體是一種和諧的存在，任何刻意的努力和追求，不僅徒勞無功，而且容易將事情推向極端，反而會帶來污損和弊端，破壞自然的和諧。

　　張湛承認有命，而且還要人安命，則不管人的本然是什麼，都要接受它。接受是指安於人的「所是」，不必企慕他的「應是」。人如果不再掛念如何善化自我，就不會設定任何目標去追求，也無由向上提昇。

　　再者，這種講法不僅教人在修養上不要求生惡死，趨利避害，也教人在現實的分位上不要以賤求貴，以小求大。因為，貴賤和貧富也是由命安排的，故不應有所不滿或僭越本分。對統治者來說，不啻成為得以用來麻醉人民的

托詞。

　　至於張湛何以對「命」持這樣的看法，趙書廉說：

> 張湛如此相信「命」，以消極、被動的觀點去對待人生，顯然是受了
> 佛學的影響。因爲道家注重養生延年，道教追求修煉成仙，都反映
> 了人對生活的留戀，是一種積極的人生態度。只有佛教才鼓吹人生
> 的苦難是前世注定，消除苦難只有逆來順受，以修來世。佛教的最
> 高境界是「涅槃」是超生死，得解脫。張湛在人生問題上強調「命」，
> 正是他「與佛經相參」(《列子序》)，由玄學領域跨入佛學領域的具
> 體表現〔註41〕。

首先，筆者不同意所謂「道教追求修煉成仙」「是一種積極的人生態度」。畢
竟生命的意義不在其長度，而在其內容。若如〈楊朱〉篇那些主角，鎮日價
渾渾噩噩過日子，即使生命再漫長，其實意義並不大——難道活著就只是爲
了感官的滿足？出自對死亡的恐懼，與對此生的不捨，而有這樣的舉動，可
以獲得同情與諒解。然而，固然不須以今日科學的眼光指責「修煉成仙」爲
不智，但稱之爲「積極」實在令人無法認同。努力去開拓生命的深度和廣度，
恐怕還比較「積極」。再者，說張湛「強調命」是「與佛經相參」的結果，就
表示：佛經也是強調「命」？但「佛教才鼓吹人生的苦難是前世注定，消除
苦難只有逆來順受，以修來世。」也不正確。作是因，得是果。「消除苦難」、
「以修來世」不是靠「逆來順受」，而是更精進努力地修行。這難道不會比「修
煉成仙」更積極？

　　每一種思想的產生都有其時代背景。而且，通常來源也不會只有一種。
東漢末年，歷經黃巾之亂、軍閥割據，士族們飽嘗國破家亡、顛沛流離之苦；
魏晉時代，王朝禪代相繼，政局動蕩，在政權的更迭和派系的殘酷鬥爭中，
士族們常常得失急驟，生死莫測。〈短歌行〉：「對酒當歌，人生幾何？譬如朝
露，去日苦多。」〈贈白馬王彪〉：「人生處一世，去若朝露晞。」〈送應氏詩〉：
「天地無終極，人命若朝霜」在當時的人眼中，生命也不過像朝露微霜罷了。
因此，士族們不能不回過頭來，對人生的價值重新評量。由於對前途感到悲
觀，對現實感到失望，就很自然會導出知命安時的思想。在這種歷史氛圍下，
張湛對「命」的觀點，轉到了知命任時的軌道上來，這也是可以理解的。然
而，先秦的墨子早已窺知「有命」不能得利之弊，故主張「非命」之說。〈非

〔註41〕趙書廉《魏晉玄學探微》(河南人民，1992年12月初版1刷)，頁144。

命上〉：

　　　命富則富，命貧則貧，命眾則眾，命寡則寡，命治則治，命亂則亂，

　　　命壽則壽，命夭則夭命（此下有挩文），雖強勁何益哉〔註42〕？

此謂執有命者，以爲貧富、眾寡、治亂、壽夭等均由命定，不可改易。故若
以命爲有，則命爲富、眾、治、壽，其人縱然怠惰放恣，亦不至貧、寡、亂、
夭；反之，若「命」爲貧、寡、亂、夭，雖強勁從事，亦不得富、眾、治、
壽。故言：命既有定，雖強勁何益哉？〈非命上〉歸納「有命」之害爲三：
一曰道德淪喪：

　　　執有命者言曰：「上之所罰，命固且罰，非暴故罰也；上之所賞，命

　　　固且賞；非賢故賞也……」……以此爲君則不義，爲臣則不忠，爲

　　　父則不慈，爲子則不孝，爲兄則不良，爲弟則不弟〔註43〕。

此謂執有命者，以爲賞罰均由命定，不由人之爲賢爲暴而有所改易，皆命當
如此矣。故推知孝慈忠義等德目，凡人皆以爲命皆有定，無須再努力之，如
此，人人不向「道德」進修，則必使道德淪喪無餘，此其一害也。二曰刑政
大亂，〈非命下〉又曰：

　　　今雖無在乎王公大人，蕢若信有命而致行之，則必怠乎聽獄治政矣，

　　　卿大夫必怠乎治官府矣，……則我以爲天下必亂矣〔註44〕。

此謂若信有命，則王公大人必怠乎治政，以爲其爲政之治興，本有命定，故
人人不致力其政，如此則天下必亂矣。實則治亂眞由命定乎？三曰財用不
足：

　　　昔桀之所亂，湯治之；紂之所亂，武王治之。當此之時，世不渝而

　　　民不易，上變政而民改俗，存乎桀紂而天下亂；存乎湯武而天下治。

　　　天下之治也，湯武之力也；天下之亂也，桀紂之罪也。若以此觀之，

　　　夫安危治亂存乎上之爲政也，則夫豈可謂有命哉〔註45〕？

桀紂之亂，湯武能治之，皆用力之證，非由命定也〔註46〕。〈非命下〉又曰：

　　　農夫必怠乎耕稼樹藝矣，婦人必怠乎紡績織紝矣……則我以爲天下

〔註42〕《諸子集成》第一集第四冊，頁163。

〔註43〕《諸子集成》第一集第四冊，頁167。

〔註44〕同上，頁176。

〔註45〕同上，頁172。

〔註46〕莊荀皆主張「天無意志」，治亂非出於天意。然治亂禍福，荀子以其在「人

　　　爲」，而莊子則以其在「天」，可知兩者之人生觀及其處世態度之異。

衣食之財，將必不足矣〔註47〕。

此謂若信人之貧富，皆由命定，則農夫婦人必怠乎其耕織，人人不盡其所事，如此天下人民之衣食必定不足，不足則民困矣，此乃天下之大不利。由此觀之，儘管張湛否定有人格神的上帝，但如過分強調「命」的決定作用，其結果卻難免與前者殊途同歸。因為，如果人的行為多為自身不能支配的自然過程，善惡行為的個人責任和社會評價因之也被取消了。所幸，張湛的「命」觀，並不全是消極悲觀的一面。我們另有可以自由掌握的東西，不能讓外在客觀的限制妨礙了道德修養的決心。

（二）反求諸己

或積德履仁，或遇時而通，得當年之歡，騁於一己之志，似由報應，若出智力也。（〈力命〉：「可以生而生」句下注）

或積惡行暴，或飢寒窮困，故不顧刑戮，不賴生存，而威之於死，似由身招，若應事而至也。（〈力命〉：「可以死而死」句下注）

在現實上有人「遇時而通，得當年之歡，騁於一己之志」，一般人就會推測這是由於他們「積德履仁」的結果，也可能是出於聰明才智的謀劃。其中，「積德履仁」與「智力」的謀劃為「求在我者」，是人所可努力的。相反地，有些人由於「飢寒窮困」，所以顧不得刑法殺戮，鋌而走險，不依恃能生存的機會，在威嚇之下受死，因「積惡行暴」而死，好像可說是自己招致的，也可說是順應事理的必然發生的。張湛用「似」來串連，先保留不去肯定這層關係，也不加以否定。

自然生耳，自然泰耳，未必由仁德與智力。然交履信順之行，得騁一己之志，終年而無憂虞，非天福如之何也？（〈力命〉：「（可以生而生，）天福也」句下注）

自然死耳，自然窮耳，未必由凶虐與愚弱。然肆凶虐之心，居不賴生之地，而威之於死，是之死得死者，故亦曰天福者也。（〈力命〉：「（可以死而死，）天福也」句下注）

這裡的「自然」仍是「命定」意。存亡、窮泰，可能出於命定，與個人的品德與智力未必相關。假使一切都是命定，無可改變的話，則為善去惡的動機難免薄弱。張湛注文使用「未必」這個字眼，已為相對的立場留下空間。同

〔註47〕《諸子集成》第一集第四冊，頁176。

時，他也肯定：不斷踐履「信順之行」，能馳騁自己的志意，終生無憂無慮，是天生的福分。然而，放肆凶殘暴虐的心性，處在不可能存活的境地，在威嚇下受死，這是本來會死而死的，所以也說是天生的福分。上面說存活和亨泰是天生的福分尚可理解，但在威嚇下受死，怎麼能說是福分呢？這就須要討論。「天福」這種講法，還是認為命是無可改易的。順著他的理路來看，萬物的生生死死都是自然之命，所謂「死生自命」。死生自有自然之命，不是自己所能決定的，也不是外物所能主宰的，人的心智或力量是對其無可如何的。順應此自然之命，這叫「天福」。自然之命可以生而生，是「天福」。自然之命可以死而死，也是「天福」。如果怨恨早夭不長壽，是不知自然之命的人，要能面臨死亡不害怕，面臨窮困不憂傷，才是深知自然之命的人。但從另一方面來講，事有必至，理有必然。人之行善，不能保證必然順遂是一回事；但是「肆凶虐之心，居不賴生之地」，在道理上，是一定會走向死亡的地步。在張湛，這是「此之生而得生，此之死而得死。」具備活著的條件而能夠活著，具備死去的條件而能夠死去，還是符合「自然」的道理，所以也說是「天福」。可見張湛認為，只要順應自然之命勢即是福祉。然而，「肆凶虐之心，居不賴生之地」而死，固是「之死而得死」，似乎是自然的道理，但是否即為《列子》所說：「可以死而死」之意？畢竟「肆凶虐之心」是人為的因素，如亦歸諸「自然死耳」，「自然」的範圍就太寬泛了。道理上並非不可說，但未必即相應於《列子》。對照〈仲尼〉有一段相近的文字：

> 無所由而常生者，道也。由生而生，故雖終而不亡，常也。由生而亡，不幸也。有所由而常死者，亦道也。由死而死，故雖未終而自亡者，亦常也。由死而生，幸也。故無用而生謂之道，用道得終謂之常；有所用而死者亦謂之道，用道而得死者亦謂之常。季梁之死，楊朱望其門而歌。隨梧之死，楊朱撫其尸而哭。

「無用而生謂之道」表示自然之道，非人事所能干；「用道得終謂之常」謂循自然之道而得終其天年，此乃人事之常。「有所用而死者亦謂之道」即「有所由而常死者，亦道也」。「用道而得死者亦謂之常」即「由死而死，故雖未終而自亡者，亦常也」。此皆循自然之道，本人事之常。季梁事件見〈力命〉第六則，《列子》認為季梁的病不是上天所決定的，也不是人為的疏失，更非鬼神作祟，而是命運使然。此則文字中，楊朱所以「望其門而歌」，是應季梁之請，冀以歌聲感悟季梁之子，他們不解「命」的作用，而為季梁之疾不得痊

癒感到悲傷。在〈仲尼〉此段則有以季梁「可以死而死」，合自然之道故不哭的意思。隨梧事不可考，今略而不論。若以此段議論視之，「用道得終」、「有所用而死」才是常道，那麼，「肆凶虐之心」、「積惡行暴」並非「用道得終」、「有所用而死」，似乎就不能說是自然之道了。一定要說是「自然」，依第五章〈結論〉的分類，則此處的「自然」只能說是「必然的因果」，而非「理想的境界」。盧重玄的解釋是：

> 居可生之時而得其生者，爲天福也；居可死之時而得其死者，亦天福也。如夷吾求生於齊桓之時而得遂其生者，信爲天福也；如鉏麑之觸槐以取喪，不辱君命，不傷賢才，得遂其死，垂名不朽，亦天福也。

盧《解》〔註48〕和張《注》不同。在《解》文中，管仲遇齊桓屬風雲際會，而鉏麑觸槐取喪乃舍生取義。前者爲命定，後者是出於自己作主的道德抉擇。《列子》的「可以生而生」雖「生」不必「遇」，盧《解》太窄；「可以死而死」雖「死」不必「義」，盧《解》爲儒家式的要求，不一定是《列子》的原意。應該說，《列子》原文亦涵盧《解》的內容。盧《解》固不可說有違《列子》，《列子》原文卻不一定只能作這樣的解釋。

　　回過來看，張湛說「肆凶虐之心，居不賴生之地」，自然會「威之以死」，這就對人有了警惕的作用。生死誠不可測，「命」若決定此人會死，此人庶幾難以存活。問題是怎樣死去？「飢寒窮困」決定於「命」，「積惡行暴」則決定在「己」。換言之，「飢寒窮困」不必然使人「積惡行暴」，但「積惡行暴」卻必然「威之以死」。亦即：我不必爲「飢寒窮困」負責，但若「積惡行暴」，

〔註48〕 周紹賢的解說和盧《解》相類：「忠勇震乎華夷，勳業昭如日月，然而庸君昏聞，奸臣當權，嫉賢害能，劃除異己，英雄被廢，只得忍氣吞聲，明哲保身，退隱湖山，此即列子所謂『可以生而生，天福也』。身爲國家之將領，尊榮威嚴，一旦強寇壓境，則即當身先士卒，衝鋒陷陣，殲敵奏功；倘不幸兵敗被困，則即當曰：『此吾爲國效命之日也』！力戰而死，以謝失職之罪，且免被俘之辱，此即列子所謂『可以死而死，天福也。』富豪子弟，錦衣玉食保養優厚，本願永年，而驕橫荒唐，縱慾淫樂，以損壽命，甚至或殺人或被殺，竟以夭亡，此即列子所云『可以生而不生，天罰也』。高官厚祿，守土有責，而尸位素餐，喪師辱國，身陷敵圍之中，可以死矣！而反搖尾求憐，認賊作父，媚敵求生，此即列子所云：『可以死而不死，天罰也』。當生則生，當死則死，此之謂得其所生，得其所死，此知命安命者也。不可以生而妄求生，不可以死而枉尋死，此之謂偷生、屈死，此不知命不安命者也。」見《列子要義》，頁38。

卻是自己的過失，因而「威之以死」，也是自己必須承擔的責任。

〈說符〉第廿六則，楊朱的弟弟楊布外出時穿著白色的衣裳，下雨了就脫下白衣、換上黑衣，因為衣服的顏色變了，他家的狗不認得，所以對他吠叫。楊布氣得要打牠，楊朱就對他說：「要是你的狗白的出去，黑的回來，你哪裡能不感到奇怪呢？」張湛得到的啓示是：「此篇明己身變異，則外物所不達，故有是非之義。不內求諸己而厚責於人，亦猶楊布服異而怪狗之吠也。」這一篇是在說明自己有所改變，別人就不認得我了，所以才產生是非的爭議。不向內要求自己，卻去苛責別人，也就好像楊布衣服不一樣了，卻怪狗（不認識他）對他吠叫一樣。這裡明白提出「內求諸己」，則「自負其責」的觀念出現了，明示人在現實世界具有某種獨立自主性，「報應說」於是表現一種冷眼旁觀的性格。這種觀念使人對「報應」的信念表現出理性的色彩。在這層意義下，雖曰有命，人也應安於天生的條件而如其去實踐自己。《論語‧泰伯》：

> 曾子有疾，孟敬子問之。曾子言曰：「……君子所貴乎道者三：動
> 容貌，斯遠暴慢矣；正顏色，斯近信矣；出辭氣，斯遠鄙倍矣。」

〔註49〕

曾子所謂君子之道三，都是說修己的工夫，而不是說修養的效驗。雖然在現實上，動容貌斯遠暴慢，不能即保證他人不對我暴慢，但卻還是得要求自己不應粗暴無禮；正顏色斯近信，不能保證他人待我以信，無所僞詐，但還是得要求自己正色待人，信實不妄；出辭氣斯遠鄙倍，不能保證他人不以鄙倍對我，但還是得要求自己吐辭出聲不應鄙俗悖戾。儒家就是要人在「求之在我者」處自省做工夫：

> 司馬牛問君子。子曰：「君子不憂不懼。」曰：「不憂不懼，斯謂之
> 君子已乎？」子曰：「內省不疚，夫何憂何懼？」〔註50〕

桓魋悖逆，有身敗名裂、覆宗絕世之禍，司馬牛心存憂懼。然君子為學，反求諸己而已。苟平日作為，無愧於心，則何憂懼之有？船山《義訓》：「夫心有所期得，而不保其無失也，則憂；勢有所難安，而患且夕相及也，則懼。」如使得失、禍福、利害、死生不繫於心，則君子無所憂懼。孔子並不是教人將心中之憂懼強行排遣，重點放在道德自全。張湛此處的訴求不異儒家：

〔註49〕見《論語譯注》，頁85。
〔註50〕同上，頁131。

> 夫信順之可以祈福慶，正誠之可以消邪僞，自然之勢也。故負愧於
> 神明，致怨於人理者，莫不因茲以自極。至於情無專惑，行無狂僻，
> 則非祈請之所禱也。(〈周穆王〉：「非祈請之所禱」句下注)

> 夫順天理而無心者，則鬼神不能犯，人事不能干。(〈力命〉：「迎天
> 意，揣利害，不如其已」句下注)

這裡提出與消極的命定觀迴然不同的論點：人事的當否，還是會影響自己的
遭遇。決定生死的關鍵，首先當然是個人先天的「命」。命運制定的生命長度
就這麼長，「居榮泰之地，願獲長年而早終。」〔註51〕有的人處在顯榮亨泰的
境地，希望享有漫長的生命，卻早早死去；「居困辱之地，不願久生，而更不
死也」〔註52〕有的則是不希望活下來卻死不了。這確實是人所不能干預的。
儘管如此，我們後天仍須修德。順應天理不存成心，那麼鬼神不能侵犯他，
人事也不能干擾他。如同《荀子・天論》所說：「彊本而節用，則天不能貧；
養備而動時，則天不能病；脩道而不貳，則天不能禍……本荒而用侈，則天
不能使之富；養略而動罕，則天不能使之全；倍道而妄行，則天不能使之
吉。」〔註53〕要之，每個人自己才是最該要求的對象。就是講天人感應的董
仲舒也說：「春秋爲仁義法，仁之法在愛人，不在我愛；義之法在正我，不在
正人；我不自正，雖能正人，弗予爲義；人不被其澤，雖厚自愛，不予爲
仁。」〔註54〕或許，時勢或個人先天的條件都是被決定的，但張湛並不排除
精神自由之可能性。人既然能夠自由選擇，則應該對自己的吉凶禍福負有
責任。「報應」的觀念雖予積德者以美好未來的許諾，卻也否認我們得以廉
價地到達神祕彼岸。「道」源之天，但仍須配合人在現實世界的努力才能完成
實現。

　　由以上的分析，可以將張湛對「命」的態度以這樣一個圖來標明：

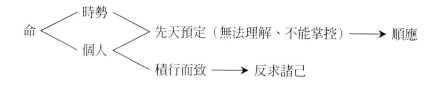

〔註51〕 「可以生而不生」句下注，見《列子集釋》，頁203。
〔註52〕 「可以死而不死」句下注(同上)。
〔註53〕 見王先謙《荀子集解》(華正，民國77年8月初版)，頁205。
〔註54〕 見《春秋繁露・仁義法》，明天啓乙丑西湖沈氏花齋刊本，頁225。

　　在張湛，不論是「時勢」，或是「個人的遭遇」，都屬「命」的內容。張湛所謂的「命」若指：「一切自然而然，且又不得不然，不知道為什麼會這樣卻這樣、沒有什麼目的、人對之無可如何」的現象，則此種「命」為先天預定者。一般認為：人是有自由的，但是現實中確實也有許多事是無法理解其原因、目的或意義。因為，人的認知與能力有一定的限制。先天預定的「命」是無法理解、不能掌控，不會因為人的主觀意願而轉移的。時勢屬於這個層次。我們對整個時勢或許無可如何，然而，個人的遭遇有些確實亦是先天預定者。對人力所無可如何的部分，也只能順應之；但也有些遭遇，是自己本身的作為逐漸累積發展而成，這個部分是人所能施力之處，還須如理而行。

　　比較《列子》和張湛的「命」觀後可以發現：《列子》對於無可如何的「命」，直接棄械投降，不作任何努力。既然行善未必得福，作惡未必遭禍，智者可能貧賤，愚者或享厚祿……乾脆主張為所欲為，放肆情欲，只是消極地坐以待斃，與原始道家面目已大不相類。這種論調使人自甘放棄人所獨具的選擇權，喪失人生活中的激情、意志和追求，也完全否定生命對社會貢獻的價值。對道德意識的確立非但沒有貢獻，甚且予為非作歹者以憑藉，其弊蓋難可勝言。因為，生命超升的障礙，原不在於外在事物的有限性，而在於吾人心靈自我設限的有限性。是否真有「命」姑且不論，即假定將人生的限度稱之為「命」，也不過是一客觀的陳述而已，是所謂「是如何」的問題，而與我們人生路向無關，尤其在邏輯上得不到「人只能屈從於命」的結論。因為人生路向的選定是主觀態度的問題，與外在客觀的事實並無必然關係。目的在「此」，外在環境利於「彼」，不便利，甚至走不遠，我們還是可以「決定」堅持「此」一目的。所謂「三軍可奪其帥也，匹夫不可奪其志也。」豈外勢盛衰，即可改變衷心之贊否態度耶？人生路向的選擇是「應如何」的問題。「應如何」與「是如何」豈能混為一談？《列子》的問題，即是把客觀的「是如何」作了他人生「應如何」的理論基礎，所以不能奏調適上遂之功。

　　張湛為之作注，不同意原書安命混世的態度。在承認客觀命限為必然的、先驗的，且不可知、不可制、不可違的前提下，認為人對環境的改造、事變過程的發展等有不可低估的參與作用。人們承認必然，並不等於服從必然；立足於現實，並不等於屈服於現實。社會因緣與歷史條件都在限制我，但一

個人的命並非皆為先驗的限制。在存在的有限裡，人可以透過踐履他的道德潛在性，而彰顯生命無限的意義。既然人可以在必然中找到自由，在現實中找到超越，所以重點不在「命」如何限制我，而在我如何確立「命」的價值意義，此是張湛較之《列子》進步的地方。

今天，討論「命」這個主題的意義究竟何在？面對一種情境，在採取行動之前，若曰有命，吾人當可作最壞的打算，不作過分樂觀的冀求。悲觀的人也可能因為努力與成果未必成正比，而不思力圖振作。而在既定的結果面前，若曰有命，則是要人對當前的逆境不起憎厭之心，對順境則不起貪戀的意念，也就是要我們逢苦不憂，處之泰然；遇樂不喜，順其自然；無為無求，不貪不執。可以看出：若只是教人「安命」就太消極了。這表示其觀照的人生層面一直在逸樂憂苦間打轉，最後難免墜入自我潛藏的欲望裡。

力與命相對消長之關係有三：即力大於命，力與命等，力小於命。力大於命，即創造形勢者；力與命等，即不覺限制者；力小於命，即不能自主，而受限制支配者。人力雖小，卻不等於「零」。在宇宙自然中，它雖不能發生大力，影響天道運行，但在人事的範圍中，它這微弱的力量卻可發生一些作用。這些作用比起自然的力量或許微不足道，但不能因其小，便加以輕視或抹殺。身而為群體動物的人，即有在人倫中當盡之本分，當然只有在盡力之後才能談「安」命。否則，若反躬自省，努力不足，則如何能安？道家哲學的根本缺陷，或許就在輕視人文世界的積極創造。以《老子》而言，他一再強調人應順應自然，然而如此純任自然的結果，一切事物的發展是否能達到預期的效果，這是很值得懷疑的。比如他認為禍福相因，如環無端，而且又重視事物對待關係的轉化，然而他卻忽略了主觀力量的重要性。他這種講法，很容易使人覺得好像不需要主觀力量的參與，禍就會自然而然轉化為福，福又會自然而然地轉化而為禍。事實上，主觀的努力常為決定禍福的主要因素。《論衡·自然》就曾提出「然雖自然，亦須有為輔助。」的反省。而莊子強調困窮者須安命，不知所謂命運常可由生存意志、奮勉、營養、醫藥、甚至革命去扭轉。〈大宗師〉所謳歌的真人雖無罪惡，但太任性疏懶，以致貧病交迫。世俗只欣賞他們臨終不怨恨天地父母，卻忽略了：他們的絕境可能是咎由自取而不知其咎。在道家看來，人為的努力往往辛勞難堪，甚至有損身軀。但可以反問：閒逸省力又有什麼價值？不僅閒逸省力，即是身軀確保安存，又有什麼意義？這只是現實的功利看法而已，不是人生真諦的說法。惟有在

知其「可爲」時盡心盡力，盡力之後知其「不可爲」，才能「安命」，這似乎是理想，然而，一個人要努力到什麼樣的地步才叫盡心盡力？又如何才能知道自己是不是已經盡心盡力？話又說回來，一個人又怎麼可能眞正盡了完全的心力？──智士仁人難道不是永遠感到：總還有可施力者？這不也是孔子「知其不可而爲之」的原因？人們是多麼需要判斷「『可』與『不可』間，界限何在」的智慧！這恐怕才是最艱難的部分罷！

第二節　生　死

千古以來，人類一直無法勘破生死的難題。人不過是萬物的一種，必然要受到時空的限制。而「生死」正是個體此生存在前後的界限。在魏晉這個多事之秋，死亡一再近距離逼視知識分子。感受到死亡的威脅時，他們難以如莊子那樣冷靜而超越，於是在墓前種下松柏，表現出對生命永恒的冀望和渴慕。張湛獨獨選擇自己書齋前作爲種植松柏的地點，時人稱他「屋下陳屍」〔註55〕。將居處與墓地、生存與死亡聯繫在一起的舉動，除展露他任性放達的風標外，也體現出他對生命、對死亡的深刻思考。

張湛先是企圖將死生拉平，如此一來，對生死即不起好惡之分別心，不會樂生而惡死。也因此，不會千方百計蘄求長生不死。但既然活著，就要善待此生，亦不須自行了結此生、減少壽命。這種不樂生懼死，不厭生務死的生死觀，很明顯是受到莊學的影響，而主導了他的應世之道。

一、對應生死的態度

（一）不貴生，不輕死

生與死是此生的起點與終點。在此生結束之後，個體的生命是否仍將延續？其本質如何？有人認爲死不是歸於絕對的虛無，而是轉變爲鬼神的形式繼續存在著；也有人認爲：個體一死亡，生命即告消失。眾說紛紜，莫衷一是。

對於人生來說，最大的痛苦或許是對於死亡的恐懼。人何以多貪生而畏死？其中一個原因或許是：在一般人的觀念中，死亡意味著個體生命的毀

〔註55〕《晉書・袁山松傳》「時張湛好於齋前種松柏，而山松每出遊，好令左右作挽歌。人謂：『湛屋下陳屍，山松道上行殯。』」見《列子集釋》，頁276。附錄一〈張湛事蹟輯略〉。

滅、現實生活的終結。隨著死亡的到來，此生所擁有的一切，包括物質方面的、人際方面的……都必須撒手放棄。福永光司曾說：

> 此刻在此地活著的自己，明天還能活著，這樣的保證無論在那裡都不會有的；人生就是這麼的無常。人是一瞬一瞬地立腳于斷落的深淵之上，而以這樣的斷落作爲一個連續，以過活其自己的一生的。
>
> 不斷地立在死之前的，就是人的「生」〔註56〕。

由於對此生感到眷戀不捨，唯恐死後從世上永遠離開，對生命產生強烈的操控欲望，而操控不成又心有未甘。面對死亡時，人們總是懷有無奈與悲哀的心情。能恬靜寬舒地向死亡走去的人，自是鳳毛麟角。以魏晉而言，絕大多數的士人仍是在「理應捨」與「情難捨」的兩難處境中載浮載沉。《世說新語・德行》卅五則：

> 劉尹在郡，臨終綿惙，聞閤下祠神鼓舞。正色曰：「莫得淫祠！」外請殺車中牛祭神，眞長答曰：「丘之禱久矣，勿復爲煩。」

由這一則記載可以看出：傾慕老莊自然之道的劉惔對於油盡燈枯的事實已了然於胸，而且委運任化，不願再從人事上作無謂的禱請，表現了莊生冷然豁達以對死亡的態度。然而，自另一方面來說，面對愛妻的傷悲毀瘁，他又豈能蕭然曠放地撒手人寰？裴啓在《語林》中記載〔註57〕：

> 劉眞長病積時，公主毀瘁，將終，喚主，主既見其如此，乃舉手指之云：「君危篤，何以自修飾？」劉便牽被覆，背之不忍視。

這種「黯然銷魂者，唯別而已矣」的經驗，本是天下多情人共同的難處。類似秦失弔老聃的冷靜客觀態度，或許只能出現在學理的論辯上。現實生活中，魏晉士人依舊爲了安頓生命而苦苦掙扎，他們徬徨痛哭於山顛水涯間，如王廞之登茅山而哭。《世說新語・任誕》五十四則：

> 王長史登茅山大慟，哭曰：「琅邪王伯輿，終當爲情死。」

他們踽踽獨行於窮途末路上，如阮籍之「率意獨駕，不由徑路，車跡所窮，輒慟哭而反」。他們因爲耽於生的光輝而無法刪除對死的沮喪，如自命不凡的王濛，臨死且自歎不壽。《世說新語・傷逝》十則：

> 王長史病篤，寢臥鐙下，轉麈尾視之，歎曰：「如此人，曾不得四十！」

〔註56〕 見福永光司著、陳冠學譯《莊子》（三民書局，民國 81 年 2 月第 7 版），頁163。

〔註57〕 裴啓撰、周楞伽輯注《裴啓語林》（文化藝術出版社，1988 年 12 月第 1 版），頁 76。

　　　　及亡，劉尹臨殯，以犀柄麈尾箸柩中，因慟絕。

魏晉士人由於對死亡有著深刻的感觸，所以對那尚在進行中的生命，就更能懷抱著珍惜與憧憬之情。如《世說新語・德行》卅八則記載八歲的范宣曾因為挑菜不慎而誤傷了手指，他在菜園裡嚎啕大哭，旁人關懷地問他：「痛邪？」范宣答道：「非為痛，身體髮膚，不敢毀傷，是以啼耳！」一個不識愁滋味的八歲孩童，竟然因為區區的手指損傷而大啼，其中原因卻不是疼痛，而是毀傷了生命。由此推論，那些已識愁滋味的魏晉士人，在遭遇生命難題時的驚心動魄，就更不在話下。

　　在「天道觀」一章曾經提到：張湛認為：一、現象界的生命憑藉「道」而生滅變化。二、萬物終須反歸「太虛」。三、萬物生滅變化的活動是「自生」的。這樣的論調實亦說明了他的生死觀。首先，張湛認為：現象界的生命，不過是「氣」的聚散作用：

　　　　積順故有存亡耳，郭象曰：「若身是汝有，則美惡、死生當制之由
　　　　汝。今氣聚而生，汝不能禁也；氣散而死，汝不能止也。明其委結
　　　　而自成，非汝之有也。」（〈天瑞〉：「性命非汝有，是天地之委順也。」
　　　　句下注）

　　　　夫生者，一氣之暫聚，一物之暫靈。暫聚者終散，暫靈者歸虛。（「楊
　　　　朱第七」全篇注）

　　　　是一氣之偏積者也（〈天瑞〉：「（汝身）是天地之委形也。」句下注）

　　　　積和故成生耳（〈天瑞〉：「生非汝有，是天地之委和也。」句下注）

想要消解對死亡的憎厭之情，首先得先放下對此生的執著。張湛引郭象「此身非吾有」的注，說明人未曾「有」過自己的身體與性命。怎麼說呢？張湛認為：有形的各種生物都是陰陽二氣交合而成的，都是自然化育的。〈天瑞篇〉提到，天地形成之後，由天地的含精化生萬物，陰陽之氣沖和而生就為人。在《列子》眼中，吾生可以說是「天地之委和」，吾身則是「天地之委形」。《莊子・知北遊》亦說，這些都是「天地之強陽氣也，又胡可得而有邪！」張湛所謂「一氣之暫聚，一物之暫靈。」則是說，人的生命不過假此「一氣」而暫有之，且從其始生之時起，已然孕含了消亡。氣聚則暫顯為生之象，氣散則隱沒為死之象。然而，死亡雖為個體此生之結束，此「生」所憑藉之一「氣」卻不會憑空消失。因為，一旦「氣」消散殆盡，復將藉由死

亡的過程，自然又回歸到宇宙之源。生死的關係是隨時化生，隨時滅亡。生生死死，死死生生，生死是自生自死的運轉，是天地陰陽的自然變化。可以說，死生迭相交替，不過是「氣」呈現的不同型態。《莊子・田子方》所謂：「行小變而不失其大常」生死亦不過為表面的現象罷了。這樣，令人感到疑惑的是：如果生命同為渾淪「一氣」之所化，何以現象界的個體之間有其差別——如智愚、賢不肖等？以講齊物的《莊子》而言，從〈山木〉「陽子之宋」一則寓言顯示，莊子本人也具備了分辨外形美醜的本能與標準。同時，美者與惡者，也已經為人們所肯定、所共許。這種對於美醜的分別與共許，也是人們心中自然出現的本能。張湛的聖人承自道家，已經透過修養的工夫泯除這些「差別相」——如美醜、高下等，這是一層。但現象界的「差別相」何以形成或存在？亦必須交代。如說是人心之執著而起，則世俗對價值「共同」的分判——如皆認為西施為美等——從何而來？「個別」的差異——如西諺云：「一個人的肉是另一個人的毒藥。」——又從何而來？張湛並未提出解釋。

要特別說明的是，於張湛，人的生死輪轉並非由不滅的靈魂充當中介，而是透過氣的聚散來實現的。他也不認為：我們可以在輪迴再生的循環中無限重現「自我」。因為，想要消除對死亡的恐懼，連自我意識也要化解掉：

> 何生之無形，何形之無氣，何氣之無靈？然則心智形骸，陰陽之一體，偏積之一氣；及其離形歸根，則反其真宅，而我無物焉。（〈天瑞〉：「精神入其門，骨骸反其根，我尚何存？」句下注）

宋濂懷疑《列子》此段文字抄自佛經；朱熹則說：此段為佛書「四大各離說」之所本，意思是：佛經參考了此段文字。但楊伯峻和辛冠潔卻誤引朱熹的話作為「《列子》抄襲佛經」的證據。胡昌五先生首先匡正此說，理由是：

1. 佛經「四大各離，今者妄，身當在何處」之言見於《圓覺經》，此經為唐代名僧佛佗多羅所譯。不僅戰國時的列子，即使是東晉作注的張湛亦無緣見到，無從抄襲。

2. 《淮南子・精神》亦有：「是故精神者，天之有也；而骨骸者，地之有也；精神入其門，而骨骸反其根，我尚何存？」與《列子》此段幾乎一樣。

另外，蕭登福亦舉出：

1. 《說苑・反質》：「（楊王孫曰）且吾聞之：精神者，天之有也；形骸者，

地之有也。精神離形而各歸其眞，故謂之鬼；鬼之爲言歸也。其尸塊然獨處，豈有知哉？」

2. 《漢書》卷六十七〈楊王孫傳〉，文字同《說苑》。

3. 《漢書》卷三十六〈楚元王傳〉附劉向傳，引劉向諫成帝營昌陵云：「延陵季子適齊而反，其子死，葬於嬴博之間，穿不及泉，斂以時服，封墳掩坎，其高可隱，而號曰：『骨肉歸復於土，命也。魂氣則無不之也。』」

4. 《說苑・脩文》載延陵季子語，與此同。季子爲春秋時人，若記載屬實，則此種思想在春秋時固已存在。

5. 王充《論衡・論死》也說：「人死精神升天，骸骨歸土，故謂之鬼；鬼者，歸也。」

說《列子》這幾句話是剿掠佛說，那麼，其他這些書難道也是剿掠佛說嗎〔註58〕？可見這種講法是不能成立的。

《列子》說：「精神入其門，骨骸反其根」，人死後，並非化爲絕對虛無，精神骨骸皆各有所歸。精神入其門即歸於天，骨骸反其根則歸於地。萬物將隨著自然生化的法則而反歸於天地，反歸於道體。一旦形神相離，分別歸其本原，則何存乎我？張湛的「我無物焉」即叩緊《列子》原文「我尙何存？」的問句。這裡「歸根」的觀念源自《老子》十六章：「夫物芸芸，各復歸其根。」兩者同樣認爲本體雖創生萬物，而萬物亦將返歸本體。然而，《莊子・天下》：「芒乎何之，忽乎何適，萬物畢羅，莫足以歸」成玄英《疏》：「包羅庶物，囊括宇內，未嘗離道，何處歸根」依〈知北遊〉「道在屎溺」的講法，則道無所不在，而物莫能外。張湛也認爲，無物不育於道之中。如是，萬物既「未嘗離道」，則「歸根」之說實待商榷。但《莊子・至樂》也有類似的說法：

> 支離叔與滑介叔觀於冥伯之丘，崑崙之虛，黃帝之所休。俄而柳生其左肘，其意蹶蹶然惡之。支離叔曰：「子惡之乎？」滑介叔曰：「亡，予何惡！生者，假借也；假之而生生者，塵垢也。死生爲晝夜。且吾與子觀化而化及我，我又何惡焉！」

〔註58〕 見《列子集釋》，頁 288、292；辛冠潔〈列子評述〉，頁 40；胡昌五〈朱熹認爲佛書剿掠《列子》──《列子》「辨僞文字輯略」匡正之一〉（《大陸雜誌》第 90 卷第 5 期），頁 204、蕭登福《列子探微》，頁 39～41。

所以筆者認爲重點其實在：人的生命來自於自然，如同借自於自然般，將來
老死之後，仍將還之於大自然。一如借物之後，必須歸還其物一般。故不必
對此生有所執著。至於「我」的問題，鈴木大拙說：

> 假如在我們的所有感覺器官之外，另有一個自我單獨存在的話，
> 那麼如果把感覺器官除去，這個自我的作用，應該更加靈敏繞是。
> 因爲感覺器官是有限制的，所以將它們除去，自我必然更有效率。
> 可是等我死了之後，不但感官隨之而去，自我似乎也消失不見了
> 〔註59〕。

「人」只不過是「精神」和「骨骸」兩個部分的組合。除此以外，並沒有一
個可以被稱爲「我」的實體存在。不能說：有個「我」擁有精神和骨骸〔註60〕。
牟子《理惑論》曰：「魂神固不滅矣，但身自朽耳。身譬如五穀之根葉，魂神
如五穀之種實；根葉生必當死，種實豈有終亡？」其實「五穀之種實」既爲
有形質之物，終亦有消亡的一天，這個比喻不甚恰當。要之，他的重點是說
身體軀殼，生必當死，但人死之後，「自我」並未消失不見，只是轉化了。與
張湛意見不同。《莊子》的意見又如何呢？〈養生主〉：「指窮於爲薪，火傳也，
不知其盡也。」王夫之《莊子解》以爲：「形成而神因附之。形敝而不足以居
神，則神舍之而去」〔註61〕以「薪」指「形」，而「火」指「神」。則將《莊
子》之意解爲：形死神存。錢穆《莊子纂箋》則以「火」爲「道」〔註62〕。
沒有錯。物質必朽必腐，這是物化。但是，人生雖短暫，卻是一次得之不易
的良機，我們能夠用它來實現不朽的精神價值，從而超邁生命的時空界限。《世
說新語‧傷逝》十三則：

> 戴公見林法師墓，曰：「德音未遠，而拱木已積，冀神理綿綿，不與
> 氣運俱盡耳。」〔註63〕

血肉形軀的生命短暫如曇花一現，但精神生命卻能夠綿長久遠，不會隨著壽
數一齊窮盡。所以，人應當精勤充實精神生命。由是有限的自然形軀即使已

〔註59〕 轉引自劉光義《莊學中的禪趣》（商務印書館，民國80年9月初版2刷），頁
99。

〔註60〕 《列子》用「骨骸」一詞，似乎不如用「形骸」適當。因爲「骨骸」並不包
括肉體，或許是因爲，人死了以後，肉體很快就腐爛、分解了吧？但既說「歸
於地」，則被分解了的肉體，應該也可算是「歸於地」才對？

〔註61〕 《莊子通‧莊子解》（里仁書局，民國84年4月30日初版3刷），頁33。

〔註62〕 《莊子纂箋》（東大，民國82年1月重印4版），頁26。

〔註63〕 《諸子集成》第一集第六冊，頁168。

然消亡，但卻能取得無限而永恆的精神生命。無限的境界是超時空的境界，投死生於無限之中，則無長短之可資計較，此即〈天下〉謂;「死與生與，天地並與」。〈大宗師〉「相與吾之耳矣，庸詎知吾所謂吾之（非吾）乎？」郭象注曰:「夫死生變化，吾皆吾之。既皆是吾，吾何失哉！未始失吾，吾何憂哉！」「靡所不吾也，故玄同外內，彌貫古今，與化日新，豈知吾之所在也！」所謂「既皆是吾，吾何失哉！未始失吾，吾何憂哉！」，乍看似乎是說：死亡以後，吾身雖然消亡了，卻仍會有個「自我」繼續存在，只是轉變為不同形式。實則萬物皆為氣之聚散而同為一體，故要說是我，則「靡所不吾」。但也正因為萬物一體，放大眼界來看，「豈知吾之所在也」？《理惑論》的講法，與《莊子》、郭象及張湛相同之處在於：皆認為生命是「化而不滅」。所不同者:《理惑論》認為有個「自我」在死後繼續存有，但張湛的意見卻與《莊子》、郭象一脈相承，皆主張天地間並沒有所謂的「自我」。

　　一切的生命現象既然都是氣的偶然成形，由同為「一氣之暫聚」這一點來看，本來就沒有物我之分。萬物既原為一體，就不能在這原本一體的萬象當中，妄執著哪一部分是我，哪一部分非我。他說：

> 夫生死變化，胡可測哉？生於此者，或死於彼；死於彼者，或生於此。而形生之生，未嘗暫無。是以聖人知生不常存，死不永滅，一氣之變，所適萬形。萬形萬化而不化者，存歸於不化，故謂之機。機者，羣有之始，動之所宗，故出無入有，散有反無，靡不由之也。（〈天瑞〉「種有幾」章注）

> 人與陰陽通氣，身與天地並形；吉凶往復，不得不相關通也。（〈周穆王〉「一體之盈虛消息，皆通於天地，應於物類」句下注）

> 俱涉變化之塗，則予生而彼死；推之至極之域，則理既無生，亦又無死也。（〈天瑞〉:「唯予與彼知而未嘗生未嘗死也」句下注）

氣變而有形，形變而有生。生命經過嬰孩、少壯、老耄、死亡四個階段以後壞滅，又回歸到氣的狀態。然後再由氣而形而生，週而復始。「一氣之變，所適萬形」，不惟人是氣之聚，萬物都是一氣之轉，彼此的形體時常互相轉變，由此形變換到彼形，或蟲臂或鼠肝，或為青寧或為程。這些事物能夠轉化，自然也是他們本身擁有可變的化機。這樣，天地陰陽之氣，雖然由於生化形式的不同，而生成各種不同形態的萬物，但事實上，物與物間可以藉著此死彼生、彼死此生的方式而相互轉換。一物之亡，即另一物之生；一物之生，

即另一物之亡。萬物存亡的始終先後正是相互循環，難有界線的。物與物間既非界域儼然而不可相通，彼此間不能沒有影響，則萬物的生滅變化就成為表面的現象了。由此形更換到彼形，只有形體暫時的遷變，並無真正的死亡。相對地，也沒有「與死亡相對的生存」可言。所以張湛說「理既無生，亦又無死」。人與萬物就這樣被捲入氣化的生死流轉而無窮盡。此即《莊子・寓言》所謂：「萬物皆種也，以不同形相禪，始卒若環，莫得其倫」則生雖「不常存」，死亦「不永滅」，亦無須為必死而煩擾不已〔註64〕。不過，仍可質疑：不斷地重複生、壯、老、死，再由死而生的過程，張湛說是自然，但即若不追究目的，可何以必定要有這樣的循環？其意義究竟何在？張湛就沒有交代了。

天下沒有不死之物，有生必有終。對此，道家很重視自身與自然的同一問題。如果我們過分看重此生這個個體，而不能把握人與自然的玄同，不能明白：生命在天地六合之中，萬物隨著氣之聚散而產生變化，我之生死即萬物變化之一端，即：一直執著自我意識，則無以面對必死的事實。因此，要克服對死亡的恐懼，應該達到物我兩忘，天人合一的境界。所謂「人與陰陽通氣，身與天地並形；吉凶往復，不得不相關通。」體悟到人原與陰陽通氣，與天地並形，就能把個體的生命融入無限之中，而不必拘執此短暫的一生而畏死不及。

佛教輪迴與「種有幾」的觀念相同的地方在於：他們都不承認有一個輪迴的主體——靈魂，而且，其過程也沒有什麼「神」或「上帝」做主宰。以佛教的基本理論來說，根據緣起法則，宇宙間沒有不死之生命。但以業力牽引，死後必再轉生受報。轉生受報即是「輪迴」。至於轉生為何道，則業的後果，就是業識——阿賴耶識——完全是以其往昔善惡業力之所牽引的趨向，其業識中的善惡種子何者勢強，先起現行而改變其生命型態〔註65〕。佛理之複雜遠勝於道家，但是道家的解釋較為瀟灑和詩意濃烈。對照之下，可以看出：張湛「死不永滅，是以不必畏死」這樣的邏輯問題在：雖然死後還可藉一氣之轉而重新開始另一種形式的生命。但另一個形式之生樂與苦與？人不是只有畏懼生命短暫，亦且憂慮生命中的患難。佛教講因果，是以個人的業

〔註64〕 這樣看來，《莊子》並未對死後的世界作任何積極的主張，但似乎亦未否定死後世界的存在。

〔註65〕 見于凌波《簡明佛學概論》（東大，民國82年8月再版），頁439～451。

力感召未來的果報，由此決定個體未來的方向。則人還可以藉著誠懇、專注而持續的修行使「美好的未來」較有保障，則死亡亦變得較不可怕。但另一形式之生，如張湛所說，又皆為盲目、無目的的「命」。則即使死後有生，在「無以預知另一形式之生為樂為苦」的前提下，亦無以消解對死亡的焦慮。所以他想進一步以「同出一氣」打掉自我意識與人我的分別隔閡，使萬物一體，則無論此身所感受到的「我」與「非我」，本質皆是一般。人之樂如我之樂，我之苦如人之苦，就不須計較苦樂憂喜了。一樣的問題：「我」與「別人」，真能完全無別嗎？人與人間，畢竟還是有其差別相。這分別又從何而來？張湛亦無說辭。

　　另一方面，一般人喜歡生與壯而懼怕老死，是因為只看到生命中的喜樂，卻忽略了生命中種種的憂愁勞苦；只想到老時體態疲憊，多所不堪，卻未曾想過老年時可以讓精神與肉體得到閒逸；眾皆害怕死亡，卻沒注意到：死亡可以讓忙忙碌碌的此生得到安息。可以說，生與死，各有其正負面的意義：

> 勞知慮，役支體，此生者之事。莊子曰：生為徭役。（〈天瑞〉：「仲尼曰：『生無所息。』」句下注）

> 見其墳壤高異，則知息之有所。莊子曰，死為休息也。（〈天瑞〉：「子貢曰：『然則賜息無所乎？』仲尼曰：『有焉耳。望其壙，睪如也，宰如也，墳如也，鬲如也，則知所息矣。』」句下注）

> 莊子曰：大塊載我以形，勞我以生，佚我以老，息我以死耳。（〈天瑞〉：「仲尼曰：『賜！汝知之矣。人胥知生之樂，未知生之苦；知老之憊，未知老之佚；知死之惡，未知死之息也。』」句下注）

> 修身慎行，恆懷兢懼，此仁者之所憂；貪欲縱肆，常無厭足，此不仁者之所苦；唯死而後休息寢伏之。（〈天瑞〉：「仁者息焉，不仁者伏焉。」句下注）

活著有活著的難處，所謂「勞我以生」即是指：我既有此形軀，即須承受形軀之限制帶來的負擔；而老死有老死的輕鬆。所謂「息我以死」即是指：一旦形軀壞滅，一切限制帶來的負擔也就此解除，遂由勞而息。文中明引《莊子》，顯見這種「生勞死息」的達觀是承襲莊子而來〔註66〕。但從另一方面來

〔註66〕　見周世輔〈略論列子書中的哲學思想〉，《中國憲政》第 4 卷第 1 期，頁 11。

看，以死代表「苦」之終結，似乎只以「忍耐」對應苦楚，態度消極了些。畢竟，生命中承擔的一切傷痛，並不是只有悲傷的一面。這些試煉可以充實、豐富我們的生命，從而爲它刻出深度和涵量。《莊子‧大宗師》的主張是：「善吾生者，乃所以善吾死也。」成玄英疏：「以生爲善者，死亦可以爲善矣。」必須說明的是：張湛雖然提出死亡有其好處，只是不對生死濫施一廂情願的美化和醜化，卻並不是認爲：死就一定勝於生〔註67〕，進而好死而厭生。他只是借此說明：生壯老死是人生必經的歷程。生、壯、老、死各階段有各階段的樂趣和價值，因此不必好生惡死，忻壯懼老。對於這些不由我作主的生生死死，吾人亦只得因任自然而不必措意於其間。

（二）不樂生、不惡死

常人將死亡視爲最大的不幸。臨死時固然畏怖其死，即猶生時，亦恒懷矜懼，多所不安。我們對死亡的種種避諱與悼念的儀式，都只會更加強人潛意識對死亡的恐懼與對生命的留戀，使貪生畏死之念益加深固。那麼，人應該如何戰勝生的憂患和死的恐懼呢？

> 生即天地之一理，身即天地之一物。今所愛吝，便是愛吝天地之間生身耳，事無公私，理無愛吝者也。（〈天瑞〉：「公公私私，天地之德」句下注）

萬物在此刻看似生氣勃勃，實乃暫時而有，不會永遠如此，終必經過生壯老死的過程，而有消亡的一天。吾人當觀其出沒往復之化機。個體之此生，不過是天地一氣運動所委之微形，此微形旋起旋滅，而與天地爲一體，我之生命與宇宙同一生命。張湛認爲：我們不該對生命過份執著，妄認身體生命爲「我」有，妄執生死變化爲「實」有，否則，人就與天地之一氣相分裂了。若不明此理，好生惡死，愛己疏他，於生則忻忻然，於死則瞿瞿然，徒自苦耳。

> 以生死爲寤寐者與之，溺喪忘歸者去之。（〈天瑞〉：「而世與一不與一，唯聖人知所與，知所去」句下注）

<hr>

〔註67〕見金白鉉《莊子哲學中天人之際研究》（文史哲，民國75年8月初版），頁150；另像錢穆就認爲《莊子》以生爲附贅懸疣，死爲決疴潰癰，可見莊子謳歌死尤甚於謳歌生，見《莊老通辨》，頁104。事實上，莊子只想淡化世人堅信死後無歡樂所造成的緊張、焦慮和憂苦，於是點出死後仍有超過人間至樂的可能。在生既可逍遙，在死亦可逍遙。

理無生死，故無所樂惡；理無愛憎，故無所親疏；理無逆順，故無
所利害也。（〈黃帝〉：「不知樂生，不知惡死，故無夭殤；不知親
己，不知疏物，故無愛憎；不知背逆，不知向順，故無利害」句下
注）

當魏晉士人輾轉於薤露易逝的悲情時，在遭遇生命險境的驚心動魄時，對死
亡自然有著深刻的感觸，所以對此刻尚且存在的生命，就更加懷抱著珍惜與
不捨之情。然而，張湛指出：生與死都只是人為的界定。好生而惡死都是人
們站在「生」的立場上的感受。對於有生命的個體，確實存在著或生或死的
區別，而且，我們有要求自我存在、自我發展的權利與欲望。只是，求生固
然是生命個體的常情和本能，但若從道的角度來看，生死是自然的「氣化」
過程。即使此生個體的生命消亡，也只是歸於天地一體之本來生命，仍在天
地一氣之中。換言之，死是生的另一種表現形式，生也是死的另一種表現形
式，無所謂生、無所謂死，這就是自然之道。當人們可以無窮無盡地一次次
重回世間獲得生命的時候，死亡似乎也就沒有什麼可怕的了。能具備視生死
為往返的豁達，就能燭照死亡幽谷，而不再貪生怕死。

生死古今所同，而獨善古之死者，明古人不樂生而惡死也。（〈天瑞〉：
「晏子曰：『善哉，古之有死也！』」句下注）

樂天知命，泰然以待終，君子之所以息；去離憂苦，昧然而死，小
人之所以伏也。（〈天瑞〉：「子貢曰：『大哉死乎！君子息焉，小人伏
焉。』」句下注）

人活百歲，終不免死，若以高壽為樂，必以死為可憂，但憂慮亦不能不死。
既然死生並非人力所能強求，則沒有必要求長生，因為求之亦未必得之。況
且，生雖有樂，亦且有苦；死雖有惡，亦且有佚。則生不必喜，死不必憂。
吾人只隨造化之自然，來去無礙，又何必繩繩於延生懼死？〈楊朱篇〉說：「五
情好惡，古猶今也；四體安危，古猶今也；世事苦樂，古猶今也；變易治亂，
古猶今也。既聞之矣，既見之矣，既更之矣，百年猶厭其多，況久生之苦也
乎？」張湛注曰：「夫一生之經歷如此而已，或好或惡，或安或危，如循環之
無窮。若以為樂邪？則重來之物無所復欣。若以為苦邪？則切己之患不可再
經。故生彌久而憂彌積也。」生命短暫，最多百歲，猶嫌其長，何況生命中
有各種憂患和痛苦，〈楊朱〉篇主張人應珍惜短暫的一生，盡情地滿足自己的
欲望。有些學者認為〈楊朱〉篇的「生死觀」是它「享樂主義」的前提與基

礎〔註68〕。但也不盡然。沃克《存在的焦慮與創造性的生活》就說：

> 死亡與其說是毀滅生命，不如說是給生命帶來了意義，假如生命是
> 無限的，人就會把一切事情都往以後推延。我們也就不需要去活
> 動、去工作、去創造，生命必然完結這一事實，具有重大的意義，
> 因此，死亡也就是生命的一部分〔註69〕。

認爲生命短暫，死後無知，固然可能引發及時行樂的想法，卻也可能因爲生
命有限而去思考：此生的目的爲何？而後擬定策略與步驟——如何貫徹這些
目的，善加珍惜此短促之一生，奮發有爲，甚至發展出利他的行動。由此可
知：儒家何以不談齊死生。在儒家看來，人之生就在於努力完善人格，並以
完善之人格外化爲治事理國的現實能力和行爲。而死亡即表示不能再在人間
積極發揮生命力以創造價值，儘管後裔大可發揚祖先遺志，甚至光宗耀祖，
然而逝世這種永恒的隱退〔註70〕畢竟是可哀悼悲痛的。是以〈楊朱篇〉所表
現的生死觀，固然可能影響他的生活態度，但「生命短暫，生多憂苦」的生
死觀，在理論上卻並不必然導出縱慾的結論。

（三）不祈長生、不必枉死

既有形質，則有生化，既有生化，則有死亡。生不能無苦，生不能不死。
生死循環乃是天道常數。然而，一般人卻由於對生命的過分執著，故從古至
今求長生不死者史不絕書。庸碌之輩貪圖享樂，窮其一生汲汲營營以滿足私
欲，惟恐名利之不積，自然怕老畏死。權貴富有之家，在世時即訂製棺槨墳
墓，其規模之巨偉，作工之精細，陪葬品之繁複，令人嘆爲觀止，無非也是
希望死後到了另一個世界，仍能繼續享用此生所有。有些人生平多行不義，
臨死叮囑子孫每年按時請人懺悔超渡，向鬼神求情，以減輕罪罰相反地，對
另一些人而言，生命充滿了痛苦和悲傷的刻痕，痛不欲生，更何談長生？長
生則長苦矣。因此，自行結束生命者亦時有所聞。

道教作爲宗教化的道家，則透過一切嘗試，希望能提供長生不老之方，
以解除死亡對人類的威嚇。然而，在這種成仙的企求中，很難看到深刻的人

〔註68〕 如舒菲就持此一看法，見〈列子楊朱篇享樂主義倫理學說批判〉，頁 26；意見
　　　　相同的還有：辛冠潔〈列子評述〉，頁 47、鄭志明〈列子楊朱篇的意識型態〉，
　　　　頁 11、蔡維民〈列子楊朱思想結構初探，頁 1127。
〔註69〕 轉引自潘智彪著《喜劇心理學》，（三環出版社，1989 年 12 月第 1 版），頁
　　　　102。
〔註70〕 道家並不認爲死亡是永恒的隱退，兩家也因此發展出不同的人生觀。

生認識和高超的思想境界。因為，道教所以要人們遺世遺情，羽化登仙，原是由於人生多憂患，希望能超脫而得永生。但這紅塵究竟有什麼不對？究竟為什麼要摒棄而遠離？道教似乎並沒有什麼深刻的分析。如僅以紅塵為煩擾，為污濁，那是不夠的。即令生命可厭，「成仙」也不一定就是最佳的解脫法門。仙人確切的情形如何？不可得知，但從道教經典的一般描述來看，大致是一種無憂無慮、具有超人的力量，而能長生不老的人物。照這樣來看，那只是生命的延長與官能的加強而已，怎能解決人生的根本問題？生命果真可厭，久駐豈不更覺可厭？如求無憂無慮，逍遙自在，則人世的修養、忘情已足夠自遣，又何必成仙？從哲理來看，仙人終不是大徹大悟的境界。要想以成仙來解決人生問題，實不是究竟之道，而且也與道家的「自然」背道而馳。可以注意到：凡《莊子》言長生，皆晚起之篇章，恐非莊生所言。一見〈在宥〉篇黃帝問廣成子：「治身奈何而可以長久？」廣成子答以清靜無知，閉絕視聽；另一見於〈刻意〉篇：「吹呴呼吸，吐故納新，熊經鳥申，為壽而已矣；此道引之士，養形之人，彭祖壽考者之所好也。」然《莊子》認為還比不上「不道引而壽」之得道真人。要之，言延年益壽，亦只是修生養性的必然結果。若求之於方術，與莊生一死生之旨，盡天年之教，顯然相乖。

　　魏晉士人熱衷服食養生衛氣之術以求延年益壽者不少，如《晉書》五十卷〈王羲之傳〉說：「羲之既去官，與東土人士盡山水之游，弋釣為娛。又與道士許邁共修服食，採藥石不遠千里，徧游東中諸郡，窮諸名山，泛滄海，歎曰：『我卒當以樂死！』」〔註71〕石崇在〈思歸引序〉中說：「好服食咽氣，志在不朽，傲然有凌雲之操。」〔註72〕《晉書》四十五卷〈范甯傳〉說：「甯嘗患目痛，就中書侍郎張湛求方……方云：用損讀書一，減思慮二，專內視三，簡外觀四，且晚起五，夜早眠六。凡六物，熬以神火，下以氣簁，蘊於胸中七日，然後納諸方寸，修之一時，近能數其目睫；遠視尺捶之餘。長服不已，洞見牆壁之外，非但明目，乃亦延年。」〔註73〕又葛洪《抱朴子‧金丹》：「（朱草）喜生名山岩石之下，刻之，汁流如血。以玉及八石金銀投其中，便可丸如泥，久則成水；以金授之，名為玉醴，服之皆長生。」〔註74〕此外，

〔註71〕　《晉書》，頁 2101。
〔註72〕　《文選》四十五卷，頁 654。
〔註73〕　《晉書》四十五卷〈范甯傳〉，頁 1988。
〔註74〕　見《中國子學名著集成‧抱朴子》（中國子學名著集成編印基金會，1978 年

北魏還有官設的煉丹作坊，且置仙人博士，《魏書·志》第二十卷〈釋老志〉：「天興中，儀曹郎董謐因獻服食仙經數十篇。於是置仙人博士，立仙坊，煮煉百藥，封西山以供其薪蒸。」〔註75〕而名士中的翹楚——嵇康也是「性好服食，常采御上藥。」，他曾著有專文討論養生盡性之法，〈養生論〉曰：

是以君子知形恃神以立，神須形以存；悟生理之易失，知一過之害生。故脩性以保神，安心以全身；愛憎不棲於情，憂喜不留於意，泊然無感而體氣和平，又呼吸吐納，服食養身，使形神相親，表裡俱齊也。夫田種者，一畝十斛，謂之良田，此天下之通稱也，不知區種可百餘斛也。田種一也，至於樹養不同，則功收相懸，謂商無十倍之價，農無百斛之，此守常而不變者也。且豆令人重，榆令人瞑，合歡蠲忿，萱草忘憂，愚智所共知也。薰辛害目，豚魚不養，常世所識也；蝨處頭而黑，麝食柏而香，頸處險而癭，齒居晉而黃，推此而言，凡所食之氣，蒸性染身，莫不相應；豈惟蒸之使重而無使輕，害之使闇而無使明；薰之使黃而無使堅，芬之使香而無使延哉！故神農曰：「上藥養命，中藥養性」者，誠知性命之理，因輔養以通也……善養生者，……清虛靜泰，少私寡欲，知名位之傷德，故忽而不營，非欲而彊禁也。識厚味之害性，故棄而弗顧，非貪而後抑也。外物以累心不存，神氣以醇白獨著；曠然無憂患，寂然無思慮；又守之以一，養之以和；和理日濟，同乎大順；然後蒸以靈芝，潤以醴泉；晞以朝陽，綏以五絃；無為自得，體妙心玄；忘歡而後樂足；遺生而後身存；若此以往，恕可與羨門比壽，王喬爭年，何為其無有哉！

嵇康的〈養生論〉最足代表魏晉士人的厚生思想和養生之道。嵇康認為理想的養生方法必須兼顧形骸與精神的保養，因為「形恃神以立，神須形以存」，兩者不容偏廢。就形骸之調養而言，嵇康主張從飲食宜忌上把握正確的攝取規律，不要讓有害之「滋味煎其府藏，醴醪鬻其腸胃；香芳腐其骨髓。」如此，營養調和，脾胃健旺，生理自然強壯，能抵抗風寒之災和百毒之傷。至於精神之保元太和，更是「形神合一」理論中的養生要略。此處嵇康延續的是《莊子·養生主》的思想，主張清虛靜泰，少私寡欲、順任自然，不溺於

12 月初版），頁 79。

〔註75〕 《魏書》（鼎文書局，1987 年 5 月第 5 版），頁 3049。

憂樂，不累於外物的處世原則。如此，當能避免「喜怒悖其正氣，思慮銷其精神，哀樂殃其平粹」的傷害。此外，再配合「蒸以靈芝，潤以醴泉；晞以朝陽，綏以五絃」的服食方法就可以獲致宏效，嵇康說：「導養得理，以盡性命，上獲千餘歲，下可數百年，可有之耳。」〔註 76〕遺憾的是，倡導養生之道的嵇康竟然在三十九歲就溘然早逝，所以他的厚生思想和養生之道的人間實驗，實際上是「出師未捷身先死，長使英雄淚滿襟」地飲恨陣亡了。然而，煉丹服食，登山學仙的魏晉人，卻依然前仆後繼，視「仙」如歸地勇往直前。《顏氏家訓・養生》曾就魏晉人好服食求仙之情況作過現實的評述，顏之推說：

> 神仙之事，未可全誣；但性命在天，或難種植。人生居世，觸途牽縶；幼小之日，既有供養之勤；成立之年，便增妻孥之累。衣食資須，公私勞役；而望遁跡山林，超然塵滓，千萬不過一爾。加以金玉之費，鑪器所須，益非貧士所辦。學如牛毛，成如麟角。華山之下，白骨如莽，何有可遂之理〔註77〕？

雖是如此，魏晉士人依舊在服食和求仙的路上繼續冒險。趙輝曾說：

> 人有生有死，這是自然的客觀規律。六朝人希望通過服食，以求長生不老，而對於服食者的生生滅滅卻視而不見，當然不失為愚昧，但這又非愚昧一詞所能蔽之。要而言之，求仙服食只不過是一種行為現象，其表層意蘊是要求得生命的永恒，但其深層文化內涵卻在於追求更大的生存空間，以求得生命的自由，內核是對於人生的摯著和留戀……在經歷了生命短促的嗟歎之後，在追求神仙的夢幻破滅之後，六朝人既沒有像儒家那樣，沉浸於對於功業的追求，以轉移對生命時光流逝的注意力，也沒有像道家那樣，排斥生命的慾求，將眼、耳、口、鼻都封閉起來；而是一頭栽在物質生活的酒缸裡，讓生命一醉而方休……六朝人的憂生，只是對於生命短暫的憂慮，並非對生命的價值和意義毀滅的絕望〔註78〕。

在張湛看來，這些行為都可以說是惑於天地常數：

> 郭象曰：若身是汝有，則美惡、死生當制之由汝。今氣聚而生，汝

〔註 76〕 《文選》，頁 974～977。
〔註 77〕 顏之推《顏氏家訓》（抱經堂校定本），頁 253～254。
〔註 78〕 《六朝社會文化心態》（文津，1996 年元月初版），頁 134～135。

不能禁也；氣散而死，汝不能止也。明其委結而自成，非汝之有也。
（〈天瑞〉「性命非汝有，是天地之委順也。」句下注）

生者不生而自生，故雖生而不知所以生。不知所以生，則生不可絕；
不知所以死，則死不可禦也。（〈天瑞〉：「生者，理之必終者也。終
者不得不終，亦如生者之不得不生」句下注）

張湛指出：追求不死與久生都是不可能的。因為，一切有形之物都是元氣聚集而成的。隨著元氣的散去，形體也將隨之毀滅。生死既是氣化的結果，而氣或聚或散是自然而然的，不假人為，不由我作主，因而，個體生命的毀滅正如新的生命誕生一樣，都是不可避免的。任何試圖逃避死亡的努力，都只能是徒勞。「生不可絕」，「死不可禦」，人對自己的存在與否並不具備選擇權。若樂生不欲死，而一氣散盡，無以存活；若痛不欲生，然一氣尚存，亦求死不能。況且：

人之神氣，與眾生不殊；所適者異，故形貌不一。是以榮啟期深測
倚伏之緣，洞識幽顯之驗，故忻過人形，兼得男貴，豈孟浪而言？
（〈天瑞〉：「天生萬物，唯人為貴。而吾得為人，是一樂也」句下注）

「人之神氣，與眾生不殊」，萬物與人同為一氣之所構，得以生而為人，是「此形貌」而非「彼形貌」，皆為偶然。生而為人，或為男身或為女身，不可預期。可見，非惟生死不由我，就是生命的型態亦非我所能決定。既然如此，〈楊朱篇〉進一步推論：「將死，則廢而任之，究其所之，以放於盡。」張湛注：「制不在我，則無所顧戀也。」人死後形體臭腐，失去知覺，自我不存，故無須多所顧戀。這樣的觀念自不會導出「厚葬」的結論〔註79〕。然而，雖沒有必要汲汲求生，鋪張後事，卻亦不必急著以自殺等方式提前結束此生。既然有了生命，就要放棄心志思慮，順從自然，直到老死。等到將死的時候，也要放棄心志思慮，順從自然，以至終了。不妄以心思的作用企圖左右生死，必能生時安生，死時安死。

〈楊朱〉篇說：「生非所生，死非所死；賢非所賢，愚非所愚，貴非所貴，賤非所賤。」，張湛注：「皆自然爾，非能之所為也。」由於一切生化都是自然現象，且吾身非吾有，乃天地之委形，生非貴之所能存，身非愛之所能厚，則生不在我，死也不由我，因此沒必要以人為的舉動去妄加改變。

〔註79〕「楊朱哲學」似不提「死後」之狀態。也許與其「貴生」之基礎有關。

　　一般人所珍重的莫甚於生命，因此，所憂慮的沒有比死更迫切。張湛相信：透過修養的工夫，人可以超越生與死的困苦，求得生命的根本解脫。爲了消除人們對生之執著，對死之焦慮，他企圖把人的有限生命納入自然的永恒軌道，藉以打破生與死間絕對對立的關係。他提出：生死皆是氣的聚散變化。陰陽和合則成此體、成此形。只是，有合則有散，既散之後，「我尚何存」？故不必堅持此形爲實有之我，貪戀現狀，妄想永遠保留。但因爲「死不永滅」，死亡不過是「反其眞宅」，返歸於宇宙之總體，藉一氣之轉，仍會延續另一形式之生。既然「死」和「生」一樣，都只是氣存在的不同形式，那麼應該生時安生，死時安死。循天理之自然，隨大化之流行，何往而不可哉？

　　從張湛本身的生死觀去了解就會發現，他對生死的看法，既不同於佛教的「輪迴觀」，也不同於儒家立德立功立言的「精神不朽觀」，而仍然只是道家的「生命轉化觀」。這種講法不能解釋形成個別差異的原由。它的好處是：人之神氣既與眾生不殊，則人與萬物拉平。不以萬物之主宰自居，而能與自然和諧共處。缺失則是：既然轉化爲人或爲任何一種形體、任何一種型態，皆非我所能控制，也沒有規則、因果可言，則如何能起勸善的作用？又如何能眞正消除對死亡的恐懼——如果人對下一次的生命型態沒有把握的話？但既然萬物一體，不分物我，則不論何種生命型態都沒有差別。至人抱道，對死生採取超然的達觀精神，不會偏愛此循環的某部分，而偏憎此循環的其他部分，故能隨物所化——化爲什麼，便安於是什麼。深信無論生爲何物，化作何獸何魚何蟲何鳥，均可適性暢遊；也不會戀慕生爲人或來生再作高等動物。在理論上還算可以自圓其說。

　　問題是：張湛「生命並不隨著死亡消失」的講法，是對「以生爲樂」的人而說的。以此生爲樂，才不希望死即是一切樂事的結束。然而，張湛卻又另闢蹊徑，以爲：人生苦多樂少，生不必優於死，故生亦不足惜，死亦不必懼，這是對「以生爲苦」的人說的。這兩種講法要同時並存會有問題〔註80〕。

〔註80〕　《列子》原文本身亦有難以統合之處。〈天瑞〉以宇宙論、本體論的氣化循環
　　　　　爲立論基礎，提出：生命不止於死亡。而〈楊朱〉卻認爲：死則身體臭腐，
　　　　　死後無知、無意志之自主。二者若合而觀之，則如果死不永滅，享樂又何必
　　　　　急在一時？《列子》本身所存在的矛盾，張湛顯然並未予以解決。見李增〈列
　　　　　子・天瑞、楊朱篇生死觀比較研究〉，《哲學年刊》第 10 期，民國 83 年 6 月，
　　　　　頁 2。

因為悲觀的人大可儘往壞處想。對「以此生為樂者」說生命會重來，他們大可質疑：真會重來嗎？如何證明？他們有不接受此種解釋的權利。如死後生命即告消失，則生之樂豈不隨之結束？相反地，如果諸受是苦，而死亡之後又會藉著轉化形式延續此一生命，豈不是不斷地重複此一受苦的過程？則即使死亡不必勝於生，首先生存就已失去樂趣了。這樣，則可怕的倒不是死亡，反而是生存？很容易讓人一抓住及時行樂的機會即緊握不放。這是他的理論必須解決的問題。

張湛又說：任何人「蘄不死」或「蘄久生」都是違背自然規律的願望和行為。因為，人的生命並不會因為自己情感上的不捨之情而免於一死，也不會因為對自己身體的刻意珍重就無限延長。既然人是生是死，壽命是長是短，都不是人的主觀努力所能左右，故人應該明白其理而無所顧戀。然而，對於生命固然不必執著，但也不必故意加以摧殘。如果人為地去減短自己的壽命，也是與情理有悖的。活著，聽任其活；死去，任由其死。既不求長生，亦不求速死，乃盡生之責，隨死之去耳。一切因任自然，不憂不懼，何患何失！

以筆者的眼光來看張湛的生死觀，總覺有所不足。因為道家固然花了很大的力氣想要解消人對死亡的恐懼——其理論都不是為了「不死」或「久生」，而是為了「不戚」。但只是「不戚」其實還是不夠的。因為，不論以「氣」或什麼別的作解釋，都不過是作者的「想像」或「信念」，而非究極的真實。至少，現代科學就以「物質」與「能量」涵括宇宙萬物。在今天，當我們研讀古代道家典籍，不再認同它們所說：生命是「一氣」之轉時，又該如何面對死亡的課題？筆者以為，對生死懷有一分好奇、欲探索其真相，固是人之常情，亦有其意義；只不過重點恐怕還是得擺在「如何過此一生」？無論生死的真相究竟如何？死後有無來生？此生何以以此種形式呈現？何以有此番遭遇？這一切終究都不是我們所能把握的；但即或不能知道答案，將《莊子》的話反過來說，即成了：「善吾死者，乃所以善吾生也」。無懼於死是一層；而若不曾認真地活過，臨死當然心有未甘、悔不當初。反之，惟有充其極地活過此生——活著的每一天，都只須為今日之生而生，且踏實而無愧地過，則即使此夜過後，死將來訪，或是在今日便可預知死期，臨死亦能了無遺憾。因為生命既圓滿俱足，更從何處感到有難填的缺陷，而生發超越於當下一境一物之上的神力的要求？這樣才有可能坦然面對生死。此孔子所以說：

「未知生，焉知死？」這是只重視生的當下意義與價值，而不關心死後如何。張載《西銘》所謂：「存，吾順事；沒，吾寧也。」意即在此，而不是直接把死亡說成不須畏懼即可。至於魏晉士人貪戀生命，想盡辦法加以延長。但有意義的生命，延長了也才有意義；至若醉生夢死、為非作歹者，雖長生何益？

第三節　聖　人

張湛在《列子注》中，討論到理想人格的內容，其中「聖人無夢」一項頗堪玩味。細思作者用心，似乎是：聖人無夢，而一般人會作夢，這也是聖人「高於常人」之處。然而聖人無夢，何以優於一般人有夢？或者這樣說：「無夢」可稱道之處安在？有夢又有何不是？本文擬以此問題為核心，兼採醫學與心理學相關知識進行探討，試圖理解張湛所謂「聖人無夢」，有著怎樣的意涵？

> 將明至理不可以情求，故寄之於夢。聖人無夢也。（〈黃帝〉「晝寢而夢」句下注）

> 真人無往不忘，乃當不眠，何夢之有？（〈周穆王〉：「古之真人，其覺自忘，其寢不夢；幾虛語哉？」句下注）

此處得到的唯一線索是：聖人「無往不忘」，所以不需睡眠，亦不會作夢。張湛認為聖人不會作夢，自然是著眼於夢的負面意義。先來看看：作夢代表哪些負面意義，來推測聖人不夢的原因。因為，如果作夢是「負面」的，而聖人被推為修養的最高境界，自然就不會有作夢的活動。而關鍵似乎就在此「忘」一字上。

一、去知去欲

夢是睡眠時精神活動的主觀體驗。所謂「日有所思，夜有所夢」，在白天，如果有某件事令我們留下深刻的印象，會在夜間的夢境中重現。可以說，夜間的夢大約是白天經驗和念頭的延續，而反映了人清醒時精神活動的一部分，其內容常和當天或前幾天發生的事相關。我們也就可以從晚上的夢境，大致推測白天的思想和生活。如《關尹子》就曾說：

> 〈五間〉：「夜之所夢，或長於夜，心無時；生於齊者，心之所見皆

　　　　齊國也。既而之宋之魏之晉之梁，心之所存各異，心無方。」〔註81〕

　　　　「捕蛇師心不怖蛇，彼雖夢蛇，而不怖畏。」〔註82〕

　　　〈六七〉：「好仁者多夢松柏桃李；好義者多夢兵刀金鐵。」〔註83〕

作夢的時間很短，不管人在這麼短的時間內能到達多遠的地方，「生於齊者，心之所見皆齊國也。」人的夢境奠基並受限於舊有的經驗，醒與夢並非兩個絕對不同的境界。這在夢學上是一個重要的認識。

　　然而，夢境未必都是當天發生的事，還可能經由聯想作用溯及過往。明代的唐順之說：

　　　　因羊而思馬，因馬而念車，因車而念蓋，故有因牧羊而夢鼓吹曲蓋
　　　　者矣。是非今日之想，實因於前日之想。

在多數的夢中都可以找到與自己的經驗及想法直接或間接相關的題材。也因此，晝想夜夢也是一般人最容易接受的一種夢觀。

　　提出「修養到最高境界的人不會作夢」的還有《莊子》，這個理論恐怕也是奠基於「晝想夜夢」的夢觀：

　　　　〈大宗師〉：「古之眞人，其寢不夢，其覺无憂，其食不甘，其息深
　　　　深。」

郭象的解釋是：「無意想也。」成玄英〈疏〉進一步解釋：「夢者，情意妄想也。而眞人無情慮，絕思想，故雖寢寐，寂泊而不夢，以至覺悟，常適而無憂也。」所謂「意想」是「情意妄想」、「情慮思想」。其中含「知」與「欲」兩個部分。

　　　　〈刻意〉：「聖人……其寢不夢，其覺无憂。其神純粹，其魂不罷。
　　　　虛恬淡，乃合天德。」

《疏》：「契眞，故凝寂而不夢；累盡，故常適而無憂也。」又說：「純粹者，不雜也。既無夢無憂，契眞合道，故其心神純粹而無閒雜也。」《疏》所謂「累盡」之「累」即指「知欲」之累。純粹不雜指無知欲的干擾之境界。

　　《列子‧周穆王篇》亦說：「古之眞人，其覺自忘，其寢不夢」。在現實上，如果白天有願望沒有達成，或有煩惱的事還沒有解決，到了晚上，即使

〔註81〕　《關尹子評註》（中國子學名著集成編印基金會，1978 年 12 月初版），頁
　　　　　128。
〔註82〕　同上，頁 139。
〔註83〕　同上，頁 147。

睡著了，還繼續勞神苦思，甚至在夢中想方設法，必欲得之、欲解決之才甘心。像《詩·關雎》的作者白天惦記著「窈窕淑女」，因此，在「琴瑟友之」之前，晚上便「悠哉悠哉，輾轉反側」、甚至「寤寐思服」〔註84〕。而聖人因已徹底去知去欲，精神純粹無雜念，不似這般多慮、多欲、多擾，就不會作夢：

> 不橫私天下之身，不橫私天下物者，其唯聖人乎！（〈楊朱〉：「知身不可私物不可有者，唯聖人可也。」句下注）

> 天下之身同之我身，天下之物同之我物，非至人如何？既覺私之爲非，又知公之爲是，故曰至至也。（〈楊朱〉：「公天下之身，公天下之物，其唯至人矣！此之謂至至者也。」句下注）

> 夫天地，萬物之都稱；萬物，天地之別名。雖復各私其身，理不相離；仞而有之，心之惑也。因此而言，夫天地委形，非我有也；飾愛色貌，矜伐智能，已爲惑矣。至於甚者，橫仞外物以爲己有，乃標名氏以自異，倚親族以自固，整章服以耀物，藉名位以動眾，封殖財貨，樹立權黨，終身欣玩，莫由自悟。故老子曰：「吾所以有大患，爲吾有身」；莊子曰：「百骸六藏，吾誰與爲親？」領斯旨也，則方寸與太虛齊空，形骸與萬物俱有也。（〈天瑞〉：「天地萬物不相離也；仞而有之，皆惑也。」句下注）

較量之心，人皆有之。聖人則廓大無私，泯除人我分別。因爲此身不過是「天地委形，非我有也」，故不須「橫私天下之身」。此即放下我執，不以我爲最貴。不以我爲最貴，則能視「天下之身同之我身」。視人如己，則「天下之物同之我物」。別人有此一物，我亦能歡喜讚歎，如同我有，而不必強烈地想「橫私天下物」、「橫仞外物以爲己有」，故曰「仞而有之，心之惑也」。

　　要達到這樣的境界，須經過「虛」的工夫。張湛所貴之「虛」，就是指無人爲之「自然」。所要「虛」掉的，不外乎「知」與「欲」。意即：吾人當驅除內心的雜念，甚至一切人爲有可能斲傷眞性的觀念，忘懷而靜守本心，才能使人眞正走向自然和超越。原來，人類爲求生存，必須儘量向外界搜羅材料以增廣見聞或自我防衛，或不斷地創造與發明。飢而欲食，寒而欲衣，亦是維護生存自然發展出來的機制。可見「知」與「欲」的作用皆有其必要性。

〔註84〕　《十三經注疏·詩經》，藝文印書館，頁21。

而人之所以不知足，目的實是爲了求「足」。所謂「足」乃是「欲求暢遂，不復感覺另有需求」的一種狀態，這種狀態使人感到圓滿無缺，欣快自得。當然人人想求，人人當求，毫無疑義。但是想要把「足」求之於外物的取得上，那便期期不可了。原來，非生理的後起要求，與生理的本然要求，有一個基本的不同之點，乃在前者愈是稀少而又眾人所同好者——老子所謂「難得之貨」，愈是令人企慕。而這樣的事物往往得來艱難費力。因此，在運用心知追逐所欲的過程，人很容易忘記：外物原應爲我所用，苟「求之於外」，內心因外物的觸發，貪欲糾纏，勞於取與，憂於得失，爲外物所拉扯，反過來被外物所控制，成爲物的奴隸而難以自拔。我之本然性分逐漸迷失，外競而內亡，便失去虛靜之道了。

> 夫心寂然無想者也。若橫生意慮，則失心之本矣。（〈仲尼〉「有意不心」句下注）

「心寂然無想」亦即不橫加意慮的作用。有所意慮，往往出於有所欲求。人之所求不過名與利——小至財貨之利、仁義之名，大至家國、天下。以名而言：

> 善用其力者，不用其力也。（〈仲尼〉：「以能用其力者也。」句下注）

> 孔力能舉門關而力名不聞者，不用其力也。（〈說符〉：「孔子之勁能拓國門之關，而不肯以力聞。」句下注）

> 公輸般善爲攻器，墨子設守能卻之，爲般所服。而不稱知兵者，不有其能也。（〈說符〉：「墨子爲守攻，公輸般服，而不肯以兵知。」句下注）

> 夫名者，因僞以求眞，假虛以招實，矯性而行之，有爲而爲之者，豈得無勤憂之弊邪？（〈楊朱〉：「名乃苦其身，燋其心」句下注）

> 凡貴名之所以生，必謂去彼而取此，是我而非物。今有無兩忘，萬異冥一，故謂之虛。虛既虛矣，貴賤之名，將何所生（〈天瑞〉：「虛者無貴也」句下注）

> 夫驕盈矜伐，鬼神人道之所不與；虛己以循理，天下之所樂推。以此而往，孰能距之？（〈黃帝〉：「行賢而去自賢之行，安往而不愛哉？」句下注）

這裡可以比較儒道兩家對「名」態度的差別。孔子雖不以力稱，不代表其籍

籍無名，只是其名不以力顯而已。比起道家，儒家還是要重「名」的，《論語‧衛靈公》說：「君子疾沒世而名不稱焉。」〔註85〕《史記‧伯夷列傳》贊文：「伯夷、叔齊雖賢，得夫子而名益彰；顏淵雖篤學，附驥尾而行益顯。巖穴之士，趣舍有時。若此類名堙滅而不稱。悲夫！」〔註86〕〈報任安書〉則說：「所以隱忍苟活，函於糞土之中而不辭者，恨私心有所不盡，鄙沒世而文彩不表於後也。」、「僕誠已著此書，藏之名山，傳之其人，通邑大都，則僕償前辱之責，雖萬被戮，豈有悔哉！」〔註87〕劉光義認為，這似乎是擔憂其著作行為，不能像伯夷、叔齊、顏淵諸人一般，得孔子而傳諸久遠〔註88〕？王曉毅亦指出：漢末清流為社會正義而捐軀時，並不是為了靈魂昇天，而是在為理想社會的奮鬥中名垂千古，精神不朽〔註89〕。例如范滂被捕時，他的母親就說：「汝今得與李、杜齊名，死亦何恨！」〔註90〕這種功名不朽的意識，容易使人趨向功利主義。《莊子》外雜篇即有兩處批評孔子好名。〈山木〉篇虛構賢人太公任慰問已捱餓一週的孔子：

> 直木先伐，甘井先竭。子其意者飾知以驚愚，脩身以明污，昭昭乎如揭日月而行，故不免也。昔吾聞之大成之人曰：「自伐者无功，功成者墮，名成者虧。」孰能去功與名而還與眾人！道流而不明，居得行而不名處；純純常常，乃比於狂；削迹捐勢，不為功名；是故无責於人，人亦无責焉。至人不聞，子何喜哉？

太公任批評孔子文飾智慧以驚世駭俗，修飾品行來烘托他人污濁，顯明昭彰，彷彿標舉日月來行動，因此遭罹禍患。他勸孔子記取老子的警句，拋棄功業和聲譽，回歸群眾，拋形舍相，捐棄勢位，問孔子道：「至德的人沒有聲譽，你為什麼這麼好名位呢？」此問顯示〈山木〉的作者認為孔子偏執名位。〈讓王〉篇敘述孔子在陳蔡邊境的窘況時亦有類似的微辭。然而，筆者認為，儒家之重名，還當與《左傳》：「大上有立德，其次有立功，其次有立言，雖久不廢，此之謂不朽。」〔註91〕的說法相配合。也就是說，其所欲立之名是有

〔註85〕　見《論語譯注》，頁173。
〔註86〕　見《史記會注考證》，頁849。
〔註87〕　《漢書》第九冊，頁2733、2735。
〔註88〕　見劉光義《司馬遷與老莊思想》（商務，民國81年9月第2版第1刷），頁77。
〔註89〕　見王曉毅《王弼評傳》（南京大學，民國85年2月第1刷），頁332。
〔註90〕　范曄《後漢書》（八）〈黨錮列傳〉（中華書局，1965年初版），頁2207。
〔註91〕　《十三經注疏》（十），頁609。

德之名、有功之名、有言之名。「名」只是附屬品,「德」、「功」、「言」才是重點。有限的生命莫不有消亡的一天,然而君子在世時不能毫無建樹,他對社會人群自有其應當擔負之責任。所立之德、功、言,正是他們所能留給後世最令人懷念的典範。且儒家不講「功成身退」,而講「舍我其誰」、「在其位謀其政」,還講「任重道遠」、「死而後已」。這種情形下,想要沒沒無名也不容易。是以當然也可以說:儒家比道家更放不開對名聲的執著,但是其所欲成就名聲之企圖,毋寧可視爲對社會的強烈使命感的一種反映。當然,一個儒生在立志的同時,可能要留意,不要忘記:「名」本身並不是目的,對社會人群的懷抱才是所當念茲在茲者。至若《世說新語‧尤悔》:「桓公臥語曰:『作此寂寂,將爲文、景所笑。』既而屈起坐曰:『既不能流芳後世,亦不足復遺臭萬載耶?』」〔註92〕桓溫志在北伐,收復河山,無奈世情偏安,眾議阻撓。展望未來,如果要切實掌握決策權與軍權,唯有顛覆政權,才能按計劃完成光復大業。這個願念驅動他克服內心的矛盾,敢於擺脫籍籍無爲的現在,硬起心腸廢黜晉帝,以實現他虎視中原的夢想。即使可能背負歷史上的臭名也在所不惜,則又是另一番氣象了。

反觀隱士多被歸爲道家。這些隱士生時隱姓埋名,即使留個名字,也無以瞭解他在社會上的功業和人際關係。甚至,他們也早就放棄了社會關係。若非如此,他們就不是隱士。《老子》三十九章明白講「至譽無譽」。由於道家以整個宇宙爲著眼點,胸懷擴至最寬廣的極限,所以沒有儒家的家庭倫理觀念,不以個人及家國的榮譽爲奮鬥的目標。不僅如孔子所謂「不患人之不己知」,而且由於理想是「相忘於道術」,更不會「患不知人」。相忘的精義正在不重視自己在他人心中的地位。縱使自己在對方心中毫不存在亦不介懷。可見已徹底破除自我中心的名譽執著。《莊子‧逍遙遊》:「聖人无名」、〈徐无鬼〉:「聖人并包天地,澤及天下,而不知其誰氏。是故生无爵,死无謚,實不聚,名不立,此之謂大人。」即以「無名」規定聖人。無名,猶言不立名,不立名就是功成不居。〈天地〉:「忘乎物,忘乎天,其名爲忘己。忘己之人,是之謂入於天。」但是老、莊又有一點不同。《老子》教人不自是、不自伐、不自矜,《莊子》只是強調無我,放棄自我中心主義,不像《老子》還關心不自矜伐的結果是「彰」、「有功」和「長」。

回到張湛原文。孔子不以力稱,墨子知兵之名不顯,非以其能力不足,

〔註92〕《諸子集成》第一集第六冊,頁240。

實因貴賤高下之名皆在紛爭中出現。貢高我慢的人，處處顯露出自己的才學比別人高一等。這種人往往讓人懾服於他巍巍然的外貌與才學，並使人依附於他。但以才貌自高，「貨輕者望利薄，任重者責功多。」〔註93〕別人將任之以事，責之以功，而外物之患至矣。《莊子・大宗師》：「行名失己，非士也；亡身不眞，非役人也。」「亡身不眞」即是受人惑、受人擺佈。成玄英疏：「矯行喪眞，求名亡己，斯乃受人驅役，焉能役人哉！」勞碌於假象的獲益，實際卻傷德害性，陷溺在憂患之中，紛紛攘攘，永無寧日，此其一。「必恆使物感己，則彼我之性動易之。」〔註94〕「小言細巧，易以感人，故爲人毒害也。」〔註95〕若因爲依附之人的頌揚媚惑，毒害心性〔註96〕，若因此而展現自尊自貴的態度，則受人厭棄，形身受累，此其二。自高往往好勝。好勝心一起，則強力作爲，損及本性。或私心用事，自我而外皆爲對敵，遂到處碰壁，爭鬥以興，此其三。悟道得道的人明虛靜之道，澹泊無爲，沒有矜夸於萬物之上的心，當然也就沒有尊卑貴賤的區分；不恃智逞能以受人親媚，也就不去爭外在的勝負；亦不靠虛僞的氣勢傲態使人心服。內修其本而不炫於外，偃其機智，大巧若拙，不求人知，故不可得而譽，此即「虛」之德也。「虛」豈可得而名哉？不與物競，不動性亂眞，才能不自外於人，而與物相合，不爲外物所困擾而保全形生。

人們在知與欲的驅使下追逐利益、貪圖享樂的時候，往往也伴隨著無止盡的爭鬥、拼搏。是以即使利益到手，禍患亦往往隨之而來。因爲，若是追逐外物，勢必要與人相爭。競爭心理並不完全是負面的。正如已故的歷史學家湯恩比所說的：

> 無知性的敵對行爲常引發武力的鬥爭，必須加以控制並遏止，因爲這些行動是屬於無知性的。然而，精神性的鬥爭，卻不可能被消滅，這是人類的原罪，因爲，競爭心理的產生，常爲推進人類文明的原動力，使人類爲追尋理想目標而努力〔註97〕。

然而，競爭不論得失成敗，都將與相爭者構成敵對的關係。即使己方獲勝，

〔註93〕〈黃帝〉：「彼將任我以事。而效我以功，吾是以驚。」句下注。

〔註94〕〈黃帝〉：「且必有感也，搖而本身，又無謂也。」句下注。

〔註95〕〈黃帝〉：「彼所小言，盡人毒也」句下注。

〔註96〕如《莊子・庚桑楚》南榮趎見老子，老子云：「子何與人偕來之眾也？」即爲名聲拘繫之意。

〔註97〕轉引自《認識你的頭腦》，頁90。

還有可能受到落敗的一方之嫉妒或報復，使生活充滿恐懼和憂慮。爲什麼要
爲這些身外之物損耗體力、消磨心神呢？

> 不與物競，則常處卑而守約也。（〈黃帝〉：「大白若辱，盛德若不足。」
> 句下注）

> 不與物競，則物不能加也。（〈黃帝〉：「柔，先出於己者」句下注）

> 處力競之地，物所不與也。（〈天瑞〉：「其在少壯，則血氣飄溢，欲
> 慮充起；物所攻焉，德故衰焉。」句下注）

> 已無競心，則物不與爭。（〈天瑞〉「其在老耄，則欲慮柔焉；體將休
> 焉，物莫先焉。」句下注）

> 自同於物，物所不惡也。（〈黃帝〉：「其反也，舍者與之爭席矣。」
> 句下注）

> 不勤行，則遺名譽；不競時，則無利欲。二者不存於胸中，則百年
> 之壽不折而自獲也。（〈天瑞〉：「少不勤行，長不競時，故能壽若此。」
> 句下注）

此是申述道家守柔、不爭、處下之旨。所謂柔弱，並非要我們眞正變得懦弱
無能，而是不可恃強凌物、強悍暴戾。不爭是不伸展一己的侵佔意欲〔註98〕。
處下含有謙虛容物的意思。都是教人內歛含藏、不顯露鋒芒。道家深明以柔
克剛、以弱制強的道理，最忌爭先逞強〔註99〕：

> 《老子》三十六章：「柔弱勝剛強」

> 四十三章：「天下之至柔，馳騁天下之至堅」

> 七十三章：「勇於敢則殺，勇於不敢則活。」

> 七十六章：「人之生也柔弱，其死也堅強；萬物草木之生也柔脆，其
> 死也枯槁。故堅強者死之徒，柔弱者生之徒。是以兵強則不勝，木
> 強則兵。強大處下，柔弱處上。」

> 七十八章：「天下莫柔弱於水，而攻堅強者莫之能勝，以其無以易

〔註98〕 這觀念主要也是針對統治者提出的，見《老莊新論》，頁 100。

〔註99〕 這種主張的前提是：人在下意識裡潛伏著嫉妒的心理。看到別人比自己好，
就有些不舒服。若盛氣凌人以待之，這些不舒服的心理就找到了傷害對方的
藉口。爲避開他人因嫉妒而打壓的惡果，所以不要爭勝、好強。若是，則道
家所要人返回的「自然」本性恐亦未必純善。

　　之。」

　　　　《莊子‧天下》：「堅則毀矣，銳則挫矣。」

道家相信：為人處事以強致禍，或以柔保福，對一個人的養生全身關係重大。
人不能避離世事，守柔並非消極行為。因為「處力競之地，物所不與也」。一
般人「與物競」，所競者不外乎名利。一旦置身名利場中，貪求取與，則不免
於傷物而自利。求之不得，則傷神毀性、終生擾攘。且競爭則有強有弱，剛
強者往往以求勝的心，先以比他弱者為對象，自恃超越對方，凶猛積極，強
欲有所作為，這種人「外以矜嚴服物，內實不足」〔註100〕「所勝在己下者耳」
〔註101〕雖可以勝過不如自己的人，然而，強外有強，若遇到更強者時，「遇敵
必險之也」〔註102〕因為顯露突出，所以當外力逼近的時候，便首當其衝了。
《老子》第九章所謂「揣而挽之，不可長保」。就是指：才能外顯容易招忌而
遭致陷害，可見強者不必常勝。反之，柔弱者「知其雄，守其雌」，讓其他人
都超越在自己的前面，也就是「處卑守約」的意思。其所計慮者，先以在他
以上之強者為對象，看待大家都比自己強，自認為不如，「不與物競」、「自同
於物」，歛藏於內，設法避其鋒芒，「非但己無心，乃使外物不生心。」〔註103〕
以其一無所爭，故「物不與爭」。使對方雖有力而無所用，則「物不能加」，
就不會遭到外力的干預與較量，故得安全無殆，則不敗而常勝，反而勝過高
於自己的人，故強。此中的分際，就在強者爭先，柔者無爭。以強為用，若
遇對敵，則兩剛相逢必折；以弱為用，則含蓄而能伸縮，其力不可量。張湛
因此說：「守柔不以求剛而自剛，保弱不以求彊而自彊，故剛彊者，非欲之所
能致也。」〔註104〕因此，「禍福生於所積也」〔註105〕只有積無限的柔弱，才
是真正的剛強。觀其所積，即知其勝敗。

　　今天檢討道家的柔弱哲學，可以質疑的是：道家用以支撐柔弱勝剛強的
論據說服力不夠。道家每從柔弱的水可以沖激任何堅強的東西，因而推論出
柔弱勝剛強的結論來。這是所謂「選擇性的證據」，即所謂部分不能代表全
部。因為一切足以攻堅克強之物，固然似乎都無法勝過柔弱之水，但若進而

〔註100〕　〈黃帝〉：「以外鎮人心」句下注。
〔註101〕　〈黃帝〉：「彊，先不己若者」句下注。
〔註102〕　〈黃帝〉：「先不己若者，至於若己，則殆矣」句下注。
〔註103〕　〈黃帝〉：「異難無敢應者，反走耳」句下注。
〔註104〕　〈黃帝〉：「欲剛，必以柔守之；欲彊，必以弱保之。」句下注。
〔註105〕　〈黃帝〉：「積於柔必剛，積於弱必彊。觀其所積，以知禍福之鄉。」句下注。

以爲「弱必勝強，柔必克剛」爲放諸四海而皆準之眞理，則是以部分事項肯定爲恒久不易的常經。因爲現實中，同樣可以隨意找出許多堅強勝過柔弱的例子，比方堅硬的鐵錘可以擊碎任何柔弱的東西，則能不能因此而推論出「剛強勝柔弱」的結論？當然，道家的用意是在經驗世界中找尋支持理論的證據，其重點也只是在：使人們了解柔弱之道的不可輕侮而已。儘管這些論據無法保證他的結論之必然性，然而並無礙於他的道理還是可以在經驗世界中運用。

此外，《荀子》批評《老子》「有見於詘，無見於信」，以爲《老子》的思想只見到人生行事中「屈」的一面〔註106〕。一般人也認爲，在《老子》所建構的世界中，人們固然可獲得心靈的平和寧靜，然若長期浸染於這種思想的氣氛中，久而久之，多少會侵蝕人奮發向上的決心和勇氣，也會減損人的創造力。

然而，首先要說明的是，《老子》「柔弱」的主張主要是針對於「逞強」所導致的禍患而提出的。他教人「利物而不爭」、「爲而不爭」，可見「不爭」並不是放棄一切人事，也不是逃離社會或遁入山林，他仍要人去「爲」，而且所「爲」要能「利萬物」。「爲」是順著自然的情狀去發揮人爲的努力，而人爲努力所得來的成果，卻不必擅據爲己有。這種利萬物而不與人爭奪功名的精神，也可說是一種偉大的道德情操。《老子》所說的「功成而弗居」、「功成而不有」、「功成事遂身退」，都是這種「不爭」思想的引申。由此推知《老子》「謙退」、「居後」的觀念都是蘊含在這種「不爭」的思想裡面，主要目的乃在於消弭人類的佔有衝動。另外，嚴幾道對《老子》二十八章的評點是：「守柔者必知其雄，守黑者知其白，守辱者必知其榮，否則，雌矣黑矣辱矣……今之用老者，只知有後一句，不知其命脈在前一句也。」凡道家用反、取弱等正言若反的說詞，都是爲了破執的方便說法，不可執著表面的意思，而說道家過分強調柔弱的價值，忽視了還應另有直道而行的一面。事實上，道家不爲沉濁所染，不爲欲望所拘，所謂「無欲則剛」，是以它所謂柔弱，實仍以剛強爲其基砥。如莊子拒楚王之聘，是避世，是柔；但能毅然如此，無所顧惜，何嘗又不是剛？

〔註106〕 見《荀子集解》，頁213。看來荀子似乎是以「伸」自居。因此，荀子對《老子》的批評，一方面是他從客觀的立場上認識了《老子》思想的缺點；另一方面，也是他從主觀的立場上，以自己本身的學術思想爲出發點而作出的批評。

以項羽和劉邦爲例。劉邦最大的長處恐怕就是善於自制。《漢書・高帝紀上》說他本性「好酒及色」，但進軍咸陽之後，因張良、樊噲之諫，「珍物無所取，婦女無所幸」〔註107〕符合《老子》三十三章所謂的「自勝者強」。在不敵項羽之時，低聲下氣，賠盡小心，不與項羽發生衝突。入關中之後，燒絕棧道，示無還心，此則符合《老子》「曲則全」之旨。繼則棄關東給韓信、黥布，以樹項羽之死敵。本和項羽約定中分天下，鴻溝以東歸楚，以西歸漢，項羽則歸還劉邦父母妻子。約定之後，項羽引兵而東，而劉邦則採納張良、陳平的建議，從後麾兵追殺。等時機成熟了，力量壯大了，則在垓下一舉擊滅項羽。司馬遷對此有所發攄。《史記・項羽本紀》贊：「吾聞之周生，曰：『舜目蓋重瞳子。』又聞項羽亦重瞳子。羽豈其苗裔邪？何興之暴也？」司馬遷說項羽發展得太快。怎麼說呢？「羽非有尺寸，乘勢起隴畝之中，三年遂將五諸侯滅秦，分裂天下而封王侯，政由羽出，號爲霸王。位雖不終，近古以來未嘗有也。」〔註108〕〈黥布列傳〉中，司馬遷也說黥布：「身被刑法，何其拔興之暴也！」〔註109〕這種立論的基礎，或許即是《老子》二十三章所說的：「飄風不終朝，驟雨不終日。」王弼注：「言暴疾，美興不長也。」項羽和黥布失敗的原因，除了「興之暴」以外，自矜自伐、自我表現——這是道家的大忌——也是主要原因。史遷說項羽：「自矜功伐，奮其師智而不師古。謂霸王之業，欲以力征經營天下。五年卒亡其國，身死東城，尚不覺寤。」黥布則是：「項氏之所阬殺人以千萬數，而布常爲首虐，功冠諸侯，用此得王。」項氏殺人千萬，而黥布是「首虐」，和他的「功冠諸侯」，都是自我表現。黥布同時也是楚漢相爭時荼毒天下的主要幫凶。也是藉「自矜功伐」的方式得王，故「不免於身爲世大僇。」

漢高祖初有天下，因異姓功臣功高震主，地大兵強。高祖懼其威脅而誅戮功臣，封同姓子弟，原意在使他們屏藩王室。藩輔跋扈，尾大不掉，成於文帝之時。賈誼主張「眾建諸侯而少其力」，行之以漸。錯不此爲，而主張削藩，因而引發七國之亂，景帝遂斬晁錯於東市。晁錯的死，第一個促成的人物是袁盎。袁盎於大臣間，也總是出頭諫君的第一人。〈吳王濞列傳〉說晁錯和袁盎的悲慘下場是因爲：「晁錯爲國遠慮，禍反近身；袁盎權說，初寵

〔註107〕《漢書》（一），頁2、24。
〔註108〕見《史記會注考證》，頁158。
〔註109〕同上，頁1063。

後辱……毋爲權首，反受其咎，豈盎、錯邪？」〔註110〕〈淮陰侯列傳〉：「假令韓信學道，謙讓、不伐己功、不矜其能，則庶幾哉！於漢家勳可以比周、召、太公之徒，後世血食矣。」〔註111〕又〈絳侯世家〉：「亞夫之用兵，持威重，執堅刃，穰苴曷有加焉！足己而不學，守節不遜，終以窮困。悲夫！」〔註112〕《老子》二十八章：「知其雄，守其雌，爲天下谿……知其白，守其辱，爲天下谷。」六十七章：「我有三寶……不敢爲天下先……故能成器長……舍後且先，死矣」《莊子·天下》：「以濡弱謙下爲表」「人皆取先，己獨取後，曰受天下之垢。」「常寬容於物，不削於人，可謂至極。」亞夫「足己」，則和「以濡弱謙下爲表」相違；亞夫「不遜」，則和守雌、守後、居下之旨相違。

反觀〈留侯世家〉記張良助高祖平定天下後向高祖表明心跡：「家世相韓，及韓滅，不愛萬金之資，爲韓報讎強秦，天下振動。今以三寸舌，爲帝者師，封萬戶，位列侯。此布衣之極，於良足矣。願棄人閒事，欲從赤松子遊耳！」史載他從圯上老人處得「太公兵法」，張良以之說沛公，沛公善之，常用其策。他所研究的太公兵法，在《漢志》中屬道家類。可見他功成身退、知足不辱的精神是取自道家。在漢初功臣中，他也因此得以全身而退。《莊子·山木》早警告人「直木先伐，甘井先竭」，是以道家處世，是以「吾行郤曲」、「无傷吾足」爲原則〔註113〕。

由此觀之，所謂「不爭」並非一無所爭。即若劉邦、張良果無爭邪？而要看所爭爲何？和誰爭？在什麼時機爭？如何爭？劉邦與項羽爭的是天下，張良爲韓報秦，爭的是一口氣。劉邦在實力不如人的時候「柔弱處下」，正是「以不爭爭之」。換言之，不是爭一時，而是爭千秋。則道家的柔弱，原只是實際對應事物時的一種姿態，不能視之爲恒常的狀態。

《老子》四十四章：「名與身孰親？身與貨孰多？得與亡孰病？是故甚愛必大費，多藏必厚亡。知足不辱，知止不殆，可以長久。」人的欲望是無止境的，只要「欲得」的念頭一起，便永無滿足之日。這並不是說一個念頭永遠不能滿足，而是這一個念頭才一滿足，便又引起其他許多繼起的要求，而

〔註110〕同上，頁1165。

〔註111〕同註26，頁1074。

〔註112〕同上，頁824。

〔註113〕《莊子·天下》論老子曰：「人皆求福，己獨曲全，曰苟免於咎」當即出自《老子》二十二章。見《老子釋義》，頁93。

生出許多新的不滿足。《韓非子·喻老》：

> 昔者紂爲象箸，而箕子怖。以爲象箸必不加於土鉶，必將犀玉之杯。象箸玉杯，必不羹菽藿，則必旄象豹胎。旄象豹胎，必不衣短褐而食於茅屋之下，則錦衣九重、廣室高臺。吾畏其卒，故怖其始 〔註114〕。

說的就是這個道理。惟有一反於道，對外物不期慕，面對一切名利財貨，才能「不動心」。能不受外在的誘惑紛擾，內心自然保持平靜。看到別人擁有這些東西時，也不會怨恨或自傷自憐。一以本身最基本的需求相足相安，才能得到真正的「足」。內心既已知足，那空虛不足之感便無從產生了。不去追逐外物，不僅止於心靈的寧靜，也沒有困身勞體之苦。一切行止語默，便無須考慮如何去配合追逐外物的目的，因此可以聽任自然，安閒自在。

　　要做到這樣，首先，當外物出現、誘惑來臨時，我們的內心應該保持冷靜，絕不可敏感地立即傾身攫取。仔細考慮：果真追逐，會受到多少阻撓？要付出多大代價？即令到手，究竟真有什麼好處？縱有好處，又能維持多久？……真能冷靜下來這樣思考，恐怕很難有人會再對外在的誘惑妄事追逐了。張湛說：

> （大人）以天地爲一朝，億代爲瞬息；忘懷以造事，無心而爲功；在我之與在彼，在身之與在人，弗覺其殊別，莫知其先後。（〈湯問〉
> 「自此，冀之南、漢之陰無隴斷焉。」句下注）

急於爭勝則氣神不寧，如此德行不備，當然只有靠虛僞的外在假象而已。氣度恢宏的人，把天地看成一朝，一億代看成一眨眼的時間。拋卻目的來做事，不刻意造作地施爲作功。是我還是他人，不覺得有什麼不同，不知道誰先誰後。心平氣和，守住純淨之氣。無嗜欲之亂心、則不須強求，亦不用智巧去謀畫。順性而不爭，則不爲外物累害，如此則得以保有形神，又怎會日思夜想、唯恐求之不得？

二、自然無爲

　　十九世紀末的佛洛伊德相信，夢是潛意識心靈的演出。夢的內容常與清醒時實際發生或心裡所想的事有關。因此，夢中所出現的事物或景象，即使是表面上看來似乎無關緊要的瑣事，會引發夢境，常是因爲它勾起作夢者某

〔註114〕見《韓非子集解》（二），頁38。

方面根深蒂固的心理衝突，而與他從小人格發展上或多或少存在的問題或心中對之頗具情感的事物有關。如果了解潛意識運作的機轉，就能找出在個人成長過程中所累積的「情結」。因此，他分析夢境，常努力在夢中尋找其性格的痕跡，而追溯至童年的經驗〔註 115〕。

至於引發夢境的心理衝突從何而來？他早年認為，這是長久以來未能得到滿足的願望作祟的結果，所以他提出：作夢是為了滿足我們的願望，特別是潛意識的願望。因為，情緒的困擾會干擾睡眠，如能在夢中加以滿足，就能繼續安睡〔註 116〕。下面就以這個圖來說明：

願望大抵分為兩類：一是自己的道德意識所允許的願望。這類願望與「晝想夜夢」一般，是白天念頭的延續，在夢中通常直接呈現，也能獲得滿足，如想發財、想金榜題名〔註 117〕……等等。另一類是自己的道德意識所不允許的、非理性的願望——佛洛伊德稱之為「潛意識的願望」，如：攻擊、亂倫等。這類願望，在人們清醒時，在理性與羞恥心的拘管下不會去縱容。而即使在夢中，也為作夢者的道德意識所不允許。想在夢中得到滿足，必須加以偽裝，方能通過道德意識的「審查」而浮現夢境。所謂「偽裝」，最重要的是「象徵」作用——象徵作用通常和當事者過去的經驗很有關係。佛洛伊德說：「夢利用象徵來表達其偽裝的隱匿思想。」他的弟子瓊斯說得更明白：「只有遭受壓抑的才會被象徵化，也才需要象徵。」〔註 118〕然而，並非所有的願望在夢中都能得到滿足，潛意識中亦含有懲罰自己的願望，這一類的夢則大多令人不快。

一般而言，生活中有較大壓力、困擾或挫折，特別是遭受重大刺激或心理衝突時，不僅需要「睡眠」的時間會增加，「作夢」的需要也跟著增加。處

〔註 115〕見洪祖培・林克明主編《睡眠及其障礙》（水牛，1976 年 4 月初版），頁 100。
〔註 116〕同上，頁 101。
〔註 117〕如著名的「南柯一夢」等故事，見史仲文主編《中國文言小說百部經典》第 12 冊，北京出版社，2000 年初版，頁 3919。
〔註 118〕見王溢嘉《夜間風景——夢》（野鵝出版社，民國 82 年 2 月 3 版），頁 53。

於此種狀態的人似乎需作更多的夢來「反映」或「對應」困擾帶給生活的壓力。佛洛伊德解釋說，這些反覆出現的逼真惡夢「乃是試圖藉憂慮的滋長來恢復對刺激的控制能力」。當事者在夢中架構惡劣的情境，重新面對它，試圖加以控制而自行進行心靈治療〔註119〕。對照張湛的聖人：

> 聖人之無憂，常流所不及（〈仲尼〉：「子貢不敢問（孔子）」句下注）

> 夫虛靜之理，非心慮之表，形骸之外；求而得之，即我之性。內安諸己，則自然眞全矣。故物所以全者，皆由虛靜，故得其所安；所以敗者，皆由動求，故失其所處。（〈天瑞〉：「莫如靜，莫如虛。靜也虛也，得其居矣；取也與也，失其所矣」句下注）

依佛洛伊德的理論，壓抑欲望亦將造成不健康的心理。照這種講法，則放縱欲望是否即符合道家所講的「自然」？道家的觀念是：行事須順從天命，通達自然原理，以期不因強求而傷生。《世說新語・文學》第七十六則注引〈（郭）璞別傳〉：

> 璞奇博多通，文藻粲麗，才學賞豫，足參上流。其詩賦誄頌，並傳於世，而訥於言。造次詠語，常人無異。又不持儀檢，形質頹索，縱情嫚惰，時有醉飽之失。友人干令升戒之曰：「此伐性之斧也。」
>
> 璞曰：「吾所受有分，恒恐用之不盡，豈酒色之所能害？」〔註120〕

干令升要郭璞戒酒遠色，說這兩者是斫伐生命的利斧，郭璞卻說自己「恒恐用之不盡」，因爲他認爲：一天有酒有性的享受，就眞切地擁有了一天的生命樂趣，追求都唯恐不及了，不信酒色能害性。《晉書・列傳》第十九卷〈謝鯤傳〉：

> 謝鯤字幼輿，陳國陽夏人也……鄰家高氏女有美色，鯤嘗挑之，女投梭，折其兩齒。時人爲之語曰：「任達不已，幼輿折齒。」鯤聞之，傲然長嘯曰：「猶不廢我嘯歌。」〔註121〕

風流的謝鯤調情不成，反遭鄰家女向他丟擲飛梭，致折斷了兩顆牙齒。這種情況若是發生在一般人身上，恐怕大多會倍感羞慚，愧於見人。但謝鯤卻仍大言不慚地說：「無傷，我還是可以照常嘯歌！」又〈畢卓傳〉：

> 畢卓字茂世，新蔡銅陽人也……太興末，爲吏部郎，常飲酒廢職，

〔註119〕同上，頁129。
〔註120〕《諸子集成》第一集第六冊，頁65。
〔註121〕《晉書》，頁1377。

> 比舍郎釀熟，卓因醉，夜至其甕間盜飲之，爲掌酒者所縛。明旦視
> 之，乃畢吏部也，遽釋其縛。卓遂引主人宴於甕側，致醉而去。卓
> 嘗謂人曰：「得酒滿數百斛船，四時甘味置兩頭，右手持酒杯，左手
> 持蟹螯，拍浮酒船中，便足了一生矣。」〔註122〕

畢卓「右手持酒盃，左手持蟹螯，拍浮酒船中，便足了一生」，生動地勾勒出
這種曠懷求醉的享樂生命觀。〈光逸傳〉：

> 光逸字孟祖，樂安人也。初爲博昌小吏，縣令使逸送客，冒寒，舉
> 體凍溼，還，遇令不在，逸解衣炙之，入令被中臥。令還，大怒，
> 將加嚴罰。逸曰：「家貧衣單，沾溼無可代。若不暫溫，勢必凍死，
> 奈何惜一被而殺一人乎！君子仁愛，必不爾也，故寢而不疑。」令
> 奇而釋之……尋以世難，避亂渡江，復依輔之。初至，屬輔之，與
> 謝鯤、阮放、畢卓、羊曼、桓彝、阮孚，散髮裸袒，閉室酣飲，已
> 累日，逸將排戶入，守者不聽，逸便於戶外脫衣露頭，於狗竇中窺
> 之而大叫。輔之驚曰：「他人決不能爾，必我孟祖也。」遽呼入，遂
> 與飲，不捨晝夜。時人謂之八達〔註123〕。

光逸爲了保全身軀，自行鑽入縣令的被窩中取暖。理學高儒恐怕要大呼：「餓
死事小，失節事大」了。歷史上眾所指責的「脫衣露頭，於狗竇中窺之而大
叫」的行爲，及「散髮裸袒，閉室酣飲」的狂歡舉止，其目的並不是爲了褻
瀆道德，荼毒倫理，而只是自顧自地尋歡作樂，且他們酣飲時猶「閉室」，並
非存心公然挑釁社會秩序。

由以上這些例子可以明顯看出魏晉人嶄新奇特的享樂生命觀。論者自可
以由不同的立場來加以鞭笞撻伐，說他們追求的只是短暫的快樂，而非眞實
的幸福。畢竟逍遙不是一事一時一地的快意，而是內足於己、外冥乎物的調
暢逸豫，無待無囿的自由之謂；或說他們沒有理想，只是病態云云……但是
魏晉士人自身亦有其立場，不必符合社會的評判標準。儘管七賢、八達等人
的歡樂，只是如《莊子·大宗師》所謂的「相呴以濕，相濡以沫」般強顏歡笑，
但他們難道不知另有「相忘乎江湖」的境界可以追求？從樂生的立場出發，
魏晉名士的狂放行爲，不過是想在短暫的一生中，抓住現在，肯定自我，這
聊寄一笑的無奈只能視爲歷史的憂傷了。

〔註122〕 《晉書》，頁 1381。
〔註123〕 《晉書》，頁 1384。

　　當然，從高達處看，這些人為了規避籠罩在世俗生活之上的精神羅網，遺落世事，縱情越禮。若以道化流行的渾知為衡量的標準，不為外物所牽累，使自己從心而動，從性而游，向上提昇，屏除一切差別相，可達老莊「致虛極，守靜篤」逍遙無待的境界。但若進一步探討，人習慣將符合自己利益的觀念奉為真理。養生全生固然重要，然而，外物可以養生存我，卻不可執著佔有。如果理智全為情感控制，行動只是受興致支配，敗壞自我明覺的德性，一直在生理上牽連羈絆，美其名為順從自然，察其實則放縱慾望。沉溺官能享樂既久，自然的和諧遭到人為的破壞。靈魂飽受羈靡、驚懼和倦怠，久而久之，下墮到快樂放蕩的頹廢行為，屬於純然物性的層次，麻木不仁，靈明盡失，此又違道家清靜無為之旨。稱此為「自然」，恐亦只是曲意附會而已〔註124〕。倒不如說，他們僅是在現實利害的對待下，選擇了愛好自由，不拘形骸的放浪色彩。聖人不獨不麻木，其作用是極為靈敏的，《莊子‧養生主》所謂：「方今之時，臣以神遇而不以目視，官知止而神欲行」。向秀注：「專所司察而後動，謂之官知。從手放意，無心而得，謂之神欲。」如此，聖人已超越官能，其作用不可測、不可限。首先必須透過去「知」的工夫，達到無是無非的境地。以〈黃帝〉第三則列子師老商氏的修養進程為例：

> 實懷利害而不敢言，此匿怨藏情者也，故睇之而已（「心不敢念是非，口不敢言利害，始得夫子一睇而已」句下注）
>
> 是非利害，世間之常理；任心之所念，任口之所言，而無矜吝於胸懷，內外如一，不猶踰於匿而不顯哉？欣其一致，聊寄笑焉。（「心庚念是非，口庚言利害，夫子始一解顏而笑」句下注）
>
> 夫心者何？寂然而無意想也；口者何？默然而自吐納也。若順心之極，則無是非；任口之理，則無利害。道契師友，同位比肩，故其宜耳。（「從心之所念，庚無是非；從口之所言，庚無利害，夫子始一引吾并席而坐」句下注）
>
> 心既無念，口既無違，故能恣其所念，縱其所言。體道窮宗，為世津梁。終日念而非我念，終日言而非我言。若以無念為念，無言為言，未造於極也。所謂無為而無不為者如斯，則彼此之異，於何而

─────────────

〔註124〕筆者在〈結論〉中言及張湛「自然」多義。依此檢定這些人的行為，或流於矯揉，或流於佚蕩，即連「萬物真樸的本性」都稱不上，遑論「理想的境界」──無為？是以不能輕易許以「自然」。

求？師資之義，將何所施？故曰內外盡矣。（「橫心之所念，橫口之所言，亦不知我之是非利害歟，亦不知彼之是非利害歟；亦不知夫子之為我師，若人之為我友：內外進矣。」句下注）

夫眼、耳、鼻、口，各有攸司。今神凝形廢，無待於外，則視聽不資眼、耳，臭味不賴鼻、口，故六藏七孔，四肢百節，塊然尸居，同為一物，則形奚所倚？足奚所履？我之乘風，風之乘我，孰能辨也？（〈黃帝〉：「而後眼如耳，耳如鼻，鼻如口，無不同也。心凝形釋，骨肉都融；不覺形之所倚，足之所履，隨風東西，猶木葉幹殼。竟不知風乘我邪？我乘風乎？」句下注）

剛開始的時候，列子心中還存有是非利害的區別，只是隱藏而不敢表現出來而已。接著，以是非利害為「世間之常理」，按照心與口的本質行事，不再刻意壓抑區分是非利害的念頭。既對是非之分無所介懷，則心裡有是念，口中如是說，「內外如一」。這時，就已不是強行束縛自己的是非利害之心〔註125〕，而是心中不復存在是非利害。世俗的觀念逐步消解，開始進入超然的意境。老商氏以為「踰於垣而不顯」。然後，透過修養的工夫，自然地不作世間是非利害的區分，心既「寂然而無意想」，則所言亦無復區分是非利害之論。能如此，則不須刻意拘管所念、所言，而能「以無念為念，無言為言」。整天在想，思慮中卻沒有主觀的造作；整天在說，卻不曾刻意去說什麼，而是出於自然。光是這樣還不夠，待「神凝形廢，無待於外」，六藏七孔、四肢百節皆混而為一，是以視聽可以不資眼耳，臭味可以不賴鼻口，形軀不受任何限制，進而與外物混同。

　　至於欲望方面，我們有「追求」某物的自由，也有「擺脫」某物的自由。基本上，道家的修養是從有到無、「自覺地拋棄」的一種過程：

學者，所以求復其初。（〈天瑞〉「子貢倦於學，告仲尼曰：『願有所息。』」句下注）

任其真素，則所遇而安也（〈黃帝〉：「吾生於陵而安於陵，故也」句下注）〔註126〕

〔註125〕道家講「無己」，儒家講「克己」，這正是兩家精神的不同處。用「克己」，則有黏縛之感，「克己」多從克欲處下工夫，其結果長期在欲念的絞纏中打轉，常弄得人生乾枯蔽陋，朱熹一派的道家味就是這種情況下的自然發展。

〔註126〕道家理想的聖人，不止於自己去知去欲，還能使天下人皆去知去欲，《老子》

「復其初」的「初」即指人素樸的本來面目，即第二句的「真素」。《老子》十章：「專氣致柔，能嬰兒乎？」弼注：「任自然之氣，致至柔之和，能若嬰兒之無所欲乎？則物全而性得矣。」二十章：「如嬰兒之未孩」，弼注曰：「無形之可名，無兆之可舉，如嬰兒之未能孩也」河上公注曰：「如小兒未能答偶人之時」未能答偶人，即尚未與人事相接；另如二十八章：「復歸於嬰兒。」弼注：「嬰兒不用智，而合自然之智。」、五十五章：「含德之厚，比於赤子。」弼注：「赤子無求無欲，不犯眾物。」

綜合以上的說法，主要是因為嬰兒未涉人事，故「無智無欲」，沒有什麼心機，未有作為罪惡根源的財色權勢諸欲望，更沒有為了滿足欲望而表現的荒誕矯飾與使出的卑鄙手段。是以雖不見什麼善行，但天賦的淳樸本性含藏深厚，未受智欲的簸弄而喪失，其德卻是完美無虧的。在這個寧靜的世界中，一切都出於自然，一如渾沌之七竅未開。七竅既鑿，即和這個繽紛雜沓的世界相接觸，其結果難免如《莊子‧齊物論》所言：「與接為構，日以心鬥」。知和欲跟著發達起來，並且越來越熾烈，如果沒有及時自覺而任其播蕩，必致師心自用、矯揉造作而失去了自然。相對地，德也就逐漸淪沒，以至於散失了。很顯然是知和欲破壞了生命內部的和諧，才使自然的秩序失去了平衡。因此老子所諄諄告誡的，就是要棄知去欲。老子稱之為「損之又損」——把知欲一層一層地損去。損到什麼程度呢？損到「無為」無止。無為就是不存心造作，恢復了自然。在損之又損的過程中，知和欲逐漸瓦解；相對地，德就逐漸浮現。當德完整無虧地浮現，知和欲就減到恰足以維持生命的基本限度之內，於是生命又恢復到各自圓滿具足的嬰兒世界，這是一個自然的世界，這樣叫做「復歸於嬰兒」。與「嬰兒」意義相當的還有「樸」。二十八章：「復

三章：「不尚賢，使民不爭；不貴難得之貨，使民不為盜；不見可欲，使民心不亂。是以聖人之治，虛其心，實其腹，弱其志，強其骨。常使民無知無欲，使夫智者不敢為也，為無為，則無不治。」四十九章：「聖人在天下，歙歙焉，為天下渾其心，百姓皆注其耳目，天下皆孩之。」五十七章：「我無為而民自化，我好靜而民自正，我無事而民自富，我無欲而民自樸」六十五章：「古之善為道者，非以明民，將以愚之。民之難治，以其智多。故以智治國國之賊；不以智治國國之福。」這並不是要百姓皆愚，我獨聰明；而是率天下之民去知去欲，而恢復其素樸的本性。見司修武《黃老學說與漢初政治平議》學生，民國81年6月初版），頁9。朱謙之說：「蓋老子所謂古之善為道者，乃率民相安於悶悶淄淄之天，先自全其愚人之心，乃推以自全者全人耳。」見《老子釋義》，頁264，這一點張湛並未加以強調。

歸於樸」「樸」，《說文》：「木素也。」指未經加工成器的原木。人類的原始狀態是嬰兒，木器的原始狀態是樸。原木一旦加工，便成為精雕細琢的各種器物，即所謂「樸散則為器」，所以要「復歸於樸」。嬰兒長大，知欲發達，德遂離散，故老子教人要「復歸於嬰兒」。老子復歸的思想乃就人的內在之主體性、實踐性這一方向作復歸。老子認為初、始都是好的，嬰兒含德深厚，樸素保持本真，而人生道德修養的極致，也不過合於初始的狀態而已。只不過，聖人的童心，早已不是呱呱墜地時那個最原始的幼弱的赤子之心，而是以柔弱勝剛強，禁得起考驗，抵得住磨鍊，而仍然不被世俗泯滅的童心。《莊子・天地》：「泰初有无，无有无名；一之所起，有一而未形。物得以生，謂之德；未形者有分，且然无閒，謂之命；留動而生物，物成生理，謂之形；形體保神，各有儀則，謂之性。性脩反德，德至同於初。」所展開的「復初」的主張，也表達了同樣的概念。萬物得混一的「道」以生便是「德」，陰陽二氣運動即產生萬物。萬物的形體保其精神，各有軌則叫做「性」。性經過修養再返回「德」。性修養到了極致，就和本初的狀態相同。〈繕性〉描述「德」一步步下衰的過程，也是教人「反一无迹」。總之，老莊都以「道」為宇宙萬物的根源，每個人都從道那裡稟受了道之一體，即「德」。每個人都可以憑自己的德，而上達於道，以體現完美的人生境界。這即是道家「復本返初」主張的思想基礎。

圖 4-2　古籍提到的上古首領（箭頭方向表示時間由早到晚）

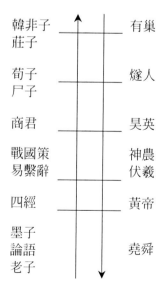

「復初」的思想與「崇古」密切相關，這就不是道家的專利品了。先秦典籍每推崇古早淳樸的民風，而且，愈晚出的典籍反而追溯得愈早。《老子》、《論語》、《墨子》提到堯舜；《四經》提到黃帝；《易·繫辭》與《戰國策》提到神農氏與伏羲氏；《商君書》提到昊英；《尸子》、《管子》與《荀子》提到燧人氏；《莊子》與《韓非子》提到有巢氏等。這個古史系統的造說，即是基於「上古時期是人類的黃金時代，後來的歷史世風日趨衰薄」的前提下提出的〔註127〕。但最強調此種觀念的恐怕仍屬道家。

他們虛擬上古社會的實況，以託古教今。此種美化「實然」以宣揚「應然」的苦心孤詣值得肯定。然而，人是否真能返回到「本初」的狀態不無疑問。同時，所謂「本初」的狀態，是否像道家所設想的那樣美好？「復其初」的講法是基於這樣的假設：生命最原始的狀態——即渾沌未鑿之時——是純善的。可是，在中國哲學史上，即連道性善的孟子也不說人性純善。〈離婁〉：「人之所以異於禽獸者幾希！」陳澧《東塾讀書志》：「孟子謂性善者，謂人人之性皆有善也，非謂人人之性，皆純乎善也。」〔註128〕依道家，如果原初狀態是完美的，何以後天會受知欲蒙蔽？問題出在哪裡？知欲是外在的嗎？《老子》十三章明白地說是「為吾有身」，則嬰兒亦有此身，知欲亦本自而有。若是，則人的原初亦非純善。且人既有受知欲蒙蔽的可能，則還能說是純善的嗎？原始社會的殘酷血腥，道家似乎未能正視。《論衡·自然》就曾批評「道家論自然，不知引物事以驗其言行。」〔註129〕以今日醫學的角度觀之，科學家一直想把基因精確地排列於染色體的特定序列，並各自隔離，要精確地了解：每一個基因的作用、它製造何種蛋白質、以及它在大腦中如何運作。至少這些人絕不會同意人的原初是純善的。目前醫界暫定的看法是：除了家庭環境和地理環境，以生理而言，基因有缺陷、體內化學物質不平衡等，都會影響一個人行為良善與否。如：血管收縮素、單胺腎上腺素與促腎上腺皮質含量多寡、氧化氮合酶與單胺氧化酶 A 是否正常等，與憤怒的情緒與暴力行為等關係密切。只是這些有時是先天的，有時是後天的突變。但理論上並不認為有人所擁有的基因都是「完美的」。至於先天遺傳與後天環境影響一個人犯罪機率由低而高的順位依序是：好的基因在好的環境中、好的基因在壞的

〔註127〕參考《道家文化研究》第十四輯，頁274。
〔註128〕轉引自陳品卿《莊學新探》（文史哲，民國80年10月再版2刷），頁448。
〔註129〕《諸子集成》第一集第五冊，頁179。

環境中、壞的基因在好的環境中，最後則是：壞的基因在壞的環境中。然而，所謂「壞的基因」由遺傳而得的，並非不良的行為或攻擊性，而是遺傳上對環境的敏感度。基因並不直接使他們墮落，但會使他們較脆弱。人類對教養，本能地都有良善的回應。但要是缺乏教養，他們也會反應出來〔註130〕。依此，有些人對「知欲」缺乏免疫力，是不是也是肇因於「基因不良」，所以一旦周遭環境不佳，就特別容易陷溺而難以上達？無論如何，對原初狀態美好的想望，恐怕只是一種主觀願念的寄託罷了！

聖人並非生而無欲，然而，生活的營求自非外力所能致福，必藉修養以畢全功。人資物以養生，而外物不可必，故人生真正的快樂並非來自感官知覺的快樂。《莊子·應帝王》所謂：「至人之用心若鏡，不將不迎，應而不藏，故能勝物而不傷」郭象注：「物來乃鑒，鑒不以心，故雖天下之廣，而無勞神之累。」鏡無心則塵不能染，一如至人虛空其心，則雖他物之來，亦不起邪見妄想。〈德充符〉又說：「鑑明則塵垢不止，止則不明也。」有知欲等塵垢，則心不能明。只有將自己心靈上一切蒙蔽的知欲一一掃落，直至無一毫知欲之雜，然後才能使自己的真心如明鏡般真實呈現。如能條理生命的自我明潔，重神而不滯於形，役物而不役於物，自成空靈活潑之智。此智的作用在於自我生命的存有，使「所遇而安」。換言之，聖人一方面藉外物來涵養自身的完整，一方面又要超越本能的慾望。不僅對待有形的物質如此，還能進一步做到：不在乎毀譽、得失、生死、貧富、人我等等這些外在的現實限制。外界的一切當然也就不能亂其心了。這樣的聖人，行為上不觸犯禮法，精神上亦能超脫自在。

道家理想的人格，要能破除形軀與事物的拘限，也不被人事上的窮達與利害所攪擾。這並不是教人強行壓抑知欲的作用──「知」「欲」既是與生而有，亦屬「自然」，而是去看到：人自然之所需原極有限。《莊子·逍遙遊》「鷦鷯巢於深林，不過一枝；偃鼠飲河，不過滿腹」。重視的是嬰兒的清心寡欲，而非苦行絕欲。人的情感常源於順逆不同行為的觸引，因此，一切當順性、合乎自然的道理。生理上血氣通暢，心理上情感平和，行為就可以適中，生養就可以保全，不會以所欲不得而潛抑成夢境。

〔註130〕以上相關資料參考 Dean Hamer And Peter Copeland《Living with Our Genes》，Doubleday，1998 年 5 月初版，頁 87～127。

三、專一純和

不少人主張作夢乃是「靈魂出遊」。如：

> 《列子・周穆王》：「神遇爲夢，形接爲事。故畫想夜夢，神形所遇。
> 故神凝者想夢自消。」

> 葛洪《肘後方》：「魘臥寐不寤者，皆魂魄外遊，爲邪所執。」〔註131〕

> 巢元方《諸病源候論》：「人眠睡則魂魄外遊，爲鬼邪所魘屈。」
> 〔註132〕

人睡眠的時候，形體在休息，卻仍能見到許多事物。古人相信，這是靈魂在離體出遊時所遭遇的事物。在白天，靈魂位於形體之中，它的行動受到阻礙。可是，一旦到了夜晚，靈魂在夢中卻能到達很遠的地方，不受空間的局限。形體不可能前往，唯一的解釋是靈魂離形出遊，而這是不健康的：

> 《金匱要略歐論》：「邪哭使魂魄不安者，血氣少也。血氣少者屬於
> 心，心氣虛者，其人即畏。合目欲眠，夢遠行而精神離散，魂魄妄
> 行。」〔註133〕

把夢遠行歸爲「心氣虛」、可以通過藥物「虛則補之」，則夢成了必須治療的症狀。

會形成這種觀念或許是由於：我們在睡眠時肌肉放鬆，動作較少，甚至可能長時期毫無動作，較少對周圍起反應，看似剩下空的軀殼，所以古人就認爲：作夢即是靈魂離開肉體所遭遇的事。這個觀念在今天看來並不正確。因爲，即使在睡眠時，腦電圖上仍記錄出種種的腦波變化，流注各腦血管之血流量也沒有減少〔註134〕，甚至在異型睡眠期〔註135〕時反而會增加。而且，即使在睡眠時，每分鐘還是消耗約一卡路里的熱量〔註136〕。甚至，雖然心臟跳動的次數會減緩，每分鐘降至10～30下，血壓降低、呼吸量也減少，但是

〔註131〕《肘後方》（景印文淵閣四庫全書第734冊，臺灣商務印書館，民國72年初版），頁384。
〔註132〕《諸病源候論》（景印文淵閣四庫全書第734冊，臺灣商務印書館，民國72年初版），頁720。
〔註133〕《金匱要略方論》（四部叢刊初編第21冊，上海商務印書館），頁28。
〔註134〕見《睡眠及其障礙》，頁77。
〔註135〕同上，頁37、76。目前的看法是：異型睡眠期幾乎等於作夢期。
〔註136〕同上，頁5。

我們身體內部仍在運作〔註137〕，也並未完全中斷對外界的連繫。

張湛並不具備今日的醫學常識，也無從證明：他必然是受到「夢是靈魂出遊」此一觀念的影響，不過，張湛強調心靈的內視：

> 人雖七尺之形，而天地之理備矣。故首圓足方，取象二儀；鼻隆口宓，比象山谷；肌肉連於土壤，血脉屬於川瀆，溫蒸同乎炎火，氣息不異風雲。內觀諸色，靡有一物不備；豈須仰觀俯察，履凌朝野，然後備所見？（〈仲尼〉：「取足於身，游之至也；求備於物，游之不至也。」句下注）

茲先將上文翻譯如下：人雖然只有七尺高的身形，但是天地的條理都具備了。所以頭是圓的，腳是方的，是取法肖像乾坤兩儀；鼻子高高凸起，嘴巴凹陷，是比擬肖像高山河谷；肌肉如同土壤，血脈如同川澤，溫熱蒸騰如同炎火一般，氣息和風雲沒有兩樣。向內觀察各種形式，沒有一樣不具備的。哪裡須要抬頭觀望，低頭察看，腳踏虛空，面向曠野，然後才能完全看盡呢？

「內觀諸色」是個體存在對整個有形世界的領悟，因為人身是整個世界的縮影，人自身也有著有無、動靜、虛實、陰陽的對立與統一，所以說「內觀諸色，靡有一物不備」。而「內觀」的過程，沒有時空的障礙，沒有規範的束縛，沒有外在的干預，因此，是無所拘束的精神漫遊。他又說：

> 內足於己，故不知所適；反觀於身，固不知所眠。（〈仲尼〉：「至游者，不知所適；至觀者，不知所眠」句下注）

在內自我充足，所以不知道還須要往哪裡去；反觀自身就夠了，本來就不知道還須要觀察什麼。足於內者，不求於外；逐於外者，每不足於內。道家希望人不要求備於外物，不要被外物所限制，把意識作用從外部世界拉回到自身。要人返觀內照，取足於自身，不假於外，而游於無形。張湛教人反觀，也就是不要把道當作外在的燭光一樣去依賴它，或是把道當成教條來信仰。而「反觀」的前提則是精神真純專凝：

> 凝寂故稱神人（〈黃帝〉：「山上有神人焉」句下注）
>
> 氣壹德純者，豈但自通而已哉？物之所至，皆使無閡，然後通濟羣生焉。（〈黃帝〉：「壹其性，養其氣，含其德，以通乎物之所造」句下注）

〔註137〕見《認識你的頭腦》，頁212。

自然之分不虧，則形神全一，憂患奚由而入也？（〈黃帝〉:「其天守
全，其神無郤，物奚自入焉？」句下注）

所謂「凝」、「壹」、「全」，也就是道家一貫強調「抱一」的功夫。《老子》第
十章:「載營魄抱一，能無離乎？專氣致柔，能嬰兒乎？」莊子亦看出人和自
身、和世界的分離。因為，一般人在紛然雜陳的現象界中，由於欲與知的作
祟，意識很容易為外物牽引馳散，驚擾了純和的精氣與清明的心神，煩偽亦
隨之而生。如只往外探求，卻不努力於內在的修養，不免於行事中受到毀傷
與困頓。而專一則是在紛擾中，透過靜定的工夫，排除外界的一切干擾，收
斂個人的聰明智巧和佔有衝動，把分散的意識集中為一，凝聚內在的生命力，
專守著自己的精神，使自然之性得其居而不失、不殘。因為精神專注而凝聚，
心靈寧靜而自由，才能儲蓄生命的能量，保持生命渾融原能與獨立自主的善
養境界，使自我與真實的存在毫無間隙。這樣的聖人，精神自然不會離開肉
體出遊而遭逢夢境。

四、恬淡寂靜

夢可能是一個人在入睡後，受到周遭環境或體內變化的刺激而產生的。
認為夢是人將外界刺激編入的例子有:《列子・周穆王》:「藉帶而寢則夢蛇」，
入睡後壓到長條形的帶子就會夢到蛇;認為夢是體內變化的刺激所引發的例
子有:《關尹子》:「將陰夢水，將晴夢火」〔註138〕。將作夢的原因歸給物理的
刺激，破除了無數關於夢的迷信。《素問》也認為，在睡眠中，若人體內部受
到刺激，夢是人的意識對之所作的反應。〈脈要精微論〉:「甚飽則夢予，甚飢
則夢取」。又說:「陰盛則夢涉大水恐懼，陽盛則夢大火燔灼，陰陽俱盛，則
夢相殺毀傷……肝氣盛則夢怒，肺氣盛則夢哭。」〔註139〕更以體內陰陽五行
之氣來解釋夢境。張湛亦說是:

人與陰陽通氣，身與天地並形;吉凶往復，不得不相關通也。（〈周
穆王〉:「一體之盈虛消息，皆通於天地，應於物類」句下注）

失其中和，則濡溺恐懼也。（〈周穆王〉:「陰氣壯，則夢涉大水而恐
懼」句下注）

〔註138〕　《關尹子》，頁52。
〔註139〕　《素問今釋》（啓業書局，民國77年4月再版），頁210。《列子・周穆王》
　　　　　亦有同樣的說法:「甚飽則夢與，甚饑則夢取。」見《列子集釋》，頁103。

人的身體和天地、陰陽之氣相通，若失卻中和，在夢中亦感陷溺害怕。然而，不管是外界或內在刺激，未必都會編入夢中。而且，即使編入夢中，也未必能如實呈現，通常都是以「扭曲」、甚至「誇張」的方式進入夢中，以適應夢的內容，似乎在為這些刺激提供合理的解釋，而使人繼續安心睡覺。所以，這種觀點認為，夢與人想繼續睡覺的欲望有關〔註140〕。

　　晚近的一些實驗也證實這種看法。醫界認為：血中氧氣過低、二氧化碳過高及腎上腺素濃度過高、饑餓、內臟不舒適及室溫都會影響睡眠〔註141〕。如果一個人睡前飲食過量或胃內氣體過多、腹部漲滿壓及胸腔、床單捲裹過緊，或枕頭壓住鼻子，致使呼吸困難，伴隨胸部之重壓感、心悸出汗、窒息感，往往會夢到妖魔鬼怪或龐然大物壓在身上而極度驚懼，常覺想逃、想掙扎，但週身動彈不得〔註142〕。

　　醫學亦證實：從事「超覺靜坐」（TM，類似打坐）的人，他們的 REM 睡眠期也會減少，「內心的寧靜」似可使人較少作夢。則聖人不夢，顯見其內心的寧靜已臻極境〔註143〕。對照張湛的聖人境界，聖人由於對萬物不起知欲的作用，故不隨萬物變化，亦不受外界攪擾：

> 嗜欲之亂人心如此之甚也。故古人有言：察秋毫之末者，不見太山之形；調五音之和者，不聞雷霆之聲。夫意萬物所係迷著外物者，雖形聲之大而有遺矣。況心乘於理，檢情攝念，泊然凝定者，豈萬物動之所能亂者乎？（〈說符卅六則〉注）

嗜欲擾亂人心，能使人眼中但見所欲而不見其他。古人說，能觀察秋天鳥獸新生細毛的，看不見整座泰山的形貌；能調和五音和諧的，聽不到雷霆的聲音。猜想萬物只要被某種外物迷惑的，就算他物形體聲音多麼巨大，也察覺不到。《列子》原文本來的意思是鋪陳：人的作為受到嗜欲的影響會有所偏差。張湛則進一步指出：被外物所迷惑，尚且「苟非所欲則視而不見」，則修養內心，順應事理，檢點情意，收攝心念，淡然專凝靜定的人，更不會被外物所攪擾：

> 至和者無物能傷。熱溺痛癢實由矜懼（〈黃帝〉：「都無所愛惜，都無所畏忌。入水不溺，入火不熱。斫撻無傷痛，指擿無痟癢。」句下

〔註140〕見《夜間風景——夢》，頁23。
〔註141〕見《睡眠及其障礙》，頁68、《認識你的頭腦》，頁187。
〔註142〕見《睡眠及其障礙》，頁123。
〔註143〕見《夜間風景——夢》，頁33。

注）

至人動止不以實有爲閡者也。（〈黃帝〉：「至人潛行不空」句下注）

德純者，禽獸不忌也。（〈黃帝〉：「太古之時，則（禽獸）與人同處，與人並行」句下注）

忘懷任過，通亦通，窮亦通，其無死地，此聖人之道者也。（〈仲尼〉「無所由而常生者，道也。」句下注）

一般人的心性，是「得之於道」的「德」落在物或形之中產生的，所以人的心性很難脫離物或形的牽累。《莊子・齊物論》中南郭子綦「似喪其耦」，即是拋棄物或形所帶來的牽累。張湛認識到人所受到的局限，主張透過修養的工夫「忘懷任過」，放下自我中心的成見，突破種種妨礙心靈自由的束縛，超越形體、世俗觀念與時空的局限，則形體「不以實有爲閡」，封閉的心靈獲得解放而無所矜懼，非唯禽獸不忌害，無物能傷，其無死地必矣。

這樣說只是使自己不被現實束縛，並不是要厭棄現實。《後漢書》仲長統的本傳記載：「凡遊帝王者，欲旦立身揚名耳，而名不常存，人生易滅，優游偃仰，可以自娛，欲卜居清曠，以樂其志。」充滿了隱逸色彩。他的理想人生是：

使居有良田廣宅，背山臨流，溝池環帀，竹木周布，場圃築前，果園樹後……良朋萃止，則陳酒肴以娛之，嘉時吉日，則烹羔豚以奉之，蹢躅畦苑，遊戲平林。濯清水，追涼風，釣遊鯉，弋高鴻，諷於舞雩之下，詠歸高堂之上。安神閨房，思老氏之玄虛；呼吸精和，求至人之彷彿。與達者數子，論道講書，俯仰二儀，錯綜人物；彈南風之雅操，發清商之妙曲；逍遙一世之上，睥睨天地之間，不受當時之責，永保性命之期，如是可以陵霄漢、出宇宙之外矣，豈羨夫人帝王之門哉〔註144〕！

這些話令人想起陶淵明的桃花源，想來是對現實感到失望後發諸內心的傾訴，與魏晉士人的人生觀有相近之處。然而，道家的理想境界不止於此〔註145〕。

〔註144〕　《後漢書集解》（上），頁577。

〔註145〕　或許是由於《論語》中有許多隱逸人士被判爲道家，予人道家不問世事之感。徐復觀先生亦說：「後世山林隱逸之士，必多少含有莊學的血液。」見《中國藝術精神》，頁100；然而，道家教人的方式雖似以自我保全爲多，吾人亦可逆推道家聖人著書動機，還是積極地替天下人著想。見張起鈞、吳怡《中國哲學史話》（東大，民國81年2月重印再版），頁73。

《莊子・德充符》「有人之形，故无於人」人是無法完全脫離人群的。〈刻意〉「就藪澤，處閒曠，釣魚閒處，无為而已矣；此江海之士，避世之人，閒暇者之所好也。」認為要刻意避世才能逍遙，還比不上「无江海而閒」的聖人。〈達生〉：「魯有單豹者，巖居而水飲，不與民共利，行年七十而猶有嬰兒之色；不幸遇餓虎，餓虎殺而食之。」單豹選擇隱居，雖以健全之軀似可享其天年，捨棄社會人群的互動，似可逃避人為的災害，但遇到餓虎亦無可免於一死。此亦可見隱居不是道家修養的目的或終極。〈知北遊〉：「古之人，外化而內不化，今之人，內化而外不化」呂惠卿注：「古之人外化與物偕逝，內不化而有不亡者存。」外化者，外與物相接而不忤也。內不化者，內心自我把握之謂也。修身養性，不須拋棄人群以出世。〈人間世〉：「乘物以遊心，託不得已以養中。」在不得已的紛擾世事中以養其心性。〈天下〉篇亦有：「不譴是非，以與世俗處」之言，道寓於日常現成的一切瑣碎事務中，不需鑽牛角尖、攀高掘深地去求，然也只有親身涉足體驗方能有得。離世無所謂超越，無所謂逍遙。此陳于廷所以說：「莊子拯世，非忘世。其為書，求入世，非求出世也。」〔註146〕

禪宗亦有同樣的看法。《法寶壇經・般若品》第二載六祖慧能頌云：「佛法在世間，不離世間覺；離世覓菩提，恰如求兔角。」離卻世俗，便難證悟。慧能即是如此把佛法融入日常生活中，使佛法成為中國人生活的一部分，隨時隨地都可以修行，而免除了宗教和實際生活的隔閡。他在〈疑問品〉第三中又說：「若欲修行，在家亦得，不由在寺。」禪門每以日常生活中的瑣事教誨弟子。因為佛即是凡。離了凡，既無法可得，亦無佛可成。意即：佛法不離世務，而寓於日常生活中，故悟道也只能在日常生活中自然地獲得。因此，撇開這些去強求「悟道」是不可能的事情。

莊禪皆不鼓勵人跳出塵俗，使自己成為「所置身之喧囂世界」的旁觀者。如果對現實感到失望，有鑑於外在群體束縛人的內在生命，否定既成的社會組織，當下斬斷與社會相繫的臍帶，隱遁山林，不問世事，棄人文以返自然，固是追求內在自我安身立命的境界。然而，脫離社會群體，獨善其身，逃避現實的困難與矛盾，不能純然地把握超越的理想層面，只求不為外物所惑的生命完整性，德性上雖無污損，道義上卻有所虧餒。此僅能視為避重就輕、消極的隱遁思想。雖曰淡泊寡欲，終不若身在塵世，其精神則超然於人間世

〔註146〕《莊子纂箋》引，頁27。

之外而得其逍遙。因為，前者避世固得逍遙，若身攖世務，是否還能保住其精神的整全則不無可疑。《莊子‧達生》「養形果不足以存生，則世奚足為哉！雖不足為而不可不為者，其為不免矣。」〈徐无鬼〉：「濡需者，豕蝨是也，擇疏鬣自以為廣宮大囿，奎蹏曲隈，乳間股腳，自以為安室利處，不知屠者之一旦鼓臂布草操煙火，而己與豕俱焦也。此以域進，此以域退，此其所謂濡需者也。」外在境域改變，則失去安適之所，這是有待的逍遙。真正的至人要像《老子》第四章：「挫其銳，解其紛，和其光，同其塵。」王弼注：「銳挫而無損，紛解而不勞，和光而不污其體，同塵而不渝其真。」非不與塵俗相接，相接而無污其真也。《莊子‧大宗師》：「其為物，無不將也，無不迎也；無不毀也，無不成也。其名曰攖寧。攖寧也者，攖而後成者也。」成玄英疏攖寧為：「雖攖而寧者也。」攖即是外界的一切紛亂煩擾，寧是此心沉靜安定。攖寧是一種在混亂紛雜的塵囂境域中，卻能超拔物外，神凝心聚而不為外物所移的湛然靜定的境界。道乃「攖而後成」，非一蹴可幾，須從世務冶鍛磨鍊而得〔註147〕。《法寶壇經‧坐禪品》第五：「只為見境、思境即亂。若見諸境心不亂者，是真定也。」禪的真精神不是常求菩提，常住涅槃。相反地，卻是不避煩惱，不離生死。因為，離了煩惱便無菩提可證，離了生死便無涅槃可住。只有外息諸緣，內不生心，繫縛盡釋矣。

　　人之社會乃一群居之團體。既為群居，自離不開人與人之關係〔註148〕。道家所自覺的人性及其自我的完成，必須是群體的涵攝。聖人精神縱能飄然出

〔註147〕關乎道家出世入世、積極消極之辯，這裡不擬多所著墨，只引胡文英的一段話：「莊子最是深情，人第知三閭之哀怨，而不知漆園之哀怨有甚於三閭也。蓋三閭之哀怨在一國，而漆園之哀怨在天下；三閭之哀怨在一時，而漆園之哀怨在萬世，昧其指者笑如蒼蠅。」這是說三閭大夫屈原憂時悲國的心志殆不如莊生。三閭大夫感時憂世的情操有時空的限制，楚國懷王而已；莊生則無限時空，悲天憫人，見胡文英《莊子見獨》附〈莊子論〉。莊生不嘗忘卻斯世，王夫之說內篇〈人間世〉所言全是：「涉亂世以自全而全人之妙術。」見《莊子通‧莊子解》，頁34。陳鼓應認為，老子之關心天下事，從《老子》一書中「天下」一詞共出現於二十九章、六十一次可見一斑。見《老莊新論》，頁74、99、259。徐復觀認為：「儒家是面對憂患而要求加以救濟；道家則是面對憂患而要求得到解脫。」《中國藝術精神》，頁133。殊不知：教人解脫亦是一種救濟。

〔註148〕嚴幾道《莊子評點》：「然而人間不可棄也，有無所逃乎天地之間者焉，是又不可以不講，故命曰〈人間世〉，一命一義，而寓諸不得已，是故莊子者，非出世之學也。」另見吳光明《莊子》，頁59、60、117。

塵，然其形體則處於人世之中，離不開人與人之接觸。其所重唯在個人心性之修養。唯有身處俗世，卻眞正能自現實或喜或悲的反應超拔出來，不爲其所圍，才能達到逍遙自適、廣闊無涯的精神境界。張湛極力鋪陳此番境界：

> （聖人）亦何所爲？亦何所不爲？亦何所能？亦何所不能？俛仰同俗，升降隨物……明順性命之道，而不係著五情，專氣致柔，誠心無二者，則處水火而不燋溺，涉木石而不挂硋，觸鋒刃而無傷殘，履危險而無顛墜；萬物靡逆其心，入獸不亂羣；神能獨游，身能輕舉；耳可洞聽，目可徹照。斯言不經，實駭常心。故試論之：夫陰陽遞化，五才偏育。金土以母子相生，水火以燥濕相乘，人性以靜躁殊途，升降以所能異情……剛柔炎涼，各有攸宜；安於一域，則困於餘方。至於至人，心與元氣玄合，體與陰陽冥諧；方員不當於一象，溫涼不値於一器；神定氣和，所乘皆順，則五物不能逆，寒暑不能傷。謂含德之厚，和之至也；故常無死地，豈用心去就而復全哉？蹈水火，乘雲霧，履高危，入甲兵，未足怪也。（〈黃帝〉：「夫子能之而能不爲者也」句下注）

聖人處在水火之中，也不會燒焦陷溺；歷涉木石，也不會受到阻礙；接觸到鋒刃，也不會受到傷害摧殘；涉足高處險境，也不會顛簸墜落。萬物都不會違逆他的心志，和禽獸共處不會驚亂牠們。精神能獨自遊賞，形軀可以輕易地飄舉，耳朵能洞徹聽聞，眼睛能明晰地觀照。他的心性與天地間的元氣暗合，形體和陰陽之氣和諧一致，神情安定，氣度平和，所遭逢的都會順遂安適，那麼五行不能違逆他，寒暑不能傷害他。他含蘊的德性之醇厚，氣度平和到了極致，所以總不會進入致死的範圍，哪裡須要刻意離棄什麼、趨就什麼才得以保全呢？就算他能在水火中來去自如，騰雲駕霧，腳踏在高處險境上，穿過鐵甲兵士的陣仗中，也沒有什麼好驚奇的。《莊子》也出現幾處類似的描述：

> 〈逍遙遊〉：「藐姑射之山，有神人居焉〔註149〕，肌膚若冰雪，淖約若處子。不食五穀，吸風飲露。乘雲氣，御飛龍，而遊乎四海之外。其神凝，使物不疵癘而年穀熟……之人也，物莫之傷，大浸稽天而不溺，大旱金石流土山焦而不熱。」

〔註149〕《莊子》書中「神」字出現六十七次之多，已完全消解了宗教主宰性的權威作用，轉化爲人的精神生命的作用與功能。

〈齊物論〉：「至人神矣！大澤焚而不能熱，河漢沍而不能寒，疾雷破山（飄）風振海而不能驚。若然者，乘雲氣，騎日月，而遊乎四海之外。」

〈大宗師〉：「古之眞人……登高不慄，入水不濡，入火不熱。」

〈秋水〉「知道者必達於理，達於理者必明於權，明於權者不以物害己。至德者，火弗能熱，水弗能溺，寒暑弗能害，禽獸弗能賊。非謂其薄之也，言察乎安危，寧於禍福，謹於去就，莫之能害也。」

這些神仙化的描述，大抵有擺脫生死、不怕水火，或所適皆通的性格。在張湛筆下，至人似乎有消災弭患之術，幾近乎神奇〔註150〕。然而，道家只是藉此渲染：至人順乎自然而無容私，至誠至信亦能感物的道理。人既不能離群索居而混跡人間，如果能打破有形與無形、空間與時間的束縛，心神就不會被實體所羈絆，而忘卻形體之所措，儘量玄同人我〔註151〕，雙遣是非，則更忘利害之所存，了無滯礙，脫然無累，隨意所之，遊乎塵垢之外，無往而不自在。可見道家很重視：如何在現實的險惡環境中尋找活路而不受傷害的方法。人一有詐害的機心——機心是心動之際，未成行爲之前的妄念，也就驚擾了純和清明的神氣，則物必察覺其間的變化而避之防之，致物我相乖。相反地，只要心志眞誠不僞，內在神氣專一純和，平靜而自足，不起差等之分別，就能無視於物與我相對的存在。〈黃帝〉篇：

順性之理，則物莫之逆也（「長於水而安於水，性也」句下注）

用其情，有其身，則肌骨不能相容，一體將無所寄？豈二儀之所能覆載。（「女之片體將氣所不受，汝之一節將地所不載」句下注）

心動於內，形變於外；禽鳥猶覺，人理豈可詐哉？（「其父曰，『吾聞漚鳥皆從汝游，汝取來，吾玩之。』明日之海上，漚鳥舞而不下也」句下注）

〔註150〕 周紹賢：「御風而行，並非神話，人之體質有特別奇異者，有能攀高樹、登樓頂、而身輕如猱者；有能深入水中、而恣意浮沉者；有偉軀矯強、搏虎鬥牛，稱爲神力者；有身輕如葉，健步如飛，順風而行，其速度可超過常人數倍，號稱日行千里者（俗稱飛毛腿）；此類人不可多見，然確實有之，不得不稱爲異人。」見《列子要義》，頁4。這種解法把道家對神人的描述實質化了。道家的重點在強調至人的修養使其不爲外物所傷，不必眞有如許「神功」。

〔註151〕 如此，則儒者別尊卑、區上下之禮當然派不上用場。

言爲都忘，然後物無疑心。限於智之所知，則失之遠矣。或有疑丈人假爲形以獲蟬，海童任和心而鷗游，二情相背，而同不忤物⋯⋯蓋丈人明夫心慮專一，猶能外不駭物，況自然冥至，形同於木石者乎？至於海童，誠心充於內，坦蕩形於外；雖非能利害兩忘，猜忌兼消，然輕　異類，亦無所多怪。（「至言去言，至爲無爲。齊智之所知，則淺矣。」句下注）

德純者，禽獸不忌也。（「太古之時，則（禽獸）與人同處，與人並行」句下注）

人有害物之心，物亦知避之也。（「逮於末世，隱伏逃竄，以避患害」句下注）

至純至眞，即我之性分，非求之於外。慎而不失，則物所不能害，豈智計勇敢而得冒涉艱危哉？（「是純氣之守也，非智巧果敢之列」句下注）

有害物之心，心動於內，禽鳥猶覺，故物亦將知而避之。使內無猜忌，外不疑駭，心與物無迕，「順性之理，則物莫之逆」，我不犯物，物不犯我，就不虞遭受一切環境的迫害與侵擾而無傷無累。生命在每一個個體中所投注的內容及其所展現的姿態雖有不同，但並不妨害生命之互通與融合。張湛不作冷酷之分析，也不作繁複的推論，企圖教人透過知性的超越，以至於情性的超越，而直下以最純眞的生命機趣瀰漫天地，進而將生命互殊之內容完全融爲一體。能銷融主體與客體之間的界限或隔閡，就能與物混而爲一，無物相我相，就能與萬物同游。能自然暢通於世物中而自適自得，正是體現自然之道後超異常人的表現，修養的極境也盡在於斯。《莊子・山木》的作者在敘述太公任點醒孔子的一番話後，將孔子「莊子化」，改造儒家「懷玉而常不被褐的聖人」成爲老子所謂「被褐懷玉」的道家聖人 [註152]：「辭其交遊，去其弟子，

〔註152〕黃錦鋐在〈莊子筆下的孔子〉一文中曾說：「莊子重要的思想，都是寄託孔子來表達。」見《莊子及其文學》，頁 107；連清吉亦指出：《列子》一書有十九處提到孔子，其中有十二處借以寄託重要的思想。由於列子秉持道家自然之道，以清虛爲宗，而此十二處正是此思想的所在。他說：「孔子一到列子的筆下，一如在莊子的筆下，於個性上有了改變，由仁義禮智的道德主體之建立者；搖身一變，而成爲純氣守靜的形上超越之貞定者⋯⋯一向被奉爲儒家道統上的先聖，卻成爲列子寄託虛靜凝寂的對象。」見〈列子書中的孔子〉（《中國文化月刊》，69 年 12 月），頁 75、76。

逃於大澤；衣裘褐，食杼栗；入獸不亂羣，入鳥不亂行。鳥獸不惡，而況人乎！」也強調人與鳥獸和諧共生。孔子披上道家的外衣，不再如〈人間世〉所說：「臨人以德」或〈徐无鬼〉所說的「以賢臨人」，而成為德全才不彰的聖人。〈達生〉：「夫醉者之墜車，雖疾不死。骨節與人同而犯害與人異，其神全也，乘亦不知也，墜亦不知也，死生驚懼不入乎其胷中，是故遻物而不慴。彼得全於酒而猶若是，而況得全於天乎？」因爛醉而忘我的人，其身體的構造和一般人無異，但是他們即使從驅馳的車中墜落也不會受傷，這是因為他們借著酒力忘了死生驚懼。同理，只有對一切無心，才能在人間世上不受傷害而得以保全。然而，爛醉的人借酒力保全只是得于一時，得道的至人恒常無心以應物，故能涉險境而無死地。

　　要說明的是，張湛並不是憑著幻想抹煞客觀現實的存在，這裡所說的修養工夫還是與現實生活緊密聯繫的，而最重要的原則即是「因順」和「無為」：

> 夫守一而不變，無權智以應物，則所適必閡矣。(〈仲尼〉：「回能仁而不能反」句下注）

> 夫聖人之心，應事而感，以外物少多為度，豈定於一方哉？(〈仲尼〉：「從心之所念，更無是非；從口之所言，更無利害」句下注）

> 至理豈有隱藏哉？任而不執，故冥然無迹，端崖不見。(〈黃帝〉：「藏乎無端之紀」句下注）

> 乘理而無心者，則常與萬物並遊，豈得無終始之迹者乎？(〈黃帝〉「游乎萬物之所終始」句下注）

> 夫水一也，而隨高下夷險有洄激流止之異，似至人之心因外物難易有動寂進退之容。(〈黃帝〉「鯢旋之潘為淵，止水之潘為淵，流水之潘為淵，濫水之潘為淵，沃水之潘為淵，氿水之潘為淵，雍水之潘為淵，汧水之潘為淵，肥水之潘為淵，是為九淵焉」句下注）

生命的韻律流動不已，當作創造性的經營，是以最高的能力不限於特殊的定用。最高的聖人生命活活潑潑，不會流於形式化、固定化或偏狹的規範主義、無批判的教條絕對主義或狂熱的偶像崇拜，而使生命有所欺瞞、不自然。張湛所謂「乘理而無心」，無心即「虛其心」，虛無其心才能包容一切。能包容一切，則無論處在任何境地，皆不被任何事物所限定。能不被限定，

而後心的自由作用方得以實現。同樣地，「權」、「任而不執」，即道家所強調的因順〔註 153〕——即審其變化，順理循勢，因時制宜，應事無方，不可一例責也。換言之，是根據客觀條件來做事，表現出對時機和社會節奏的認識與掌握。這種想法其來有自。早在《老子》第八章：「動善時」即已指明對時機掌握的重要性。《黃老帛書》：「時若可行，亟應勿言。」《呂氏春秋》亦明確指出人的行為要符合事物發展的趨勢——「行其數」，遵照事物變化的規律——「循其理」，排除私心的干擾——「平其私」，才能成就所為。

　　而無為和因順可說是一體的兩面。《淮南子‧主術》說：「無為者，非獨其凝滯而不動也，以其言莫從己出也。」〔註 154〕〈原道〉又說：「所謂無為者，不先物為也；所謂無不為者，因物之所為」〔註 155〕無為並不是停滯不動，一無所為〔註 156〕，而是用「無」的原則去「為」，如《孟子‧離婁》所說：「禹之行水也，行其所無事也。」〔註 157〕行事當如禹之治水，順水自然之性而導之入海。可見，無為即是讓主觀留在後方，擺脫了人為和干涉，是依自然之道、無法限定的大有為。

　　在實際生活的應用上，天下事都有其自然發展的軌道，並非外力所能憑空介入。比方說，在思欲有為者看來，某人的處境彷彿有所缺憾，須要幫助；但對此人本身，是否覺得有所缺憾？是否需要幫助？即令需要，是否需要思欲有為者所想提供的那種幫助？……這一切都待商榷。《莊子‧駢拇》「鳧脛雖短，續之則憂；鶴脛雖長，斷之則悲。」人們治事，之所以會有許多妄加干擾、揠苗助長的現象，全都是由於內心先有一套主觀的看法和打算，而想要強加在客觀的事物上。結果可能不但於事無補，反而造成對方的困擾，妨礙問題的解決，甚至平地起波瀾，意外製造問題而不自知。

　　事物是會發展變化的，吉凶否泰相互推移，變動無常。但事物本身自有其理，而發展亦有其規律。違逆必將不暢，窒礙必有損傷。強力的作為不必

〔註 153〕　《四經》到稷下諸子，及受黃老影響的《荀子》、《韓非子》、《呂氏春秋》都很重視「因」。但「因」在《四經》中只有「因天時」之義。後來的黃老道家則將「因」的原則應用於人性論，提出「因人情」的主張，這是一個重要的推進。

〔註 154〕　《諸子集成》第一集第五冊，頁 141。

〔註 155〕　《諸子集成》第一集第五冊，頁 8。

〔註 156〕　見吳怡《禪與老莊》，頁 112。陳鼓應認為，無為這觀念主要是針對統治者所提出的。見《老莊新論》，頁 100。

〔註 157〕　《十三經注疏》（十四），頁 152。

然得到最大的效果，從無形中去達成效用是更高的一種作爲。聖人對「自然之道」的掌握，正是他之所以成爲聖人的重要原因。爲了應付複雜多變的具體情況，聖人會保持靈活性，不堅持己見，不任私意來擇別取捨。條件如此，他會考察客觀世界的規律，不失時機地主動把握事物變化的環節，順著自然之理，與之契合。「以外物多少爲度」，根據各種不同的情境，感而後應，緣理而動。可行則行，可止乃止。不可拘泥、不應執著。既自同於物，因外物之屈伸而屈伸，一如水隨高下險夷而顯洄激流止之容，故冥然無用力之跡，即不受外物所限所害，更遑論因外物干擾而形成夢境。

五、智周萬物

中國傳統觀念或認爲，夢是「天」——包括神、鬼、精靈等超自然力量帶給人們的訊息或諭示。周朝設有「占夢之官」，計「占夢中士二人，史二人，徒四人」，「觀天地之會，辨陰陽之氣，以日月星辰占（國君）六夢之吉凶」〔註158〕早期的史書，如《左傳》《史記》都載有甚多這種占夢史實。他們大體認爲：夢具備以下兩種功能：(1)警告作夢者即將來臨的危險、要作夢者懺悔贖罪；(2)解答作夢者所提出的問題。

然而，張湛認知的「天」是「自然的天」：

> 天地無所從生，而自然生。（〈天瑞〉：「則天地安從生」句下注）

> 皆自爾耳，豈有尸而爲之者哉？（〈天瑞〉：「自生自化，自形自色，自智自力，自消自息」句下注）

> 自會自運，豈有役之者哉？（〈力命〉：「窈然無際，天運自會；漠然無分，天道自運。」句下注）

天道自然，沒有人格神的意志操控其間。在這樣的前提下，我們推測：張湛的聖人不會涉及神祕，而和非理性的世界打交道。他對一些恢詭譎怪的事物所持的態度是：

> 夫變化云爲皆有因而然，事以未來而不尋其本者，莫不致惑。誠識所由，雖譎怪萬端，而心無所駭也。（〈周穆王〉：「不識感變之所起者，事至則惑其所由然；識感變之所起者，事至則知其所由然。知其所由然，則無所怛。」句下注）

張湛認爲，事有必至，理有必然。即使一般人眼中看起來很特異的變化，一

〔註158〕《十三經注疏》（五），頁 265、381。

定有其原因。任何事物，無論多麼荒唐繁亂，只要認真地追本溯源，也能探出原由，而不會感到迷惑，更用不著驚訝害怕。這是訴諸理性的思考方式，則「夢」對聖人並不具啟示的作用。反過來說，聖人持有這樣的心態，亦不會期待鬼神等透過「夢」帶來什麼樣的啟示。

然而，現今醫界普遍的看法是，正常人一個晚上約每隔 90～100 分鐘出現一次「作夢期」，一夜共出現四到五次，即：我們每個晚上最少作四到五個夢。如果說聖人不會作夢，醫生將如何看待這種說法呢？

紐約一群學者刻意找來一些自稱從不做夢的人，結果發現：這些人的 REM 睡眠期與別人並無差別。他們若於此時被喚醒，也會說出一些內容豐富的夢境。可見，他們並不是不會作夢，而是想不起來曾做過夢〔註 159〕。因為睡眠時腦部雖仍在活動，但其保持長期記憶的能力相當差，轉瞬即忘，大部分的夢隨作隨忘，道理也正在此〔註 160〕。那麼，聖人不夢，是果真不夢，抑或是忘記曾作過夢呢？理論上，是不是有人可能不會作夢？

先來看看：現實生活中的人，REM 睡眠期若被剝奪，會有什麼樣的後果？1960 年，Dement 利用腦波儀偵知：睡者在進入 REM 睡眠期時即將他喚醒，意即：只讓他睡覺，而不讓他作夢，則受試者：

1. 從入睡到作夢，中間所需的時間愈來愈短。運續八天後，受試者一合眼就開始作夢。

2. 作夢時，要將之喚醒所需之刺激愈來愈大，也就是愈來愈不容易。連續六天後，一夜必須喚醒他 200 次以上。

3. 剝奪數夜之後，受試者醒來後，會出現緊張、心神不寧、脾氣暴躁、焦慮不安、容易衝動、食慾增加、攻擊性變強、現實判斷力減弱、自我控制力降低、記憶保持能力減少等傾向。

4. 中止實驗後的第一夜再讓他安安穩穩地睡覺，作夢（REM 睡眠期）的比例會從原有的 20%左右增至 30%～40%，且要持續幾天才又恢復正常，好似要「補作」前幾晚少作的夢〔註 161〕。

〔註 159〕 「時間」是主要因素。據 Foulkes（1966），一般人若在 REM 睡眠期後馬上被喚醒，絕大多數能說出這一期間內所作的夢境。但若在 REM 睡眠期終了後五分鐘再醒過來，則遺忘得不少。時間愈久，忘的程度也愈大。特別是較不注意夢或記憶力較差的人尤然。見《睡眠及其障礙》，頁 47。

〔註 160〕 同上，頁 80、84。

〔註 161〕 同上，頁 37、82、83。

　　由此可知，人越缺乏夢，就越需要夢。夢的狀態可能並非一種奢侈品，而是必要的過程。從被剝奪後的結果看來，REM 睡眠期可能與記憶的形成、情感的健康、人格的成長關係密切。則聖人不夢，會不會影響他的「人格健康」？

　　這牽涉到作夢的目的究竟為何？鑽研人工智能的紐曼及伊凡斯認為，人腦的基本程式是蛋白質分子根據 DNA 的指令膽寫在腦紋上的。隨著資訊的累積及變化，為了應付一些新的情況，需要增刪、修改舊有的程式。因為入睡後，人腦大大減低與外界的聯繫，所以此時是「自行」修改程式最適當的時機。人腦利用這個時候叫出原有的程式（一個人的行為反應模式），根據最近所發生的情況（生活經驗）加以增刪、修改，而神經細胞在比對資料、修改程式時的「放電」，有部分被意識心靈所捕捉，它們就成了夢境。

　　這種看法的佐證之一是：有關動物的研究顯示，只有部分的鳥類和幾乎所有的哺乳類動物如猴子、狗、貓、老鼠、大象等有 REM 睡眠，而兩棲類和爬蟲類則幾乎沒有 REM 睡眠〔註 162〕。由此可見，REM 睡眠是動物進化到相當高的階段後才出現的一種腦部活動。

　　按照伊、紐二氏的說法，REM 睡眠可能是「修改程式」的階段。爬蟲類以下的低等動物，其行為反應模式都相當僵硬、不知變通，好像由遺傳基因所設計的程式，就不必或無法修改，而根據與生俱來的那一套用一輩子，所以牠們沒有 REM 睡眠期，也「不必作夢」。反之，會作夢的動物，雖有一些來自遺傳基因的行為反應模式，不過卻具有相當的彈性，常能因時因地制宜。牠們的 REM 睡眠期，似乎就是不斷根據白天的經驗來修改舊程式或設計新程式，使自己更能適應現實生活。以人類而言，如生命觀、宗教觀、愛情觀、人際觀、金錢觀、政治觀等等，這些比由遺傳基因所決定的生物程式更具可塑性，也更需隨著經驗的累積、環境的變遷、個人的成長，而做適當的調整。而老年人 REM 睡眠期較短，較少作夢，多少也表示他們的觀念及行為反應模式已日趨固定，極少再修改他們「人格程式」的關係。這樣看來，聖人不夢，是不是表示：聖人的人格程式也已固定下來，不須加以修改了呢？張湛說：

　　　聖人居中履和，視目之所見，聽耳之所聞，任體之所能，順心之所
　　　識：故智周萬物，終身全具者也（〈仲尼〉：「目將眇者，先睹秋毫；

───────────

〔註 162〕見《夜間風景──夢》，頁 27。

耳將聾者，先聞蚋飛；口將爽者，先辨淄澠；鼻將窒者，先覺焦朽；
體將僵者，先亟奔佚，心將迷者，先識是非」句下注)

所謂「智周萬物」，並不是指對外在客觀名物的認識〔註163〕。憑藉耳目感官，可以給人聞見之知。透過聞見之知，可以得到一事一物的知識。然而，道家認識到名言概念及具體感官在認識上的局限性。如果目的在於獲得經驗知識，一天多似一天，每天皆有所增益，將陷於無窮的追逐而無止境，且對「道」的體悟未必有所進展，是以道家不重視認識心的功能或分析的智慧，對理想人物的要求不是知識的累積。然而，道家或許反對以「追求客觀化的知識」為務，但卻不反對以玄智與恬靜來保養與培育「主體性的真理」。此處「智周萬物」之智，是一種洞鑒的觀照，是長期修養而得的、對世界本質及總體的把握與對人情世故的了然。先決條件則是理性之清明與了悟。藉《老子》的語言說，「為道」的方向與「為學」相反。為學是向外取，而為道當須反身自證自明，是向內歸。非曰不可「為學」，然而，專務「為學」，則封閉的心靈不僅易陷於小知小見，而且容易形成自我中心而導致武斷排他的心態。原來，一切對待的東西，都是為便於人們的稱謂而加以名相區分，故不該妄執名相為實有。對待的東西既非實有，則吾人須泯除差別相、對待心。能多角度地觀察事物，亦代表著心靈的空靈明覺。惟有消除是非之爭，克服名言概念的局限，才能洞見萬物之本然狀態，寂然體道、無幽不照。一旦觀物，即理無所隱。此即嚴幾道對《老子》四十七章的評點：「夫道無不在，苟得其術，雖近取諸身，豈有窮哉？而行徧五洲，學窮千古，亦將但見其會通而統於一而已矣。」聖人能在紛紜萬象中見微知著，察其所以然，知善惡之來去，禍福之相倚。能如此，則行事之前自有準備，有計劃，其行動亦自謹慎。而謹慎習慣了，也就是經驗累積夠多了，亦可做到先知。能先知與慎行，則無往而不利矣。夢境對這樣的聖人，照說已經不起「修改大腦程式」的作用了？

根據筆者的了解，此是從最高處講——道家亦總是從最高處講。事實上，

〔註163〕 據《史記・仲尼弟子列傳》，有若不能回答弟子近乎星曆卜祝的問題（夫子何以能預知天將雨？夫子何以知商瞿年四十後當生五男？）弟子起曰：「有子避之，此非子之座也！」見《史記會注考證》，頁888。學生的反應出乎常理，不必然是史實。然而即使聖明如孔子者，亦不能當真無所不知——孔子如何能知何謂太空梭、DNA？除了客觀名物不能全知，非關修齊治平之事——《荀子》所謂無用之辯、不急之察者，亦不在聖人必學之列。

修養是不可稍息的、無止境的實踐過程〔註164〕。人在有生之日，基本上不能以聖人自居──一自居爲聖人，自認爲功德圓滿，不須要再精進，就又不是聖人了。良知始於道德心的覺醒，一念昏墮便不善。修養不能偷惰中輟，剎那隔斷亦不善〔註165〕。是以本節所謂「無夢」，不只是連續時間中剎那之所得，而是生命無窮境界中層層之所現。聖人永在覺悟的過程中，更可見生命艱難之辯證，非以吾人全力以赴不可。道家不強調這個部分，不代表道家的聖人可以跳過修養的過程〔註166〕。《莊子・養生主》之庖丁解牛，亦須歷經「見全牛」、「未嘗見全牛」、「以神遇而不以目視，官知止而神欲行」之過程。〈大宗師〉說：

> 參日而後能外天下；已外天下矣，吾又守之，七日而後能外物；已外物矣，吾又守之，九日而後能外生；已外生矣，而後能朝徹；朝徹，而後能見獨；見獨，而後能无古今；无古今，而後能入於不死不生。

〈寓言〉篇則說：

> 吾聞子之言，一年而野，二年而從，三年而通，四年而物，五年而來，六年而鬼入，七年而天成，八年而不知死，不知生，九年而大妙。

都說明得道是需要時間和步驟的。也因此，得道的程度也有等級層次之別。聖人並非生而無所不知、無所不能，或是一下子就能整個抓住眞理、剎那間完全得到領會。〈大宗師〉說：「意而子曰：『夫无莊之失其美，據梁之失其力，

〔註164〕見葉海煙《莊子的生命哲學》（東大，民國79年4月初版），頁165。

〔註165〕此朱熹所以說，「以前我用心良苦，思考一個道理，往往像過獨木橋一樣，相去雖在毫釐之間，但一失足，便有粉身碎骨的危險。」此外，天台宗的智顗認爲，這個現象的世間，可分爲三大部分：國土世間、眾生世間，和五蘊世間。而現在的世間中又有十種區別：地獄、餓鬼、畜生、修羅、人間、天上、聲聞、緣覺、菩薩、佛。這十種區別叫做十界。這十界雖取名爲「界」，其實並無外在的界限，每界都各含其他九界。譬如地獄界中，亦含有佛界的因子，只要「放下屠刀」，便可「立地成佛」。所以在地獄界中，「地獄」只是當前的顯性，其他九界則是將來的隱性。同理，佛界也是如此。一萌歹念，便立刻墮入地獄。

〔註166〕《禮記・檀弓上》記載子夏喪其子，曾子弔之，並責以三過。子夏自言有三過是因爲離群索居，失去朋友切磋相輔，見《十三經注疏》七），頁128。但恐怕也是因爲其時聲名已大，年壽又尊，攻錯之言不至，自反之功遂疏。總之，「學如逆水行舟，不進則退」，此「學」非惟客觀學問的學習，道德修養尤然。

黃帝之亡其知，皆在鑪捶之間耳。』」郭象注：「天下之物，未必皆自成也，自然之理，亦須冶鍛而爲器者耳。」還需「鑪錘」之功，可見修養有其連續性的開展，非驟然可奏其功。是以道家注重的是相反相成、是非兩行等創造和諧的過程，而不特別凸顯靜定的終點與固定的結果。照這樣的講法，則聖人必不自詡爲聖人，亦不顯其「聖人相」。是以雖爲聖，而人亦不知其爲聖矣〔註167〕！

自然之道是一切物事行動的最高原理。大至宇宙的運行、萬物的生養，小至個人的治事與養生，都不能悖離自然。每個人必然要處在特定的文化環境中，要說完全不受外在環境影響幾爲虛構。然而，當人離開人的本質，勞碌於事物的競逐，則愈不能消除現實生活的苦惱，更增添心靈的不安。慾利、成見等污染，都是人們提昇精神意境的牽制和障礙。只有徹底拋棄——即所謂「忘」，虛無其心，心靈才會像鏡子般明澈玄妙而體道。張湛之所以要人去知去欲，並不是否定知欲本身，而是爲了批評人將整個生命精神完全貫注於此。聖人在不爲外物所累，不以情欲亂心的前提下，知一己之形身不過是各類形身中的一樣，無我無私，忘卻利害，不過分逆料未來之事而多所愁慮。使心神不紛擾，則人世的生死禍福所牽出的陰陽失調現象已然消失，故得以全性、養生。心一不二，最後與萬物冥合，與大化同行。因此，聖人不管處在任何極端的情境中，都能如同得到神力般，因外物之難易而顯動寂進退之容，泰然自若，不驚不懼，內心平和，忘卻生死。當其有爲，以其體證自然之理，不先物而動，只是法天任運，因順道德，應機適會，隨須而與，不刻意去經營，不執著於某一點，一切皆出乎自然。因此，即使有所作爲，亦如草隨風動，水隨波流般自然，如鏡子、回聲般如實反映客觀世界，彷彿本當如此〔註168〕。這樣的聖人，當然能遠離顛倒夢想〔註169〕。

〔註167〕《列子·黃帝》記楊朱領受老子「大白若辱：盛德若不足」之教後，客人一改來時對他的謙恭態度，而敢於「與之爭席」。說明他由過去一往之超越而融混於世俗之中，這是超越以後的「混冥」。超越以後的混冥，一方面承認自己仍有所不足，一方面是對各種不同形態的人，皆從其本質發現他們各自存在之意義。王邦雄的意見是，修養圓滿的聖人不只「超凡入聖」，還當「超聖入凡」，把聖人的形相也化掉，不予人高遠難及的壓迫感，才能接引世人，教化人間。見《老子的哲學》（東大，民國80年4月7版），頁29。

〔註168〕從這個角度來看，有爲同時也就是無爲。

〔註169〕《般若波羅密多心經》：「遠離顛倒夢境究竟涅槃」。「顛倒夢境」即指世事妄幻而言。

　　在張湛，聖人「忘」的次第也就是他修養的工夫，而「忘」得最徹底的聖人不會作夢。他所追求的正是可以完全把自己安放其中的境界，因而使自己的人生、精神上的負擔得到解放，這也是道家的共同理想。然而，道家固然決無意排除人間世〔註170〕，但畢竟人間世罪惡的成分很多。面對此一世界而要不爲其所傷所累，在觀念中容易，在與現實接觸中困難。

　　本來原則是原則，修養是各人自己的工夫，但筆者認爲，張湛的聖人論最大的問題或許即在於：成聖的工夫難以掌握。儒家的思想較具體，容易吸收，容易落實；而道家的思想則總是從高處說，且談境界多，談工夫少，往往直接呈現修養的結果，工夫的部分則流於抽象。在《列子注》中，似乎只有〈黃帝〉第三則列子師老商氏一段所描述的修養進程較完整。但即使如此，「終日念而非我念，終日言而非我言。若以無念爲念，無言爲言，未造於極也。所謂無爲而無不爲者如斯。」「神凝形廢，無待於外，則視聽不資眼、耳，臭味不賴鼻、口，故六藏七孔，四肢百節，塊然尸居，同爲一物，則形奚所倚？足奚所履？我之乘風，風之乘我，孰能辨也？」這麼模糊的形容，實在令人難以具體地把握，而有不知從何著手之感。又比如他講「復其初」的觀念，認爲人心原本清淨圓滿，清明透徹，只因智巧嗜欲的活動而受騷亂與蒙蔽。故應捨棄智巧的活動，而復歸於原本的清淨圓滿、清明透徹的境地。「復」的動作似乎也是一種工夫。然而，每個個體的本初實況如何？皆歸於無知無欲而已？這果眞也能當作理想嗎？只能說「可得而論，難得而行」。因此，學道家，不能從境界上著手。因爲境界無一不是由人的主體生命所開展出來的。道家所謂道的境界，亦即是人生最高的境界。然而道家談境界，既沒有給我們提出任何可循序而進的過程，也沒有給我們描繪出任何清晰的輪廓〔註171〕。他們一再宣稱道是不可知、不可聞、不可問的。體道的境界，純粹是一種直覺性的內在經驗，既無法覆述，也無法與人交通，恐怕要中智以上的人比較能夠領會。此外，境界是不可學的，一學便成放誕。而且張湛的境界是張湛的，愈學愈不像，反易如邯鄲學步，迷失了自己的原貌。以此節而言，並不是把「無夢」當作境界去加以追求，乃是說明在由萬物而來的是非、好惡、利害

〔註170〕徐復觀曾指出，《莊子・齊物論》說到「忘年忘義」時，總帶有蒼涼的氣息：而〈人間世〉前半段的三個故事，雖皆托於入世，但自「匠石之齊」以下的四個故事，其主旨則皆在以「不材避世」。見《中國藝術精神》，頁133、143，註85。

〔註171〕即劉光義所謂「落實的詮釋」。見《莊學中的禪趣》，頁155。

等束縛，得到解脫時，便自然而然地是道的狀態，而不再有夢。

第四節　名　教

　　《列子・楊朱》全篇瀰漫著享樂主義與縱欲思想〔註172〕作爲注解者，張湛的名教觀和〈楊朱〉篇原文所表達的思想是否一致？即：他對〈楊朱〉篇放任官能、無視於名教的主張，是贊成、反對、或只是平實地「注釋」而不加評論？筆者的觀點是：張湛基本上是肯定名教的，他並不認同〈楊朱〉篇的肆情放逸。本文擬先討論張湛的注釋和〈楊朱〉篇立場相若的句子。根據這些資料，我們會得到一個初步的印象，即：張湛似乎和《列子》一般，也主張放肆情欲，不顧仁義禮法。然而，仔細檢視即可得知：他這樣的講法，不過是順著《列子》的原文去注釋，未可據以認定其爲張湛本人的理念。有兩點可資佐證：第一、張湛若對仁義禮教有所批評，往往伴隨著類似「拘」、「執」、「郵」（尤、過）、「刻意」、「違性」等字眼。可見，他所反對的並不是仁義禮教本身，而是仁義發展到後來所衍生的弊端，這點跟先秦道家很像──先秦道家那些看似反對儒家教化的話語，原是針對周文疲弊而發〔註173〕。第二、張湛在注釋之餘，偶爾也會借題發揮，另抒己見，且對篇中那些不仁、無義、非禮、亂法的人物多所非議。我們遂能從這些地方看出：他本人並不認可〈楊朱〉篇的生活態度〔註174〕。最重要的，是張湛曾對仁義禮法予以正

〔註172〕　顧實、陳文波、梁啓超、馮友蘭、門啓明與任繼愈主編的《中國哲學發展史・魏晉南北朝》一書等皆懷疑：據《淮南子》，楊朱貴全性保眞、守清靜、離情欲。然〈楊朱〉篇一意縱恣肉欲，類魏晉時作品，非周秦諸子所有，疑張湛所僞。徐復觀則以爲：〈楊朱〉篇的「樂生」、「逸身」思想固非先秦「全性葆眞、不以物累形」的楊朱本來面目，卻亦非重「養生」、節制口腹之欲的魏晉名士所有。當是戰國末期，因持久的戰爭迫害，對人生感到痛苦絕望的哀告。劉汝霖更指出，《莊子・盜跖》亦曾表達過類似的想法。《莊子・盜跖》借盜跖之口，宣明人情的眞實乃是：「目欲視色，耳欲聽聲，口欲察味，志氣欲盈。人上壽百歲，中壽八十，下壽六十，除病瘦死喪憂患，其中開口而笑者，一月之中不過四五日而已矣。天與地无窮，人死者有時，操有時之具而託於無窮之閒，忽然无異騏驥之馳過隙也。不能說其志意，養其壽命者，皆非通道者也。」故不能因爲〈楊朱〉提倡縱欲，就斷定爲魏晉時代的作品，甚至直指爲張湛僞作。況且，張湛《列子注・序》中還特別說明〈楊朱〉篇是今本《列子》最可靠的兩篇之一。

〔註173〕　牟宗三先生《中國哲學十九講》，頁89。

〔註174〕　余英時說：「試看他（張湛）在注中對『楊朱』篇『任情廢禮』的思想如此熱

面肯定，視之爲不可廢的治世之具。可見其雖不欲倡導仁義，卻也不否定仁義。由此，筆者認爲，張湛「名教觀」最大的貢獻即在矯正〈楊朱〉篇過度放逸之失，而趨於中和、得宜。故觀其注而較諸原文，注文容有與原文相異之處，於注雖未確，於理則勝之。

一、貌似反仁義

> 魯之君子盛稱仁義，明言是非，故曰迷之郵者也。（〈周穆王〉：「魯
> 之君子迷之郵者」句下注）

因爲魯國的君子大力稱許仁義，明顯區分是非對錯，就說他們是最迷惑的人。言下之意，即：「仁義」不須稱許，稱許即爲迷惑。這裡揭示了他反對「盛稱仁義」的立場。不過，反對「仁義」和反對「盛稱仁義」是不同的。

> 夫生者，一氣之暫聚，一物之暫靈。暫聚者終散，暫靈者歸虛。而
> 好逸惡勞，物之常性。故當生之所樂者，厚味、美服、好色、音聲
> 而已耳。而復不能肆性情之所安，耳目之所娛，以仁義爲關鍵，用
> 禮教爲衿帶，自枯槁於當年，求餘名於後世者，是不達乎生生之趣
> 也。（〈楊朱〉第七注）

飢而欲食，勞而欲息，是人類最原始的欲望，即連聖賢也無法否認者。人之所需，充其量爲可充飢的食物、得禦寒的衣物等，是以味不必厚、服不在美。至於「好色」、「音聲」，更爲可有可無的奢侈物。但是基本的需要之外，人類的分別心常起作用，加以欲望的助勢，喜好的就設法取得，厭惡的就刻意避開。厚味、美服、好色、音聲……，張湛所謂「當生之所樂者」，實已超過基本的需要，而易淪爲無止境的追求。依張湛，如果不能放肆讓性情安適的、耳目感到歡快的，把仁義當標準，禮教作約束，活著的時候把自己弄得沒有生氣，希求死後留下多餘的名聲，這是不通達暢遂生命的樂趣。似乎主張縱情肆欲地過日子，不必顧及名聲的好壞。但若細看，這「仁義」、「禮教」，和「關鍵」、「衿帶」一起出現，「以仁義爲關鍵，用禮教爲衿帶，自枯槁於當年」，並不就認爲該把仁義禮教全都拋卻，只是斥責人以之爲束縛之不智。眞正的仁義發於人心，是不會造成束縛的；會成爲束縛的仁義，必是外在化、形式化、無內容者。張湛所要非議的，可以是這個部分。

烈地讚揚，便可見禮與情的衝突在永嘉南渡數十年後仍然相當的嚴重。」見《中國知識階層史論‧古代篇》（聯經，民國 86 年 4 月初版 5 刷），頁 356。筆者恐怕不能同意。

同一篇第九則，《列子》虛構出子貢的後世——端木叔這號人物來。說他前半輩子揮金如土，以至於：「及其病也，無藥石之儲；及其死也，無瘞埋之資。」端木叔的作為，用現在的眼光來看，是「不會理財」、「沒有儲蓄計畫」。張湛的解釋是：「達於理者，知萬物之無常，財貨之暫聚。聚之，非我之功也，且盡奉養之宜；散之，非我之施也，且明物不常聚。若斯人者，豈名譽所勸，禮法所拘哉？」撇開端木叔的事蹟不談，單看張湛的解釋，不能說完全沒有道理。「達於理者，知萬物之無常，財貨之暫聚。」這句話並沒有錯。一個人的貧富貴賤，財貨的積聚散去，本有非我所能左右的因素在。依張湛的觀點，命中註定的成分居多。「知萬物之無常」的人本亦可稱為「達於理者」，也可能不在乎名聲、禮法，因為名聲禮法亦無常。但就端木叔的例子來看，他不事生產，專務花費，自然要坐吃山空，他本身不能說沒有責任。完全委諸「無常」、委諸「物不常聚」，只是不能正視花錢習慣的問題。端木叔的財物為先人遺贈，固可說「聚之，非我之功」；但花錢如流水，則是他的問題，不能說：「散之，非我之施」。張湛說：「若斯人者，豈名譽所勸，禮法所拘哉？」是在「敘述」端木叔「無視於社會所公認的道德標準」這個事實。至於張湛是否同意非「名譽所勸、禮法所拘」的行事風格？則無法肯定。其實即使張湛同意仍無礙，因為張湛是主張「無名」的〔註175〕，為善不能因為「名譽所勸」，符合張湛本人的論調。至於「禮法」因和「拘」字一起出現，故仍可視其所反對者實為「為禮法所拘」之病，而非「禮法」本身。

同一篇第七則，管仲發表他對養生的看法：「去廢虐之主，熙熙然以俟死，一日、一月、一年、十年，吾所謂養。」張湛注：「任情極性，窮歡盡娛，雖近期促年，且得盡當生之樂也。」管仲又說：「拘此廢虐之主，錄而不舍，戚戚然以至久生，百年、千年、萬年，非吾所謂養。」依〈楊朱〉的意思，今朝有酒今朝醉，順任能讓自己感到愉快的事物是最重要的。這樣過生活，即使壽命不久長，但是活著的每一天都很痛快。如果這個不能做，那個不該做，整天擔心這個、煩惱那項，東迫西蹙，就算長命百歲，但是活著的每一天都很不開心，他不會做這樣的選擇。這其中沒有任何道德的考量，也沒有群居生活的意識，完全依自己的意願行事。張湛注：「惜名拘禮，內懷於矜懼憂苦以至死者，長年遲期，非所貴也。」這個「非所貴」的主詞應是《列子》所假託的管仲，或者也可說是《列子》的編者。至於張湛自己對此的看法又是

〔註175〕詳見〈聖人〉一節。

如何呢？這句話本身能發展出不同的方向。因爲不在乎名聲、不想遵守禮法，原亦可能像〈楊朱〉全篇瀰漫的縱慾思想，但因這「禮」字又與「拘」置於一處，故也可能只是不認同「名聲、禮法所帶來的束縛和憂苦」，而不必然否認名與禮的正面作用。最起碼，還有「惜」與「拘」就表示修養尙未臻至化境，原不能當作理想境界來肯認。

　　後來，管仲反問晏嬰送死之道，晏嬰回答：「既死，豈在我哉？焚之亦可，沉之亦可，瘞之亦可，露之亦可，衣薪而棄諸溝壑亦可，袞衣繡裳而納諸石　亦可，唯所遇焉。」管仲聽了，還回頭對鮑叔、黃子〔註176〕說，養生和送死的道理，他和晏嬰兩人已完全窮盡了。張湛注曰：「晏嬰，墨者也，自以儉省治身，動遵法度，非達生死之分。所以舉此二賢以明治身者，唯取其奢儉之異也。」批評晏嬰用勤儉節省的態度修養自身，動作舉措都遵守法度，不是能通達生死分位的人。由於這是張湛自己下的評語，不是去注文中誰說的話，應該要看作他個人的意思。他認爲，《列子》標舉這兩位賢人來說明治身之道，只是取他們奢侈節儉的不同。史書上說，管仲年輕時即是愛貪小便宜的人。他和鮑叔牙一起作生意，「分財利，多自與」〔註177〕。執政後，「富擬於公室，有三歸反坫」〔註178〕，是豪奢派的代表；晏嬰則「以節儉力行重於齊。既相齊，食不重肉，妾不衣帛」〔註179〕，是節儉派的代表。這裡說他「自以儉省治身」，大體符合歷史的記載。但是晏嬰「自以儉省治身，動遵法度」有什麼過失？何以說他「非達生死之分」？參考《莊子·田子方》篇〔註180〕，篇中，《莊子》透過溫伯雪子之口批評「進退一成規，一成矩」的魯人「明乎禮義而陋乎知人心」。這「進退一成規，一成矩」即可作爲「動遵法度」極佳的註解。《莊子》所鄙薄的是失去「人心」作爲根據、徒存「規矩」的禮義；而張湛則檢討晏嬰過於拘謹的缺失。是以，「動遵法度」原也和之前所說，還有「矜名拘禮」之弊。可見他認爲不夠通達，也並非漫無標準。

　　由此可以得出幾個論點：

〔註176〕黃子，未詳何人。莊萬壽認爲，此章所引晏嬰、管仲、鮑叔三人都是歷史上
　　　　實有的人物。疑黃子亦非寓言人物。「黃」乃「高」的訛字，因高子（齊卿）
　　　　與三人同見於〈力命〉第三章。見《列子讀本》，頁224。
〔註177〕見《史記會注考證》，頁850。
〔註178〕同註6，頁851。
〔註179〕同註7。
〔註180〕見《莊子集釋》，頁705。

1. 首先，張湛不欲標榜仁義。(「魯之君子盛稱仁義……故日迷之郵者」)
2. 他雖不標榜仁義，卻也並非菲薄仁義：
「以仁義爲關鍵，用禮教爲衿帶」
「豈名譽所勸，禮法所拘哉？」
「惜名拘禮……非所貴也。」
「動遵法度，非達生死之分。」

他對「仁義」的任何微辭，常附帶提到人們視之爲規矩、爲拘束的弊端。可見，張湛所要撻伐的並不是仁義本身，而是人類在推行、或遵守仁義的過程，有些不當的態度所引發的問題。這也可以解釋他何以不去標舉仁義。

二、非享樂主義

前說張湛並非無視仁義禮法、並不贊成〈楊朱〉篇放任官能的主張，是有根據的。除了上述理由外，在〈楊朱〉篇的注解中，對那些生活過度放逸的人，他也常加諸貶抑之辭。

例一、〈楊朱〉篇第八則虛構子產的兄弟公孫朝、公孫穆鎮日沉迷酒色，經子產勸說後回答：「爲欲盡一生之歡，窮當年之樂。唯患腹溢而不得恣口之飲，力憊而不得肆情於色；不遑憂名聲之醜，性命之危也。」鄧析還許其爲「眞人」。對此，張湛所下的評論是：「此一篇辭義太逕挺抑抗，不似君子之音氣。然其旨欲去自拘束者之累，故有過逸之言者耳。」他也認爲〈楊朱〉篇的論調太過極端、尖銳，不像君子的口氣。他的解釋是，《列子》最主要是想去除那些自我拘束的人的負累，所以矯枉過正了。張湛已明白表示：他認爲〈楊朱〉篇說得太過了，我們總不能還說，張湛和〈楊朱〉篇一樣，也是肆情主義的擁護者。

例二、同一篇第七則，《列子》假託晏嬰請教管仲養生之道〔註 181〕。管仲告訴他：「恣耳之所欲聽，恣目之所欲視，恣鼻之所欲向，恣口之所欲言，恣體之所欲安，恣意之所欲行。」要持身甚謹的晏嬰對這些官能的享樂皆「勿壅勿閼」。張湛注：「管仲功名人耳，相齊致霸，動因威謀。任運之道既非所

〔註 181〕 《史記·管晏列傳》：「管仲卒……後百餘年而有晏子焉。」孫效曾考證說：「齊世家管仲卒于齊桓公四十一年，爲魯僖公十五年，而晏子于魯襄十七年始嗣其父桓子爲大夫。見左傳。乃齊靈公二十六年也。則管晏相去九十年，史公謂後百餘年者誤矣。」無論如何，管仲和晏嬰不會碰面，這是可以確定的。見《史記會注考證》，頁 851。

宜，且於事勢不容此言。又上篇復能勸桓公適終北之國，恐此皆寓言也。」「任運之道既非所宜，且於事勢不容此言」——放任感官運作的方式不應該是管仲會說的話，而且在事態上也不容許這樣說。他的理由是：管仲輔佐齊國稱霸，舉措因任威勢權謀，而且上篇（〈湯問〉）還勸齊桓公到終北國去，恐怕這些（言行記錄）都是寓言，不能當真。這一則應是寓言沒有錯，但是，要是管仲當真說這一番話，實在看不出來有什麼「非所宜」？又爲什麼「於事勢不容此言」？輔佐齊國稱霸和重視感官享樂並不衝突。事實上，歷史上的管仲正就是既輔佐齊桓公稱霸，又重視物質享受的。而且在〈湯問〉篇中，他勸齊桓公到子虛烏有的終北國原就純屬虛構，更不能以之爲「他不應該會說這番話」的證據。筆者認爲，張湛這裡其實是透顯出自己的意見，即：他認爲放任感官運作的生活方式是不適當的。換言之，他不認爲管仲這番話可則法。

例三、〈天瑞〉篇第四則，列子到衛國去，看到一個死了百年的頭骨，列子指著頭骨對弟子說：「唯予與彼知而未嘗生未嘗死也。此過養乎？此過歡乎？」後半句的「此過養乎？此過歡乎？」洪頤煊說：「莊子至樂篇兩『過』字皆作『果』。國語晉語『知果』，漢書古今人表作『知過』。過即果，假借字。」這樣解較合理。至於「養」字，俞樾說：「養當讀爲恙。爾雅釋詁：恙，憂也。恙與歡對，猶憂與樂對也。恙與養古字通。」〔註182〕那麼列子這句話應解釋爲：只有我和它知道什麼是沒有生、沒有死。這樣，果眞須要憂傷嗎？果眞值得快樂嗎？張湛對「此過養乎？此過歡乎？」的注解是：「遭形則不能不養，遇生則不能不歡，此過誤之徒，非理之實當也。」他把「過」解作過誤；「養」解作「調養」，並認爲：費神爲自身偶得的生命特別去養護、尋樂，是「過誤之徒，非理之實當」。文本的重點原在豁除人對樂生懼死的迷惑，張湛這樣的注解雖不合文本原意，但卻可看出他個人並不主張享樂主義。

例四、

> 稟生之質謂之性，得性之極謂之和；故應理處順，則所適常通；任情背道，則遇物斯滯。（〈黃帝第二〉注）

〈黃帝〉篇有個特色，即：幾乎每一則寓言都與它書重出。全篇共有二十一則，共計有十七則見於他書。尤以《莊子》最多，共十三則。其他分見於：《呂氏春秋》、《說苑》、《孔子家語》、《博物志》、《韓非子》、《淮南子》、《文子》。

〔註182〕見《列子集釋》，頁 12。

即使有些文字不完全相同的段落，其中也有部分文字與《老子》、《莊子》等書雷同。只有第一、三、六、十八等四則不見其他書籍。這些寓言以大量的文字描述：修道到最後極為神妙的境界，注重的品質是柔弱、不驕、不爭。在這個前提下來看張湛對全篇的說明，可知大體是不錯的，但也並不完全相同。〈黃帝〉篇重點在道家自然無為的修養，說「應理處順，則所適常通」是對的；而「任情背道，則遇物斯滯」顯見張湛不贊成放縱肆志，這點卻似是〈黃帝〉篇並未特別標出的，可看作張湛個人的意見。

例五、〈楊朱〉篇一開頭，孟氏〔註183〕和楊朱有這樣一段對話：「人而已矣，奚以名為？」曰：「以名者為富。」「既富矣，奚不已焉？」曰：「為貴。」「既貴矣，奚不已焉？」曰：「為死。」「既死矣，奚為焉？」曰：「為子孫。」張湛注：「夫事為無已，故情無厭足。」事物沒有窮盡，所以情意沒有滿足的時候，這也就是隨順欲望去追逐外物會有的問題。這點是原文的楊朱不曾言及的，所以筆者以為，張湛和〈楊朱〉究竟不同。

例六、

> 修身慎行，恆懷兢懼，此仁者之所憂；貪欲縱肆，常無厭足，此不
> 仁者之所苦；唯死而後休息寢伏之。（〈天瑞〉：「仁者息焉，不仁者
> 伏焉。」句下注）

仁者和不仁者各有不同的憂患，都要在死後才能好好休息。這裡看到張湛不標舉仁義，其中一個理由即在其「恆懷矜懼」。但是也應注意：另一方面，他稱「貪欲縱肆，常無厭足」的人為「不仁者」，顯見他不認同這樣的生活態度，〈楊朱〉篇則不曾對這樣的人加以譏評。

例七、〈楊朱〉篇第十二則，楊朱指出，桀紂活著的時候放縱感官、窮盡心意，即使最後被殺，死後蒙受惡名，生前極盡逍遙快活之能事。「彼二凶也，生有從欲之歡，死被愚暴之名。實者，固非名之所與也」文中的楊朱所採取的立場是：但當順其性之所欲而為，死後的名聲對生前的快樂無所助益。所以，人不應當因為顧慮到死後的聲名，而放棄、犧牲了眼前的享樂。但張湛卻注：「盡驕奢之極，恣無厭之性，雖養以四海，未始愜其心。此乃憂苦窮年也。」張湛指出：驕縱奢侈，永遠沒有滿足的時候。這樣的人終身都要憂勞困苦。《列子》原文中的楊朱何曾有這層認識？但愈是如此，讀者愈可脫離《列

〔註183〕莊萬壽推論孟氏為魯國的貴族，是魯桓公的庶長子慶父之後，即孟孫氏。見《列子讀本》，頁217，註2。聊備一說。

子》，看出張湛的眞面目。其他尙有：

> 心無欲則形自服矣（〈黃帝〉：「齋心服形」句下注）
>
> 非但累其身，乃侵損正氣（〈楊朱〉：「無厭之性，陰陽之蠹也」句下注）
>
> 足己之所資，不至乏匱也。（〈楊朱〉：「故善樂生者不寠」句下注）

所謂「遇物斯滯」、「事爲無已，故情無厭足」、「貪欲縱肆，常無厭足」「盡驕奢之極，恣無厭之性，雖養以四海，未始愜其心」，可看作他對欲望的反省，同時也正提示了不附和〈楊朱〉篇大倡「肆情」的理由。「有欲」是指人心裡懷有希望，想要達到某個目的、得到某種東西，或避開不安適的情境。《老子・四十四章》：「名與身孰親？身與貨孰多？得與亡孰病？」一般人所欲的對象，無論是「名」或「貨」（利），皆爲起而追逐的動力。雖然「欲望」也能往良善的方向發展，如：德性更高勝的欲望、智慧更清明的欲望……但道家所討論的「欲」，多從其負面義著眼〔註184〕。人們往往以爲，只有達到目的，才會感到快樂。追求的目的達不到時，就無法得到滿足，焦慮和怨懟亦隨之而生。無奈外物原非我所能完全掌控，若必欲「心想事成」才得甘心，人的行爲難免會受所追逐的目的所左右而不得自由。更甚者，在「資源有限」的前提下，若自己的「所欲」正好和別人的「所欲」重疊，就容易產生人我的衝撞，還可能「得之不以其道」，傷人犯法，無所不用其極，社會秩序就面臨危機了。

《老子》第三章：「不尙賢，使民不爭；不貴難得之貨，使民不爲盜。」人會爭名、奪利，正因賢名、難得之貨並非人人可得而致，故尙美名必至於爭，貴難得之貨必至於盜。況且，是不是目的達到就眞能滿足了呢？對欲望的追逐永遠沒有盡頭，好還要更好，多還想更多。「追求」本身反而取代「欲望的對象」而成了目的。此時，對欲望無窮的追逐，非但不能爲人們帶來快樂，反成爲人心裡沉重的負擔。

> 夫天地，萬物之都稱；萬物，天地之別名。雖復各私其身，理不相離；仞而有之，心之惑也。因此而言，夫天地委形，非我有也；飭

〔註184〕見莊耀郎先生《王弼玄學》（師大八十年國文研究所博士論文），頁 252。對「利」的欲望，在中國常與「義」相對比，而顯其負面義。宋明儒特別講究內在的身心修養，容易忽略事功刑政。其實，人莫不有好利之欲。不獨滿足一己之私，能進而使天下人各自遂其所欲，此爲民生樂利之事功，不一定只有負面義。

> 愛色貌，矜伐智能，已爲惑矣。至於甚者，橫仞外物以爲己有，乃
> 標名氏以自異，倚親族以自固，整章服以耀物，藉名位以動眾，封
> 殖財貨，樹立權黨，終身欣玩，莫由自悟。故老子曰：「吾所以有大
> 患，爲吾有身」；莊子曰：「百骸六藏，吾誰與爲親？」領斯旨也，
> 則方寸與太虛齊空，形骸與萬物俱有也。（〈天瑞〉：「天地萬物不相
> 離也；仞而有之，皆惑也。」句下注）

算計而據有，是心智有所迷惑。就此來說，天地委蛻形體，不是我所能擁有的；整飭愛惜顏色容貌，驕矜自誇智識才能，已經是種迷惑了。更過分的，橫加算計外物當作自己私有，還標榜姓名以和別人作出區別，倚靠親族的權勢鞏固自己的地位，整飭冠冕服飾向人誇耀，藉著名位使大眾悚動，高高地堆起財貨，樹立用以爭權的黨羽，一輩子高興玩樂，沒有辦法自我覺悟。所以老子才會說，我之所以會有重大的禍患，都是因爲我有這個身軀。莊子說，百骸六臟，我和哪一個最親近？領會它的主旨，那麼內心和太虛同樣空明，形骸和萬物和諧共存。

　　追求外物的動力，源於人的好惡之情。好惡之情本身雖不必然是惡，但過於執著，心神每易陷溺其中，紛馳於種種外物而無可自拔。而且，人在追逐外物的過程中，眼中常看不見目標以外的東西，除了錯失生命中許多美好的事物，有時也無暇顧及追求的手段是否得當：

> 昔齊人有欲金者，清旦衣冠而之市，適鬻金者之所，因攫其金而去。
> 吏捕得之，問曰：「人皆在焉，子攫人之金何？」對曰：「取金之時，
> 不見人，徒見金。」〔註185〕

張湛注曰：

> 嗜慾之亂人心如此之甚也。故古人有言：察秋毫之末者，不見太山
> 之形；調五音之和者，不聞雷霆之聲。夫意萬物所係迷著外物者，
> 雖形聲之大而有遺矣。況心乘於理，檢情攝念，泊然凝定者，豈萬
> 物動之所能亂者乎？

嗜慾擾亂人心能到這樣的地步。能觀察秋天鳥獸新生細毛的，看不見整座泰山的形貌；能調和五音和諧的，聽不到雷霆的聲響。猜想萬物只要被某種外物迷惑的，就算他物形體聲響多麼巨大也察覺不到。這樣，欲望就可能在不知不覺中漸漸隱蔽、扭曲了我們的本性。無怪乎道家把欲望當作禍患的根

〔註185〕見《列子集釋》，頁273。

源，對它保持高度的警覺。《老子・四十六章》：「禍莫大於不知足，咎莫大於欲得」欲望帶來的禍患有哪些呢？《老子・十二章》：「五色令人目盲，五音令人耳聾，五味令人口爽，馳騁田獵，令人心發狂，難得之貨，令人行妨」這是官能享樂帶來的惡果；〈十三章〉：「何謂寵辱若驚？寵為下，得之若驚，失之若驚，是謂寵辱若驚」這是追求榮寵帶來的惡果。我們所欲求之物在心中愈有分量，患得患失的心理也愈強烈。卻容易忽略：我們所欲的對象其實並沒有固定的價值，它的價值是欲望的主體所賦予的。而且，「所欲」的本質也會因時空的移易而改變。一旦如願以償，有時還會發現：當初朝思暮想、勞神苦思的欲求對象，和心中的預設頗有差距，真真枉費了那些殫精竭慮！

　　《老子・三十三章》：「知足者富」。真正的滿足並不來自所追求的外物。道家所說的「少私寡欲」，並不是強調人要壓抑自己的欲望，所謂「傾身營一飽，少許便有餘」，而是要人真正去認識到：我們本然的需求原亦不多，《老子・十二章》：「是以聖人為腹不為目，故去彼取此。」「腹」是人基本的需求，道家也並不抹殺忽視；「目」是基本需求以外的奢侈享受，這些設計是人虛妄分別、造作出的種種奇巧，容易引誘人不斷向外攀緣競逐，是道家感到戒慎恐懼的。王弼注說：「為腹者，以物養己；為目者，以物役己，故聖人不為目也。」基本的欲求原本有限，若和外物相交接，不斷地擴張、膨脹，一經縱放，便紛雜散亂，不可收拾，直到淪為欲望的奴隸難以自止。張湛對「橫仞外物以為己有」及種種人為造作「終身欣玩」的抨擊，和先秦道家還比較接近，卻很顯然和〈楊朱〉不是同一路數的。

三、關仁義之弊

　　張湛既然不是不顧仁義的享樂主義者，那麼他為什麼不希望人去標舉仁義禮法呢？對於去倡導仁義這樣的舉動，他有些什麼樣的顧慮？以下分四點予以說明：

（一）標準難定

　　〈周穆王〉篇說有個古莽國遼闊無邊，沒有晝夜冷熱之別。人民不吃不穿，每睡五十天才醒一次。將夢中看到的當作真實，醒來後看到的認為是假的。另外，中央國面積一萬多方里廣，晝夜冷熱的分別很清楚，人民或愚或慧，有君臣關係，把醒的時候看見的當作是真實的，夢到的當作是虛假的。

又有個阜落國永遠炎熱，人民吃草根和樹木果實維生，強欺弱，尚力不尚義，永遠清醒而不睡覺。張湛沒有斥為無稽之談，他說：「方俗之異，猶覺夢反用，動寢殊性，各適一方，未足相非者也。」不同地方的人有不同的生活習慣、風土民情。張湛以為，不能說誰是誰非。推而言之，不同的時空背景造就不同的價值觀，沒有對錯可言；否則，要以誰的標準來定是非高下呢？

　　　　是非之理未可全定，皆眾寡相傾以成辯爭也。（〈周穆王〉第八則注）

「是非」多是一時一地的自我主觀作出的判斷。《老子‧第二章》：「天下皆知美之為美，斯惡矣；皆知善之為善，斯不善矣。故有無相生，難易相成，長短相較，高下相盈〔註186〕，音聲相和，前後相隨。」天下所有的觀念都是從相互對待中產生的，即使贊成的人數較多，也未必就是對的；較少者也不一定就錯。因此，價值的判斷不必執定其一定如何。若人人各持己見，以片面的認識是己非人，將落入無窮的價值糾葛之中。道家常注意到對立面的存在及轉化，再加上常以正言若反的詭辭去談論仁義〔註187〕，常會給人反仁義的印象。這裡張湛也注意到「標準難定」的問題，和先秦道家的考量是相同的。

　　〈楊朱〉篇第十四則，楊朱說，從太古到現在，「賢愚、好醜，成敗、是非，無不消滅；但遲速之間耳。」楊朱得出的結論是：名譽不足貴，任性而為即可。張湛注：「以遲速而致惑，奔競而不已，豈不鄙哉？」既然這些相對的觀念遲早都要消滅，只因為消滅的時間快慢不同而產生迷惑，奔走競逐名聲不稍停止，難道不是很鄙陋嗎？今日之所是，焉知他日不以為非？現象界所有的事物，無不隨著不同的時間、空間、個人主觀的認識，而形成不同的價值判斷，其本身並無恒常不變、「定於一」的價值可言。因此，從中去加以分別、選擇，是人為造作，所得出的結果因人而異，故不須以自己的觀點為標準而否定別人的立場，以免失之偏私固蔽，這也是他不去倡導仁義的原因之一。

　　不過，這種講法也有它的問題。以紙張的顏色為例。紙張「白」的程度，端視從紙上反射到人眼中的光線量多寡而定。然而，雖然一張紙到底該反射

〔註186〕王弼本作「高下相傾」，帛書甲乙本皆作「高下相盈」，陳鼓應說，這是避漢惠帝劉盈諱而改。見《老莊新論》，頁110。

〔註187〕見陳鼓應《莊子哲學》第七章〈掊擊仁義〉（商務印書館，民國78年5月增訂18版），頁67～73。

出多少的光量才能稱作白紙，少過此量就不算白紙，這條界線是永遠無法劃出來的，可是我們斷不能指著反射出 85%光量的部分硬稱其為黑，或反射出12%的部分硬稱其為白〔註188〕。人間的是非，或許皆為相對比較下的結果而難有定準，但卻不能以為堯與桀當真無別。〈楊朱〉所犯的錯誤正是如此。實際行事時，不能以「標準難定」為由而任意胡為。

（二）有成則偏

> 夫守一而不變，無權智以應物，則所適必閡矣。辯而不能訥，必虧忠信之實；勇而不能怯，必傷仁恕之道；莊而不能同，有違和光之義；此皆滯於一方也。（〈仲尼〉：「回能仁而不能反，賜能辯而不能訥，由能勇而不能怯，師能莊而不能同。」句下注）

> 事立則有所不周，藝成則有所不兼。巧偏而智敵者，則不能相君御者也。（〈仲尼〉：「有善治土木者，有善治金革者……羣才備也。而無相位者，無能相使者。」句下注）

執守一偏而不知變通，沒有權衡的智慧以對應外物，一定會有受到阻礙的時候；有辯才卻不知道什麼時候該表現木訥，一定會虧損忠厚誠信的實質；勇敢卻不知道什麼時候該膽怯，一定會犯傷仁愛寬恕的道理；端莊卻不知道什麼時候該隨和，違背了和光同塵的意旨。事物有所樹立，就會有不周到的地方；對一種技藝有所成就，就會有不能兼顧的部分；若靈巧僅限於片面，遇到智力足以匹敵的，就不能互相統御凌駕了。這些都是拘滯在某一方面的情形。

有辯才的人何時該表現木訥？《論語·里仁》「君子欲訥於言而敏於行」〔註189〕原因是〈憲問〉：「君子恥其言而過其行」〔註190〕君子專務修養品德，所貴為行動踐履，不欲夸夸其談，空言無益，此其一；〈陽貨〉：「道聽而塗說，德之棄也」〔註191〕、〈子路〉：「君子於其所不知，蓋闕如也」〔註192〕、〈為政〉：「知之為知之，不知為不知，是知也。」〔註193〕為學應客觀、虛

〔註188〕見《如何使思想正確》，頁 103～105。
〔註189〕見《論語譯注》，頁 43。
〔註190〕同上，頁 162。
〔註191〕同上，頁 193。
〔註192〕同上，頁 140。
〔註193〕同上，頁 20。

心，知道就說知道，不知道就承認自己不知道。不妄加臆測、不強不知以爲知，大放厥辭，犯傷求學的眞誠，此其二；〈衛靈公〉：「巧言亂德」〔註194〕、〈學而〉：「巧言令色，鮮矣仁」〔註195〕人莫不悅聞美言，投其所好，不據實以告，徒飾甘言討巧，違心悖理，自反不縮，內心終是虛歉。久之，本心的眞實面目亦模糊難辨。況且，以阿諛之媚態事人，卑污成習，德行修養上難能有所成就，此其三；〈子張〉：「信而後諫；未信，則以爲謗己也」〔註196〕人既好聞甘言，則未取得信任之前，不宜冒然諫諍，以免對方難以接受，而不能達到勸善的目的，此其四。什麼時候該表現勇敢、什麼時候又該知所畏懼？〈述而〉「子謂顏淵曰：『用之則行，舍之則藏，唯我與爾有是夫！』子路曰：『子行三軍，則誰與？』子曰：『暴虎馮河，死而無悔者，吾不與也。必有臨事而懼，好謀而成者也。』」〔註197〕子路原本頗以自己的力量大、膽氣豪自負，不料孔子不但不稱讚他，反而數落了他一頓。所謂「臨事而懼」，所「懼」是唯恐傷及生靈，所「謀」是謀取吾國之生存。兩國萬一不得已兵戎相見，要謹愼行之，不流於莽撞急躁；深思熟慮，不依靠血氣之勇。戒愼恐懼，謀定而後動，膽識也才得以成就。端莊的人什麼時候該表現親和？〈子張〉「曾子曰：『堂堂乎張也，難與並爲仁矣』」〔註198〕德性淳厚，於不如己者，哀矜有之，而萌生扶助的念頭，固不忍揚己抑人，此其一；表現和善，使人樂於親己，以共輔修德，此其二。〈陽貨〉：「好仁不好學，其蔽也愚；好知不好學，其蔽也蕩；好信不好學，其蔽也賊；好直不好學，其蔽也絞；好勇不好學，其蔽也亂；好剛不好學，其蔽也狂」〔註199〕孔子指出：雖有仁〔註200〕智信直勇剛等美德，不輔之以學，亦將有所蔽、有所偏。此所謂學，當是德性修養之學，行動踐履之學。惟有深切觀察體認，不斷自省修正，方能持平中正，不墮一偏。

〔註194〕同上，頁174。
〔註195〕同上，頁3。
〔註196〕同上，頁208。
〔註197〕同上，頁73。
〔註198〕同上，頁209。
〔註199〕同上，頁191。
〔註200〕此處的「仁」爲狹義解法，爲德目之一，非兼攝諸德而言之「仁」。蔡元培認爲，在孔子以前，「仁」與其他道德修養是平行並列的，而孔子將「仁」提昇而成爲貫穿一切道德修養的一條主線，從而使「仁」具備「統攝諸德」的功能和特點。見《中國倫理學史》，頁243。

　　形上的至道純善整全，落實到現象界浸潤萬物，爲人所涵，每個人各自得到道的一部分。但原本純善的「道」，透過每個人有限、有漏的材質，表現出來的也就有所偏失。仁義禮智信等，皆爲一項一項的「德目」，只就某些特定的行爲方式、原則而說。過分突出某一項或某幾項德目，往往是因爲其他方面有所不足。這樣，對於渾融至善的道就有所虧傷了〔註201〕。這也是張湛不正面稱說仁義的原因之一。

（三）偽詐易生

　　魏晉品評人物的風氣興盛。名士們爲了獲得令譽，藉而得到鯉魚躍龍門的機會，在清談、文藝、山水遊賞等活動進行過程中，也致力於獲得社群的尊重，甚至有不近人情的表現出現。《世說新語》裡的士人相當重視自己的名聲。甚至有部分名士爲了羅致名聲，做出一些有違常情的舉措。例如〈雅量〉第一則說區雍在官署與人下圍棋時，突然獲知兒子顧邵的死訊，當時他雖然悲慟地以爪掐掌，血流沾褥，卻仍強自鎮定，神色不變地下完棋〔註202〕。第三則說夏侯玄有一次倚著柱子寫書法，忽然大雨滂沱，雷電交加。一個大霹靂把他倚著的柱子給擊破了，衣服也燒焦了，左右賓客都被雷電震得跌跌撞撞，而夏侯玄卻「神色無變，書亦如故」〔註203〕。這些舉動似乎有點違背人之常情。而他們之所以如此泰然自若，恐怕不盡然能歸諸「雅量」，而是另有原因。第九則載：

> 裴遐在周馥所，馥設主人，遐與人圍棊，馥司馬行酒。遐正戲，不時爲飲，司馬恚，因曳遐墜地。遐還坐，舉止如常，顏色不變，復戲如故。王夷甫問遐：「當時何得顏色不異？」答曰：「直是闇當故耳。」〔註204〕

根據裴遐自己的解釋，當時他之所以能在主人家被無禮地攢倒在地之，依然從容爬起，「顏色不變」地繼續下棋遊戲，只不過是暗地裡強自壓抑下怒氣而已。而他爲什麼要「暗當」？推究其故，無非是記掛著士林對他的風度品評罷了。其他的例子尚有膾炙人口的二十八則：

> 謝太傅盤桓東山時，與孫興公諸人汎海戲。風起浪湧，孫、王諸人

〔註201〕吳怡《逍遙的莊子》（東大圖書公司，民國80年4月第3版），頁93。
〔註202〕《諸子集成》第一集第六冊，頁90。
〔註203〕同上，頁91。
〔註204〕同上，頁92。

色並遽，便唱使還。太傅神情方王，吟嘯不言。舟人以公貌閑意說，
猶去不止。既風轉急，浪猛，諸人皆諠動不坐，公徐云：「如此，將
無歸！」眾人即承響而回。於是審其量，足以鎮安朝野〔註205〕。

這種歷史背景引發張湛去思考「名與實之間的關係」：

> 為善不以為名，名自生者，實名也。為名以招利而世莫知者，偽名
> 也。偽名則得利者也。（〈楊朱〉：「若實名貧，偽名富」句下注）

道德原發於人心本然之善，經文化設計，將道德施行「名目化」，巧立仁義禮
智信忠孝等德目，遂令許多人毫無真情實感地馳騖攀緣那堆外在化、僵固化、
教條化了的德目。使如「仁義」的德目有了「目的性」，則行善成了招致美名
的手段。在張湛，善名分真實的和虛偽的兩種。他反對人去招攬虛偽的名聲，
最好是：行善而不要有善名。因為，善行並不是藉著善名才有其價值：

> 事有實著，非假名而後得也。（〈天瑞〉：「非其名也」句下注）

仁義之行本身自有它的價值，不必藉仁義之名而有價值。任何事物皆有其真
實的本質，不必假藉名義。「名」不過是外物，它是附加在事物之上的，故不
該把得到善名當作行善的目的：

> 為善不近名者。（〈楊朱〉：「不為名所勸」句下注）

> 凡貴名之所以生，必謂去彼而取此，是我而非物。今有無兩忘，萬
> 異冥一，故謂之虛。虛既虛矣，貴賤之名，將何所生（〈天瑞〉：「虛
> 者無貴也」句下注）

行善原本不能以得到善名作為目的，因為一旦有了善名，就等於和別人作出
對照，尊貴自己而否定別人，就要生出驕矜之心了。一旦產生驕矜之心，就
又「不善」了：

> 外以矜嚴服物，內實不足。（〈黃帝〉：「以外鎮人心」句下注）

> 必恒使物感己，則彼我之性動易之。（〈黃帝〉「且必有感也，搖而本
> 身，又無謂也。」句下注）

仁義一經標榜，即已非人心的真實體驗。透過「名」而公共化，成為聖跡，
仁義等社會規範遂落入成心的造作。「仁義之行」若以獲取「仁義之名」為目
的，這樣的仁義即帶有條件。只專力於謀取外在名譽，則不務涵養內在真實
的德性。因此，最高境界的善應是「無名」的：

〔註205〕《諸子集成》第一集第六冊，頁97。

道至功玄，故其名不彰也。（〈仲尼〉：「於外無難，故名不出其一家」
句下注）

為仁義安排名義，人執定固定化的仁義之名為真、為可欲，則爭逐「名」的
情形就會出現，甚至也可能產生名實不符的虛名。而為了攘奪名位，人即
用智巧相鬥爭、傾軋。張湛遂判定，那些假借仁義之名得到好處的都是虛偽
之輩：

不偽則不足以招利。（〈楊朱〉：「名者，偽而已矣」句下注）

有仁義之名者原亦可有仁義之實，但不必然。當仁義之名實有出入時，固定
化的「名」反成為人們爭逐的對象。若執著仁義之名，自然容易流於偽詐，
為求其名，無所不用其極，這也是張湛不欲亟力宣揚仁義的原因。

〈楊朱〉篇第一則有段文字是這樣的：「堯舜偽以天下讓許由善卷，而不
失天下，享祚百年。」堯舜假裝把天下讓給許由和善卷，結果還不是自己得
到天下，在位百年之久？堯舜兩人在位應該不到百年，這是其次〔註206〕，但
是《列子》原來的意思，對堯舜不應該有贊可之意才對。張湛注：「偽實之迹
因事而生。致偽者由堯舜之迹，而聖人無偽也。」虛偽或真實之迹都是因任
事情產生的，虛偽的人順著堯舜的仁義之跡行事，但是聖人是不會作偽的。
這裡有兩種可能：一、張湛認為堯舜是聖人。一般人或許會作偽，藉仁義美
名造作行事，但是堯舜則不會造假，因為他強調虛偽的人只是「順堯舜之迹」
而已。這樣解就不符《列子》原意；二、張湛不把堯舜當作聖人，也認為他
們「讓位」之舉是虛偽的。一般人有樣學樣，也模仿他們虛偽的事跡來做
事，而真正的聖人卻不會如此。無論如何，張湛是反對人虛偽造作來求得好
處的。

仁義道德原為行事準則，但以之為理想、為標竿，容易為人用以召名求
利：

《莊子·馬蹄》：「及至聖人，屈折禮樂以匡天下之形，縣跂仁義以
慰天下之心，而民乃始踶跂好知，爭歸於利，不可止也。此亦聖人
之過也。」

〈外物〉：「演門有親死者，以善毀爵為官師，其黨人毀而死者半。」

道德本來是人人普遍所應有的，並不能拿來較高下。如果用來「比賽」，就會
造成社會上種種很過火、很違背常情的行為，甚至引人虛偽作假，營造美名，

進以圖利。

東漢自光武帝表彰氣節、禮重名士以來，知識分子競以名節自勵然而也因為薦舉制度實施到後來，社會一般所標榜的德目已淪為競名的工具，即以「久喪」為例，即可見其荒謬的地步：

> 三年之喪——東漢則行喪三年為常事，甚有加倍服喪者，光武子東海王臻，喪母服闋，又追念喪父時幼小，哀禮有闕，乃重行喪制；袁紹母死去官，三年禮畢，追感幼孤，又行父喪。甚至有行服二十餘年者。青州民趙宣，葬親不閉埏隧，居其中，行服二十餘年，鄉里稱孝。然五子皆服中生。陳蕃致其罪。孔融殺父死墓哭不哀者。其變乃有阮籍臨喪食肉，上與戴良同風〔註207〕。

任何理論都可能演變為虛偽的招牌、謀利的工具，以至殺人的屠刀。漢代經學的興衰是一個典型，名教之治的破產使其社會理想變成了精神廢墟。相較之下，魏晉時期的周翼真誠多了。《世說新語‧德行》第二十四則：

> 郗公值永嘉喪亂，在鄉里甚窮餒。鄉人以公名德，傳共飴之。公常攜兄子邁及外生周翼二小兒往食。鄉人曰，『各自饑困，以君之賢，欲共濟君耳，恐不能兼有所存。』公於是獨往食，輒含飯著兩頰邊，還吐與二兒。後並得存，同過江。郗公亡，翼為剡縣，解職歸，席苫於公靈牀頭，心喪終三年〔註208〕。

郗鑒含飯以救侄兒及外甥之舉，是魏晉士人恩義仁德的實踐，呈現出人間最平凡而可貴的真情。不像統治者只是擅長利用仁義控制百姓。試看司馬氏篡魏之際，不也大力提倡名教？但司馬氏自己的作為卻又如何？《三國志》卷二十八〈王凌傳〉引《漢晉春秋》：

> 帝（高貴鄉公）見威權日去，不勝其忿。乃召侍中王沈、尚書王經、散騎常侍王業，謂曰：「司馬昭之心，路人所知也。吾不能坐受凌辱，今日當與卿等自出討之。」……帝遂帥僮僕數百，鼓譟而出。文王弟屯騎校尉入，遇帝於東止車門，左右呵之，眾奔走。中護軍賈充又逆帝戰於南闕下。帝自用劍，眾欲退，太子舍人成濟問充曰：「事急矣！當云何？」充曰：「畜養汝等，正謂今日。今日之事，無所問也。」濟即前刺帝，刃出於背。
>
> 時帝多內寵，平吳之後，復納孫皓宮人數千，自此掖庭殆將萬人，

〔註207〕錢穆《國史大綱》上冊（商務印書館，民國79年3月修訂17版），頁140。
〔註208〕《諸子集成》第一集第六冊，頁6。

而並寵者甚眾。帝莫知所適，常乘羊車，恣其所之，至便宴寢。宮人乃取竹葉插户，以鹽汁灑地，而引帝車〔註209〕。

元康元年，賈后不肯以婦道事太后，又欲干政，遂啓帝作詔，誣太后父楊駿謀反，殺之，夷三族，并及其妻龐。太后抱持號叫，截髮稽顙，上表詣賈后稱妾，請全母命，不省。董養遊太學，升堂歎曰：「朝廷建斯堂，將以何爲？天人之理既滅，大亂將作矣。」〔註210〕

司馬氏集團一連串無道的醜行，就是在名教旗幟遮掩之下進行的。而成者爲王，敗者爲寇，「仁義」被統治者借爲掩飾自己污點的工具，古今中外皆然。無怪乎《莊子・胠篋》要說：「爲之仁義以矯之，則並與仁義而竊之。何以知其然邪？彼竊鉤者誅，竊國者爲諸侯」這些人也就是《老子》五十三章所說的：「服文綵，帶利劍，厭飲食，財貨有餘」的「盜夸」〔註211〕。是以黃錦鋐在〈阮籍和他的達莊論〉中說：「他們看到在位的人，表面上是彬彬有禮，談論的是仁義道德，而所行的又是陰謀篡奪，殺戮異己。反對這種的禮教，能說不應該嗎？」〔註212〕張湛身當亂世，眼見這樣多光怪陸離的現象，遂深沉地提出反省，不再高喊仁義，以免好利之輩徒求仁義之「名」，而不肖君主則以之欺騙、箝制人民，這應是可以得到諒解的。

可是，筆者認爲：仁義的名實關係，最上乘的應屬道家理想中「有仁義之實，而無仁義之名」；其次是儒家「有仁義之實，亦有仁義之名」；再其次是「無仁義之實，卻有仁義之名」；最後才是「無仁義之實，亦無仁義之名」。因爲「無仁義之實，有仁義之名」固是提倡仁義可能產生的流弊，姑以「僞君子」名之；然「無仁義之實，亦無仁義之名」之「眞小人」，往往比僞君子更可怕。道家不要虛僞的仁義之名，正確的作法是：要有仁義之實與之相符，而後連此仁義之名亦可以不要，而不是既然此名爲虛，則乾脆連仁義之實也不要。亦即：別人是僞君子，並不能作爲我當眞小人的理由。要上達到道家的第一層境界，而不是下墮到楊朱的第四層，這是不可不辨明的。此外，提倡仁義固然有其弊端，但難道果眞百害而無一利嗎？東漢光武帝獎勵氣節，雖產生趙宣者流，但難道不也培養出一批如范滂等正氣凜然的讀書人嗎？唯恐有人盜用仁義之名，吾人當思考的是預防的方法，而不能因噎廢食，就此

〔註209〕見《晉書・胡貴嬪傳》（鼎文書局，民國72年7月4日版），頁962。
〔註210〕同註36，頁174。
〔註211〕王弼本作「盜夸」，《韓非子・解老》則作「竽」字。不知孰是？
〔註212〕見《師大國文學報》第22期，頁77。

不去提倡。

（四）桎梏人心

〈楊朱〉篇第八則，《列子》敘述子產的兄弟耽溺酒色，縱情肆慾。子產當時擔任鄭國的相國，認爲應先齊家，而後治國。他企圖用禮義來規勸他的兄弟，甚至誘之以俸祿。他們的回答是：「吾知之久矣，擇之亦久矣……凡生之難遇而死之易及。以難遇之生，俟易及之死，可孰念哉？而欲尊禮義以夸人，矯情性以招名，吾以此爲弗若死矣。」張湛注：「覺事行多端，選所好而爲之耳。」這應是在「解釋」他們兄弟的行爲，不代表張湛認爲這是「對」的。下面又說：「達哉此言！若夫刻意從俗，違性順物，失當身之暫樂，懷長愁於一世；雖支體具存，實鄰於死者。」讚嘆這句話說得很通達。亦即，他認同《列子》所說，不應「尊禮義以夸人，矯情性以招名」。他並沒有擺出想搗毀禮義的企圖，不過是反對以之夸人罷！矯飾情性來招攬名聲，亦爲其所不取。他的理論是，如果刻意跟隨世俗，違背性情，順從別人的價值觀，失卻此生短暫的快樂，一輩子懷著長久的愁煩，就算肢體健在，和死實在沒有太大的差別。不能據此認爲：張湛也贊成他們兄弟荒唐的縱慾生活。他所批判的毋寧是「刻意從俗，違性順物」。「刻意從俗，違性順物」和仁義的眞精神之間，自然存在著一定的差異。這裡所謂「刻意」的內容，和《莊子・刻意》所提的「刻意」應爲一致：

> 不刻意而高，无仁義而修，无功名而治，无江海而閒，不道引而壽，无不忘也，无不有也，澹然无極而眾美從之。此天地之道，聖人之德也。

或謂道家蔑視仁義教化，實則，道家不是否定或反對仁義，而是不要「刻意」的仁義——停駐在有心而爲仁義的境界。既有仁義之實，還要進一步化掉行仁義之跡、並要超越之。張湛的重心是「無刻意行仁義之跡」，這和「不必、不要行仁義」是不同的。其實，即使是以仁義爲教的儒家，也不要人們只保留那「仁義之跡」。儒家宣導仁義，是基於內在人心之本然善性而說。以《孟子》爲例，它是：

1. 與生俱有

《孟子・離婁》：「由仁義行，非行仁義也。」〔註213〕

―――――――――――

〔註213〕《十三經注疏》（十四），頁145。

〈告子〉：「仁義禮智，非由外鑠我也，我固有之也。」〔註214〕

〈盡心〉：「君子所性，仁義禮智根於心」〔註215〕

「人之所不學而能者，其良能也；所不慮而知者，其良知
也。」〔註216〕

2. 普遍而然

〈公孫丑〉：「無惻隱之心，非人也；無羞惡之心，非人也；無辭讓
之心，非人也；無是非之心，非人也。」〔註217〕

〈告子〉：「惻隱之心，人皆有之；羞惡之心，人皆有之；恭敬之心，
人皆有之；是非之心，人皆有之。」〔註218〕

〈盡心〉：「孩提之童，無不知愛其親也；及其長也，無不知敬其兄
也。」〔註219〕

3. 無目的或條件

〈公孫丑〉：「今人乍見孺子將入於井，皆有怵惕惻隱之心。非所以
內交於孺子之父母也；非所以要譽於鄉黨朋友也；非惡其聲而然
也。」〔註220〕

雖然每個人天生普遍具有善性，但是，如果善性不好好加以養護，還是會受
到蒙蔽，甚至放失而不彰。所以儒家有一套成德的功夫，來一步步保存、貞
定、提昇之。儒家所採用的方式，不論是人格的感化或生命的提點，總之，
都是為我們指出修養的軌道或途徑，要我們豁醒內在的道德心，而後自覺地
透過實踐，進一步將本然的善性實現於個人的生命〔註221〕。具體的工夫是：
在這個紛亂擾攘的生涯中，時時深刻地反省：對不對、該不該、能不能安？
以期向上發展，達到道德人格的最高境界。這對整體人類文化的進展來說，

〔註214〕同上，頁195。
〔註215〕同上，頁233。
〔註216〕同上，頁232。
〔註217〕同上，頁65。
〔註218〕同上，頁195。
〔註219〕同上，頁232。
〔註220〕同上，頁65。
〔註221〕《荀子》在儒家傳統中，就是遺漏了孔孟儒學這最重要的一項建樹：道德主
體的彰顯，價值意識的自覺。順此，《荀子》說性惡。然而，假如人有能力不
放縱其自然之性，似難說性惡，此亦是其理論上的限制。

絕對是必須、且很珍貴的。然而，若將道德視爲一種可依循之軌轍、太過重視，而不行之以自然，便流於形式與虛文，而忽略了內容與實際，它眞正的精神生命便遭隔絕。一旦失卻了眞實內涵，仁義便不能上達，只剩下空架子的道德不是眞道德，而只有桎梏人心及引人造作了。事實上，禮儀不只是外在那些繁文縟節，仁義更不能拿來標榜，道家即反省到這一層。所以，儒家是正面去宣揚仁義教化，從道德性的覺醒去開拓生命無限的價值；而道家則從不正面去說道德仁義是什麼、有什麼內容，而是說它不是什麼、沒有什麼、要去掉什麼。教的都是如何脫離、如何放開。在道家，首要滌蕩妨礙道德的負面因子，以期保住道德眞純而豐厚的生命：

> 《莊子‧天運》：「孝悌仁義，忠信貞廉，此皆自勉以役其德者也，
>
> 　　　　　　　不足多也。」

> 　　　　「仁義，先王之蘧廬也，止可一宿而不可久處。」

道德究竟是什麼呢？道家認爲，它不可說，一說便不全、便不盡。而且應是自自然然的——「不足多」；須超越而不滯——「不可久處」。此王弼所以說「絕聖而後聖功全，棄仁而後仁德厚」，即所謂「作用地保存」〔註222〕。不去稱說、不去張揚，就不會有人爲造作來破壞它。不讓道德拖帶負累，道德眞生命反而得以存活。

四、行仁義之道

> 詩書禮樂，治世之具；聖人因而用之，以救一時之弊；用失其道，
> 則無益於理也。（〈仲尼〉：「曩吾修詩書，正禮樂，將以治天下，遺
> 來世；非但修一身，治魯國而已。」句下注）

詩書禮樂是治理政事的工具，聖人因任利用它來救助當代的弊端。運用不當，對治理天下也沒有助益。張湛承認：詩書禮樂在治理世務方面，畢竟有它的作用。至於會出問題，那是施行的人「用失其道」，所以還是要用詩書禮樂，只是要運用得當就是了。

> 雖有仁義禮法之術，而智不適時，則動而失會者矣。（〈說符〉：「投
> 隙抵時，應事無方，屬乎智。」句下注）

就算有仁義禮法的道術，但是運用智巧不是時候，那麼舉動就不合時宜。既然他一再強調要合宜、適時地運用仁義禮法之術，可證明他並不認爲這些都

〔註222〕見《中國哲學十九講》，頁134。

該捨棄。至於如何運用才算適時、得宜呢？大約涵括下列四項原則：

（一）防微杜漸

由於道家認爲：對立面發展到極限，就會出現往對立的另一面發展的趨勢〔註223〕，因此，只要事物一開始出現這種徵兆，就要特別注意：

> 當爲之於未有，治之於未亂；乃至虧喪凋殘，方欲鼓舞仁義，以求反性命之極者，未之得也。（〈天瑞〉「事之破碼而後有舞仁義者，弗能復也。」句下注）

> 必其不已，則山會平矣。世咸知積小可以高大，而不悟損多可以至少。夫九層起於累土，高岸遂爲幽谷。苟功無廢舍，不期朝夕，則無微而不積，無大而不虧矣。今砥礪之與刀劍，相磨不已，則知其將盡。二物如此，則邱壑消盈無所致疑。若以大小遲速爲惑者，未能推類也。（〈湯問〉「操蛇之神聞之，懼其不已也」句下注）

宇宙間的事物，無論多麼巨大，必然還是由細小累積而成。所以想控制重大的狀況，必須趁它還未坐大的時候；處理困難的事物，須趁它還算容易的時候。因爲，細小幾微的現象往往是引發重大事體的引子。謹慎地從簡易處、細微處著手，不要等事物已很困難了才設法。由細易處著手，不必耗費太多心力，輕而易舉，不知不覺自有成就。要是事情已難以收拾，才圖謀補救，必定是用力多而成效寡，甚至大勢已去，難以挽回了。仁義禮法亦然，《史記‧太史公自序》謂：「春秋之中，弒君三十六，亡國五十二，諸侯奔走不得保其社稷者，不可勝數。察其所以，皆失其本已……故曰：臣弒君，子弒父，非一旦一夕之故也，其漸久矣。」〔註224〕春秋之時，所以弒君亡國，諸侯不得保其社稷，以其「失其本已」。其本之失，「非一旦一夕之故」，其變乃由「漸」由「久」而來者。其漸其久，自有它變化的歷程，是有跡可尋者。故應該在還沒出現敗壞徵象的時候，就要去謀畫了；情勢還沒有紊亂的時候，就要去處理了；竟然到虧損喪失凋零殘敗時，才想要倡導仁義、希望反歸性命的終極，並不合眞正的道理。

如果說，儒家是正面提出純化人性的目標，墨家是正面提出解決社會問題的方法，那麼道家則是想從根源上讓問題不發生。《老子‧十八章》：「大道

〔註223〕詳見本章〈命〉一節。
〔註224〕見《史記會注考證》，頁 1370、1371。

廢，有仁義；智慧出，有大偽；六親不和，有孝慈；國家昏亂，有忠臣。」
至德之世，大家德行淳厚，彼此相忘於大道，不須去標榜仁義。等真樸的道
散裂，人們有了是非取捨的觀念。由是非的分別取捨，進而混淆是非，欺世
盜名，社會病態就此形成。《莊子‧大宗師》也說：「泉涸，魚相與處於陸，
相呴以濕，相濡以沫，不如相忘於江湖。」人們平時依「道」而行，不會覺得
自己在「行善」，就不須要特別去標舉仁義禮法。一旦有人高聲疾呼，往往是
仁義凋喪的時候了。應該在仁義將凋喪的徵兆稍稍顯露時，就能根據現有的
狀況，預測可能會有的後果，善加擘劃，防患於未然，這是道家對社會病態
一種清明的燭照。

　　《老子‧六十四章》：「其安易持，其未兆易謀，其脆易泮，其微易散，
爲之於未有，治之於未亂。合抱之木，生於毫末；九層之臺，起於累土；千
里之行，始於足下。」事情還不算危險時容易控制；尚未露出禍患的跡象
時，還容易謀劃。在事態輕微的初萌狀態時即須有所警覺，依小大難易的次
序著手，當能化難大爲細易，泯禍患於無形。這裡強調的是：見微知幾可以
避禍就福。〈七十九章〉：「和大怨，必有餘怨，安可以爲善？」調解深重的怨
隙，當事人心中一定還會留下無法排遣的怨恨，怎能算是妥善的辦法呢？老
子認爲，最好是一開始就不要產生怨隙。在怨隙的跡象還不明顯時，便能剖
析毫釐，洞燭機先，及早計謀，當能免除一場紛爭。「知幾」、防患未然的觀
念是很有遠見的，也才是因應世務最聰明、最徹底、最一勞永逸的辦法。

　　但是，筆者以爲，《老子》說「大道廢，有仁義」的講法雖是對的，但在
邏輯上，「大道廢」的時間畢竟應該在「有仁義」之前。意即：先有「某個原
因」造成「大道廢」，「大道廢」了以後才「有仁義」。所以想復歸於大道，應
該去找出「大道廢」的原因，而不是從不談仁義入手。就張湛而言，要是社
會已是仁義澆薄，不能只說：一定是沒有仁義了，才標榜仁義。單單指出這
樣的現象，對實際狀況不見得有太大的幫助。見人之所不見、早見禍敗的跡
象，在理論上固能爲難於易、及早圖謀杜防之道。但現實人生中，有遠見、
智慧通透、能做到這樣的人又有多少？人是有限的，道家也看出：人們若非
受到「成見」影響，即是被「欲望」牽著鼻子走，在這兩者的蒙蔽下，難保
還能看出事情發生的端機。人間世上，往往是先發生不幸的事件，然後才懂
得檢討，改善制度、法律等，使之更合理，希望不要有人再因爲類似的原因
蒙受損失或受到傷害。面對「既成的」無仁義之事實，張湛並未提出確切的

辦法來，這是很可惜的。

（二）居中履和

〈楊朱〉篇第四則中，楊朱說：「伯夷非亡欲，矜清之郵，以放餓死。展季非亡情，矜貞之郵，以放寡宗。清貞之誤善之若此！」原來的意思似是不以「清高」、「貞節」等美德為然。張湛即反駁道：「此誣賢負實之言。」至於楊朱何出此言？張湛提出的解釋是：「然欲有所抑揚，不得不寄責於高勝者耳。」到底楊朱想貶抑什麼？又要褒揚什麼呢？張湛說楊朱是「不得不」詆譭他們，可見張湛也同意他所想貶抑、褒揚的對象了？儒家標舉的伯夷、柳下惠，張湛說他們高明擅勝，顯然也肯定這兩個人。而他們之所以高明擅勝，正在其清高與堅貞。因此，清高與堅貞，也必為張湛所肯定，否則，他們何以是「高勝者」？清高、堅貞本身，若不是他認為該否定的，在此就可以得出一個結論：他真正要貶抑的是楊朱所謂「矜清之郵」、「矜貞之郵」那個「郵」（尤）——過分了。張湛貴「中和」的美德，所以不欣賞他們矜持道德「過了頭」的行為。

在儒家，孟子曾許伯夷為「聖之清者」、柳下惠為「聖之和者」，他所謂的「聖人」在〈盡心〉篇裡說是：「百世之師……奮乎百世之上，百世之下，聞者莫不興起也」能作為百世的模範，能讓那些聽說他們事蹟的人感動奮起、起而效尤的人。因為：「聞伯夷之風者，頑夫廉，懦夫有立志。……聞柳下惠之風者，薄夫敦，鄙夫寬。」〔註225〕二人皆符合孟子為「聖人」立下的標準。〈楊朱〉篇評他們的作為太過，不知他的標準為何？是否在他們一個為守節餓死，一個為守貞子孫寡少的行為「結果」上立說。姑不論「寡宗」在今日已不算「惡果」，道德不能光憑結果論斷。結果不如人意便謂不善，恐非道德適當之判準。且以柳下惠為例，《孟子·公孫丑上》記載他曾說：「爾為爾，我為我，雖袒裼裸裎於我側，爾焉能浼我哉？」〔註226〕不知道是不是因為這樣，所以後世才傳說他是「坐懷不亂」的君子。問題是：會「坐懷不亂」，則對方與他一定沒有夫妻關係，那麼他坐懷不亂本來就是應該的，可謂其「貞」，卻不可謂「郵」。且「寡宗」應該尋求專業的醫療協助，與「坐懷不亂」怎麼會有因果關係呢？怎麼能說是因「矜貞」而「誤善」呢？楊朱的意思難道是說：柳下惠當初應該「亂」而不「貞」，才不會「寡宗」嗎？進一步

〔註225〕《十三經注疏》（十四），頁251。
〔註226〕同上，頁67。

說，為了避免「寡宗」，就可以不「矜」此「貞」嗎？楊朱既謂之太過，則如
何方可為善？張湛另外提出「中和」之道可資對照：

> 目耳口鼻身心此六者常得中和之道，則不可渝變。居亢極之勢，莫
> 不頓盡；故物之弊必先始於盈滿，然後之於虧損矣。窮上反下，極
> 盛必衰，自然之數。是以聖人居中履和，視目之所見，聽耳之所聞，
> 任體之所能，順心之所識；故智周萬物，終身全具者也。（〈仲尼〉：
> 「目將眇者，先睹秋毫；耳將聾者，先聞蚋飛；口將爽者，先辨淄
> 澠；鼻將窒者，先覺焦朽；體將僵者，先亟犇佚，心將迷者，先識
> 是非」句下注）

眼睛耳朵嘴巴鼻子身體心靈，此六者常能合於中和的道理，就不會發生不測
的變化。位處極高的地位，沒有不馬上窘迫窮盡的。所以事物要疲弊之前，
一定會從它盈滿的時候開始，然後發展到虧損的地步。攀昇到頂端，反而會
掉下來；興盛到了極點，一定會走向衰亡，這是自然的道理。所以聖人處在
中庸平和的狀態，看他眼睛所看到的，聽耳朵所聽到的，因任官能所能感受
的，順應內心所體認的，所以智慧周遍萬物，一生整全齊備。張湛所謂的「中
和」是指「視目之所見，聽耳之所聞，任體之所能，順心之所識」。若非他先
闡發「物極必反」的道理，而後才道出「中和」的可貴，單看這幾句話，讀
者恐會誤以為他主張放任感官而為。這裡的「中和」是指順應自然而為，不
橫加心智的干涉攪擾。可知他所謂行道之「郵」，即是行仁義不以自然。所謂
行仁義不以自然，即指勉力而為的痕跡太明顯，如前所述晏嬰的「動遵法度」
即屬之。伯夷與柳下惠，一餓死、一寡宗，這便有了痕跡；必不矜持、不造
作，看似不曾施力，方為中和之道。

> 此篇明萬物皆有命，則智力無施；楊朱篇言人皆肆情，則制不由命；
> 義例不一，似相違反。然治亂推移，愛惡相攻，情偽萬端，故要時
> 競，其弊孰知所以？是以聖人兩存而不辯。將以大扶名教，而致弊
> 之由不可都塞。或有恃詐力以干時命者，則楚子問鼎於周，無知亂
> 適於齊。或有矯天真以殉名者，則夷齊守餓西山，仲由被醢於衛。
> 故列子叩其二端，使萬物自求其中。苟得其中，則智動者不以權力
> 亂其素分，矜名者不以矯抑虧其形生。發言之旨其在於斯。（〈力命〉
> 「朕豈能識之哉？」句下注）

比較〈力命〉和〈楊朱〉兩篇，〈力命〉篇將一切委諸天命，〈楊朱〉篇則主

張放肆情欲，這其實是有因果關係的。既然〈力命〉篇認定一切遭遇皆由命預先制定，賢不必貴，愚未必賤，善可能夭，惡或長壽，那麼智識能力也沒有可施力之處。人的主觀努力未必能克服、干預、影響命運，遂主張放任官能享受，為所欲為。張湛卻認為，這兩篇「義例不一，似相違反」。然後他說，他不贊成「大扶名教」，也不認可依恃詐偽巧力來干犯時勢與命運。他贊許《列子》所言為中和之道——這點實在令人難以認同——並判斷《列子》說這番話的用意，即在教人居處中和之道，使智巧健動的人，不會憑藉權力擾亂既定的分位；矜持名節的人，不會因為矯飾壓抑虧損他的形體生命。列子是否真具這樣的用心？不可得知，但張湛的看法卻是如此。這就表示：在他，如果要說「絕仁棄義」的話，至少也該是基於「矯正太過偏頗之弊」的原因。總之，他所謂的中和之道，是指對仁義禮法等名教，行之以自然，不拘守過分、但也不流於妄為無度的原則。

（三）取用捨失

〈仲尼〉篇一開始，《列子》假託孔子告訴子貢，他修治詩書禮樂多年，對治理這個亂世並無絲毫的助益，「吾始知詩書、禮樂無救於治亂，而未知所以革之之方。此樂天知命者之所憂。」《列子》原來的意思，對儒家仁義的教化應該是有點意見的，但張湛卻說：「唯棄禮樂之失，不棄禮樂之用，禮樂故不可棄，故曰，未知所以革之之方。」清楚地表明：他認同禮樂有其功用，不可拋棄，只不過施行禮樂的人要懂得運用它的好處、篩落缺失。之後，文中的孔子又說，古人無所不樂、不知、不憂、不為——此為道家所崇尚者，所以，不能以詩書禮樂治天下的憂慮也不算什麼。因此，「詩書、禮樂，何棄之有？革之何為？」詩書禮樂也不必拋棄了，也不必去改變它們「無益於治亂世」這個缺點了。本篇原來的重點在：要將「樂」與「知」的觀念一併掃落，達到「無樂無知，是真樂真知」的地步。張湛注：「若欲捐詩書、易治術者，豈救弊之道？即而不去，為而不恃，物自全矣。」如果想捐棄詩書，改變治理的方法，哪裡是拯救疲弊的途徑呢？就著治道而不偏離，有所作為卻不居功，人民自然能夠保全。張湛扭轉了原來的意思，重新宣布詩書等教化的工具不可捨棄，為政還須依循詩書禮樂所制定的治道，亦可見他仍肯定名教在政治上有其必要性。

（四）用而不執

治世之術實須仁義。世既治矣，則所用之術宜廢。若會盡事終，執

> 而不舍，則情之者寡而利之者眾。衰薄之始，誠由於此。以一國而
> 觀天下，當今而觀來世，致弊豈異？唯圓通無閡者，能惟變所適，
> 不滯一方。(〈仲尼〉「魯之君臣日失其序，仁義益衰，情性益薄。此
> 道不行一國與當年，其如天下與來世矣？」句下注)

治理世務實是須要仁義之道。政事治理好了以後，那麼所運用的道術應該廢
置不用。如果等到治理的事務終了以後還執持仁義不放，那麼用它來篤厚情
感的少，用它來獲利的就很多了。衰亡澆薄的開端實在是從這裡開始的。「治
世之術實須仁義」，張湛肯定仁義對治理世界的作用——這點先秦道家雖未否
認，亦並未正式提出。仁義本身沒有問題，至於會出問題，是「執而不舍」，
是人為的因素。因為，將仁義運用在政教上時，人們容易重視外在形式的體
制，而忽視原先施設的用心。張湛注意到此，以治術為工具、為仁義之跡，
真正重要的是仁義內在的真精神。所以張湛不是嗤議仁義，只不欲人舍本逐
末，取仁義之跡——政教制度，而忽視仁義之實〔註227〕。

〈黃帝〉篇第十則，孔子在楚國遇到佝僂老人捕蟬。老人對他說出：何
以如此神乎其技的原因之後，孔子回頭對學生說，用心不分散，才能比擬神
明。大概就是指這位駝背的老人家吧！老人不以為然地說：「脩汝所以，而後
載言其上。」張湛注：「言治汝所用仁義之術，反於自然之道，然後可載此言
於身上也。」是說，修治你所運用仁義的道術，反歸自然之道，然後才可以
於自身承載這番話。這樣解比較牽強。盧重玄《解》：「言夫子之徒皆縫掖之
士，用仁義以教化於天下，使天下紛然尚名利，役智慮，而蕩失其真，勞其
神明者，何知問此道耶？汝垂文字於後代者，復欲以言智之辯，將吾此道載
之於文字然。」

這樣解大體符合《列子》的原意。但最後一句「而後載言其上」——說
孔子還想用文字記載他的道術——解得仍然不切。這其中有兩個字是關鍵：
一是「脩」字，一是「載」字。張湛解「脩」為治，所以他說：「治汝所用仁
義之術」；「載」則注為「承載」。《解》並未特別去說那個「脩」字；但「載」
解做「記載」，都不好。俞樾說：「張注於義未得。味丈人之言，其輕儒術甚

〔註227〕 另外可以參考《論語‧八佾》：「林放問禮之本。子曰：『大哉問！禮，與其奢
也，寧儉；喪，與其易也，寧戚。』」見《論語譯注》，頁26。孔子許其問為
大，或許即是認為：林放可能是鑒於世人競逐禮之虛文，而減棄禮之實質，
故有此一問。然而孔子並沒有直接答以何者才是禮之本，也可能是惟恐人執
本以賤末，又有所偏廢？

矣，豈復使治其術乎？脩者，脩除也。周官典祀職：『帥其屬而脩除』，鄭注
曰：「脩除芟掃之」，是其義也。又司尊彝職：『脩酌』，司農注曰：『以水洗勺
而酌也。』以水洗勺謂之脩，亦脩除之義。此文脩汝所以，言汝所以者宜脩
除之，然後可載吾言於其上也。」俞樾解「脩」為「除」解得是。不過，這
個「載」字仍不對。王叔岷說「載」是「再」。並引《莊子・讓王》：「夫子再
逐於魯」。《御覽》四八六引作「載」為證。這是對的〔註228〕。再回來看，這
位佝僂丈人原來的意思是說，「拋棄你之前執持的仁義禮教，然後再往上說深
一層的道理。」俞樾說，老人「言輕儒術甚矣」，似乎太過。老人要孔子更上
一層，並沒有說仁義不好。拋棄云云，也只教人不要「停駐」在「還有仁義
之跡」的層次，也就是張湛所說「反於自然之道」。這樣看來，張湛的注，單
就老人這句話本身而言，或許超過老人所說的範圍，但是就整則寓言而言，
並不違背他的精神。《莊子・徐无鬼》：

> 吳王浮於山，登乎狙之山。眾狙見之，恂然棄而走，逃於深蓁。有
> 一狙焉，委蛇攫㧓，見巧乎王。王射之，敏給搏捷矢。王命相者趨
> 射之，狙執死。

矜持機巧的傲慢獼猴玩火自焚，可見絕技不應驕恃和表演。同理，有心表現
仁義道德，便適足以違道喪德了。本來，修養道德，在邁向「自然」這個理
想境界之前，也必經沾帶仁義之跡的階段。一個人得先「夫子步亦步，夫子
趨亦趨」才可能「從心所欲不逾矩」；先「時時勤拂拭」，才可能「無所住而
生其心」。故即使「刻意」而為、勉強而行，既不足厚非，且為必經的過程，
即連修養擅勝者亦無可避免。但道家所謂「自然」，在其已是最後、最高、最
終極的理想，凡尚未達到「自然」之境的人，都還不夠究竟，都還要不斷經
歷「行仁義——化除仁義之跡」的辯證過程，唯有超越仁義之跡，反歸自然
無為，才能成全仁義的本然，這是道家的用心。

　　《詩・大雅・烝民》：「民之秉彝，好是懿德」〔註229〕好善惡惡是人性之
常，誰能否認呢？張湛看待仁義禮教的路數較接近先秦道家：他認為不應去
標榜仁義；但又不像〈楊朱〉篇原文那樣，認為既然此生短暫而不可掌握，
就為所欲為，過著無目的、無意義的生活，行屍走肉，一直到死。既然他沒
有打落仁義的企圖，那麼為什麼不又去倡導呢？因為他考慮到：

〔註228〕見《列子集釋》，頁67。
〔註229〕《十三經注疏》（四），頁674。

1. 標榜仁義，首先就會遇到一個難處：要以誰的意見作標準，來判定人的行爲符不符合仁義的要求？

2. 在某方面的德性特別突出，往往也突顯出其他德性的不足。

3. 有人會因此造作矜名，進而牟利。

4. 仁義若只是外在的規範，將成爲人心的枷鎖或負擔。

因此，他建議，行仁義之道應該適度合宜。他所認爲合宜的原則包括：

1. 一開始就不該讓仁義虧喪凋殘。

2. 不能有過與不及的弊端。

3. 要掌握仁義禮法的優點，汰除其中缺失。

4. 不能一直執死在「有仁義」的階段，應隨用隨化。

可見他還是肯定仁義的。

然而，筆者質疑：

1. 他既呼應《老子》，認爲要「爲之於未有，治之於未亂」，不能等大家都不仁不義了才高喊仁義，就該交代：一開始該如何去「爲」？如何去「治」？他說不是不要仁義，但不能太過，怎樣才算太過？能否以子之矛，攻子之盾：他說，是非的標準難定，那麼，算不算太矜持拘守的標準，是不是也很難定呢？

2. 因爲「事立則有所不周」，在某方面的德性特別突出，往往也反襯出其他德性的不足，所以張湛要人「居中履和」，不要過與不及，這是對的。然而，道德修養要一步一步來。在現實上並沒有眞正德行完美的人，則尚未覺行圓滿時，本來就會存在某些德行比另一些德行突出的現象，這才是人間的眞實。是以似乎還是要宣導仁義，然後吾人依德目一項一項修練，是比較實際可行的進路。

3. 仁義容易爲人用以招名逐利，但不能因此就不要仁義，重點應是如何才能在不廢仁義的情況下杜絕這種現象？即：如果提倡會招致詐僞，如何在不提倡的情況下，又能同時教化百姓，使其一心向善呢？張湛提出「取用捨失」的觀點是對的。至於實際上如何落實，是技術層面的問題。

4. 仁義雖可能成爲人心的枷鎖或負擔，但有時道德的抉擇是「兩害相權而取其輕」的。楊朱但知有己，而人不能離群索居，孔子尚且要到七

十歲才「從心所欲不逾矩」，既然一般人從心所欲、無所約束都有可能逾矩，則作為群居動物的人類，當然還是得有所規範。有時多少就得「約束」自己的自由，以免妨礙到別人的自由。可是約束不盡然都是負面的，因為它同時也是保護。你不能損害別人的權益，但別人同樣也不能損害你的權益。個人如果為了免於束縛而罔顧禮法，難免與人發生衝突。則「用而不執」雖是理想，而「動遵法度」雖有違自然，但道德實踐既然本須經過由「感到束縛」到「自然而為」的過程。則和〈楊朱〉篇那些完全不顧禮法的人比起來，行仁義而仍覺有束縛，弊端是不是還少一些？且仁義禮法何以會成為束縛？有兩種可能：一、此人欲為惡，但卻為禮法所不容許。二、不欲為善，仁義等德目卻趨此人為善。關鍵即在於：此為善去惡之行，不是發自我的本心，而是受制於外在的道德規範，所以道德規範成了桎梏。除非一個人老想「為惡去善」，否則，縱使活在此一有仁義禮法的人間，真有這麼不自在嗎？換句話說，如果心中本無作惡之欲望，或本有為善之欲望，如何還會覺得仁義禮法是束縛呢？對不欲作惡的人而言，禮法簡直等於不存在；對本欲為善的人而言，仁義的規範也等於不存在。道家的理想原亦在此，一個人修養到後來，心地乾淨光明，是不會再以仁義禮法為束縛的。那同時也意味著：也不再需要刻意以之約束自己，而自然所行皆善了。

這裡其實就可以看出一個疑點，即：張湛所謂的仁義禮法，內容究竟為何？他雖對仁義予以肯定，但他似乎只把仁義禮法當作政教的工具。至少，他所提到的多是它們在政教上的功能。制度節文、人倫秩序等等雖必以仁義為精神內涵，但這些外在體制能否保得住仁義的真實內涵殆不無疑慮。在孔孟處，仁義禮法於人心皆有其內在的根源，強調人當本此根源去擴充體認，而開出內聖外王的修養工夫。張湛不曾交代仁義內在的根源，即無法確立仁義的必然性，則仁義只是形而下的、外在的客觀制度，只是節文，只是「跡」，於孔孟所言仁義之內涵終未能盡。因此，筆者以為，對於名教，張湛尚未能重新賦予它新的時代意義，亦不能真正調和自然與名教。他最大的貢獻，恐怕還在矯正〈楊朱〉篇過度放逸、無視名教之失。

第五章　結　論

第一節　張湛《列子注》思想概述

在總結張湛整體思想之際，筆者首先注意到：張湛賦予道家所重視的「自然」一詞更多的內涵。他在《列子注》中所使用的「自然」一詞有下列幾種意義，以下圖展現：

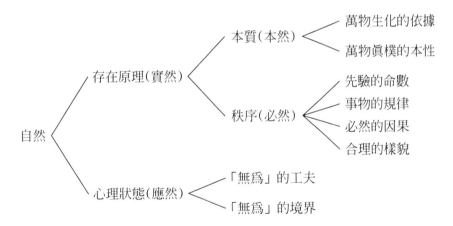

下面予以分說：

一、存在原理

（一）萬物的本質

1.萬物生化的依據

〈天瑞〉篇：「自生自化，自形自色，自智自力，自消自息」句下注：

「皆自爾耳，豈有尸而爲之者哉？」其中「自爾」即是「自然」。

「天地安從生」句下注：「天地無所從生，而自然生。」

「知天地之德者，孰爲盜耶？孰爲不盜耶？」句下注：「天地之德何耶？自然而已。」

〈湯問〉篇：「亦有不待神靈而生，不待陰陽而形，不待日月而明」句下注：「夫生者自生，形者自形，明者自明，忽然自爾，固無所因假也。」《注》中的「自爾」即爲「自然」。

〈力命〉：「窈然無際，天道自會；漠然無分，天道自運。」句下注：「無際無分，是自然之極；自會自運，豈有役之哉？」

這些例句中的「自然」即爲「道」。在〈天道觀〉一文已討論過，此義之自然強調「天無意志」的特質。天地萬物生死消長，其道自然，無所假借，並非人格神操控的結果。

2. 萬物真樸的本性

〈黃帝〉篇：「其天守全，其神無郤，物奚自入焉？」句下注：「自然之分不虧，則形神全一，憂患奚由而入也？」

〈仲尼〉篇：「立我蒸民，莫匪爾極。不識不知，順帝之則。」句下注：「夫能使萬物咸得其極者，不犯其自然之性也。」

「無言與不言，無知與不知，亦言亦知」句下注：「比方亦復欲全自然，處無言無知之域，此即復是遣無所遣，知無所知。遣無所遣者，未能離遣；知無所知者，曷嘗忘知？固非自然而忘言知也」〔註1〕

這裡的「自然」是不經後天經驗、文化陶冶、甚至破壞之前的「自然之性」。是「聖人論」所欲「復其初」的狀態。

（二）宇宙的秩序

1. 先驗的命數

〈黃帝〉篇：「不知吾所以然而然，命也」句下注：「自然之理不可以智知；知其不可知，謂之命也。」

〈仲尼〉篇：「樂天知命故不憂」句下注：「天者，自然之分；命者，

〔註1〕 此句中「自然」一詞出現兩次。前者指自然之性，後者指「自然而然地」、不刻意造作之謂。這裡取前者。

窮達之數也。」

〈力命〉篇:「不知所以然而然,命也。」句下注:「自然之理,故不可以智知。」

「天福也」句下注:「自然生耳,自然泰耳,未必由仁德與智力」、「自然死耳,自然窮耳,未必由凶虐與愚弱。」

「農有水旱,商有得失,工有成敗,仕有遇否,命使然也」句下注:「自然冥運也」

「汝(西門子)之達,非智得也;北宮子之窮,非愚失也。皆天也,非人也」句下注:「此自然而然,非由人事巧拙也。」

〈楊朱〉篇:「生非所生,死非所死;賢非所賢,愚非所愚,貴非所貴,賤非所賤」句下注:「皆自然爾,非能之所爲也」

〈楊朱〉:「賢愚、貴賤非所能也,臭腐、消滅亦非所能也——萬物齊生齊死,齊賢齊愚,齊貴齊賤」句下注:「皆同歸於自然」張湛的意思是說,不論生死、賢愚、貴賤,都不是人力所能控制的,都要歸結到「自然」。此處的「自然」即是「命」。

這些例句中的「自然」意同於「命」。涵「無以解釋」和「沒有條件」之義。

2. 事物的規律

〈天瑞〉:「有生則復於不生,有形則復於無形」句下注:「生者反終,形者反虛,自然之數也。」

〈黃帝〉:「夫喜之復也必怒,怒之復也常喜,皆不中也」句下注:「不處中和,勢極則反,必然之數」其中的「必然」完全可以改成「自然」。

〈仲尼〉:「目將眇者,先睹秋毫;耳將聾者,先聞蚋飛;口將爽者,先辨淄澠;鼻將窒者,先覺焦朽;體將僵者,先亟犇佚,心將迷者,先識是非」句下注:「目耳口鼻身心此六者常得中和之道,則不可渝變。居亢極之勢,莫不頓盡:故物之弊必先始於盈滿,然後之於虧損矣。窮上反下,極盛必衰,自然之數。」

道家認爲事物的運動和變化莫不依循某些規律。其中一個規律就是「反」——事物向相反的方向運動發展。同時,事物的運動發展總要返回到原來基

始的狀態。因而，「反」字可作相反講，也可作「返回」講。張湛認爲「生者反終，形者反虛」、「窮上反下，極盛必衰」、「勢極則反」，都是「自然之數」。這裡的「自然」特別突出「物極必反」這樣的軌道，而有「必然」的意味。

3. 必然的因果

〈黃帝〉：「養一己其患如此，治萬物其患如此」句下注：「惟任而不養，縱而不治，則性命自全，天下自安也」《注》中的「自」字應解爲「自然」。

〈周穆王〉：「光影所照，王目眩不能得視；音響所來，王耳亂不能得聽。百骸六藏，悸而不凝。意迷精喪，請化人求還」句下注：「太虛恍惚之域，固非俗人之所涉。心目亂惑，自然之數也」

「非祈請之所禱」句下注：「夫信順之可以祈福慶，正誠之可以消邪僞，自然之勢也。」

〈仲尼〉：「有所由而常死者，亦道也」句下注：「行必死之理，而之必死之地；此事實相應，亦自然之道也」

〈力命〉：「天地不能犯」句下注：「天地雖大，不能違自然也」

〈說符〉：「利出者實及，怨往者害來」句下注：「利不獨往，怨不偏行，自然之勢。」

（說符廿七）注：「在智則人與之訟，在力則人與之爭，此自然之勢也。未有處名利之衝，患難不至者也。」

這裡的「自然」含「若 a 則 b」的邏輯。而「天地雖大，不能違自然也」，這樣的邏輯，是即使像天地那樣偉大亦不能違反的。和「命」不同的是，此處的「作爲」和「結果」間，有合理的因果關係；而「命」則無以解釋，甚至還會出現「行爲」和「應該會有的結果」相乖違的現象。

4. 合理的樣貌

〈湯問〉：「九土所資，或農或商，或田或漁；如冬裘夏葛，水舟陸車。默而得之，性而成之」句下注：「夫方土所資，自然而能，故吳越之用舟，燕朔之乘馬，得之於水陸之宜，不假學於賢智。慎到曰：『治水者茨防決塞，雖在夷貊，相似如一。學之於水，不學之於禹也。』」

〈說符〉:「爭魚者濡，逐獸者趨，非樂之也」句下注:「自然之勢自
應濡走」

吳越人以其爲水路而用舟，燕朔以其爲陸路而乘馬，什麼樣的環境，人就會
發展出什麼樣的因應之道。爭魚者須親水方可得魚，追獸不加快腳程不能得
獸，這樣的動作，皆是各種條件具足後，隨順現況發展出來的，故所呈現者
皆爲合理的狀態，因此是自然而然、不待學習的。

　　當「自然」指「宇宙的秩序」時，不論可否解釋，皆有「必然」的意味。
而不論「本質」或「秩序」，皆是世界眞實存在的樣相或規則，而涵「實然」
義。

二、心理狀態

（一）工夫

〈天瑞〉:「行不知所往，處不知所持，食不知所以。」句下注:「皆
在自爾中來，非知而爲之也。」句中的「自爾」等於「自然」。

〈黃帝〉:「其民無嗜欲，自然而已」句下注:「自然者，不資於外
也。」

〈湯問〉:「徐以氣聽」句下注:「氣者，任其自然而不資外用也。」

「不待舟車而行，其道自然」句下注:「自然者，都無所假也。」

〈力命〉:「於彼我而有二心者，不若揜目塞耳，背坂面隍亦不墜仆
也」句下注:「此明用智計之不如任自然也。」

（二）境界

〈黃帝〉:「脩汝所以，而後載言其上」句下注:「言治汝所用仁義之
術，反於自然之道，然後可載此言於身上也。」

「至言去言，至爲無爲。齊智之所知，則淺矣。」句下注:「言爲都
忘，然後物無疑心。限於智之所知，則失之遠矣。或有疑丈人假爲
形以獲蟬，海童任和心而鷗游，二情相背，而同不忤物。夫立言之
本，各有攸趣。似若乖互會歸不異者，蓋丈人明夫心慮專一，猶能
外不駭物，況自然冥至，形同於木石者乎？至於海童，誠心充於內，
坦蕩形於外；雖非能利害兩忘，猜忌兼消，然輕羣異類，亦無所多
怪。」

〈周穆王〉：「而積年之疾一朝都除」句下注：「上句云使巫醫術之所絕思而儒生獨能已其所病者，先引華子之忘同於自然，以明無心之極，非數術而得復推。」

〈仲尼〉：「由生而生，故雖終而不亡，常也。」句下注：「老子曰：『死而不亡者壽。』通攝生之理，不失元吉之會，雖至於死，所以爲生之道常存。此賢人之分，非能忘懷闇得自然而全者也。」

「無言與不言，無知與不知，亦言亦知」句下注：「比方亦復欲全自然，處無言無知之域，此即復是遣無所遣，知無所知。遣無所遣者，未能離遣；知無所知者，曷嘗忘知？固非自然而忘言知也。」

「唯默而得之而性成之者得之」句下注：「自然無假者，則無所失矣。」

（說符卅一）注：「不以從馬醫爲恥辱也。此章言物一處極地，分既以定，則無復廉恥；況自然能夷得失者乎？」

「工夫」與「境界」須合併來看。不論是「工夫」或「境界」義的「自然」皆可視爲「無爲」。「無爲」是化除機心、智巧、成見與欲望的「工夫」。化除淨盡之後，自然達到無所爲而爲，不刻意造作、渾然天成的「境界」。此義的「自然」實涵「應然」義。

這個架構要如何貫串張湛的思想體系呢？一切得從「天道觀」說起。作爲萬物生化的依據，道自然無爲，自生自化，周遍萬物，即成爲萬物眞樸的本性。就「認識」活動而言，一、道本身雖是完滿無缺的，但作爲萬物之一的人類，其稟受於自然之道的本性，卻受到凡夫之軀重重的缺陷所限制，是以天生材質呈現出凡聖之別。二、道雖爲永恒而無限，然個人因生命長短及生活經驗的限制，無以盡知天地萬物，也妨礙對道的認識。張湛主張，超出自然之性所能知者，即應安於無知。三、道本無心，然人類後天違反自然的成心造作，使人類的認識受到蒙蔽，而難以體知本原之道，是以人應盡可能化除成心對認識眞知造成的阻撓。這是從認識主體而言。從認識客體說，則道渾淪整全，但依之以生的萬物千差萬殊，人不可能網羅無遺。既是如此，與其向外求不可窮之知，不如反觀內省。從認識的媒介說，天道既有「超知性」，難以言詮，同時也限制住人認識道的可能，則人應剝落名言的障蔽，體認名言背後所蘊含的眞理。從認識的標準說，道體絕對，但現象界的價值卻

往往是相對的。以之認識對象物，難免偏而不全。只有全面觀照，庶幾不致淪為一曲之知。

從對「命」的觀點而言：如上所示，張湛有些例句中的「自然」與「命」可以畫上等號。這是先天預定的部分。既是先天預定，當然無以理解，也無法掌控。但「命」另有積行而致者。這也是「自然」，屬於「必然的因果」。這是我們可以掌握的部分，吾人應於此處特別下工夫。

關於對生死的看法：張湛提出兩種說詞，企圖淡化或解除人對死亡的恐懼。首先，在道家「生命轉化」的基礎上，重申生命只是「一氣」之轉。形軀死亡之後，此「一氣」會藉著此死彼生的方式，延續另一形式的存在。這是宇宙的秩序，也是事物自然的規律。換句話說，死不永滅，不必擔心此生之樂隨死亡而完全消失。況且，死亡亦意味著：此生之苦的終結，所以不一定是壞事。筆者前面提過，這兩種說法有其矛盾之處。如死不永滅，此生之苦是否要帶到下一個存在的形式而繼續承受？則生豈不比死更可怕？反過來說，若死亡代表此生之苦的終結，則此生之樂是否豈非亦同時消失？這是張湛沒有注意到的問題。

最後要提到張湛的理想人格。不管張湛談了多少天道、認識、命、生死……其最終目的還是對完美人格的追求〔註2〕。理想的人格境界為何，一言以蔽之，當然是「自然」。即上圖中所謂的「無為」。具體言之，聖人透過去知去欲的工夫，回歸到真樸的「本然」，才能體認先驗的命數，了解事物間必然的因果關係，掌握事物發展的規律而為──換言之，聖人觀察「實然」而知其「應然」。如此，則生死窮通不足掛懷。故外在的限制已不再是限制，不足以妨害聖人精神之超昇上達。這樣的聖人，不違本性，而自然不犯名教。

第二節　張湛《列子注》的貢獻

筆者以為，張湛《列子注》的貢獻，主要有下列幾點：

一、疏通《列子》

包括對字、詞、句、章、篇等意義的解釋。這是一個注解家最基本的

〔註2〕 見李澤厚《中國古代思想史論》（風雲時代出版社，民國79年8月初版），頁227。

工作。

二、修正思想

如本文所述，《列子》書中〈力命〉篇對人的智力採過分悲觀的心態；〈楊朱〉篇則過分放逸。凡此，張湛《注》皆曲為之說，並發攄自己較持平的看法。

三、文獻保存

張湛在注文中多援引文獻作為自己的意見，保留文獻的貢獻是無可置疑的。

（一）向郭注疑案

在〈緒論〉中，筆者羅列出張湛所引向秀與郭象的注文。《列子》部分章節與《莊子》重疊。重疊的部分，張湛就引用他們的注。據《晉書·郭象傳》謂：「先是注莊子者數十家，莫能究其旨統。向秀於舊注外而為解義，妙演奇致，大暢玄風，惟秋水、至樂二篇未竟而秀卒。秀子幼，其義零落，然頗有別本遷流。象為人行薄，以秀義不傳於世，遂竊以為己注，乃自注秋水、至樂二篇，又易馬蹄一篇，其餘眾篇或點定文句而已。其後秀義別本出，故今有向、郭二莊，其義一也。」〔註3〕當時向郭兩注各自存在，後來向注失傳，而今惟於《列子注》中尚可見其片段。有關《莊子注》的疑案，可從張湛注對向、郭的標明獲得對照〔註4〕。

（二）重要學說

1. 前說向秀的自生說，目前只有在張湛的《列子注》才看得到。

2. 何晏〈道論〉、〈無名論〉

〈天瑞〉篇：「能陰能陽，能柔能剛，能短能長，能員能方，能生能死，能暑能涼，能浮能沉，能宮能商，能出能沒，能玄能黃，能甘能苦，能羶能香。無知也，無能也，而無不知也，而無不能也。」句下，張氏引何晏〈道論〉為注曰：「有之為有，恃無以生；事而為事，由無以成。夫道之而無語，

〔註3〕 晉書，頁1397。
〔註4〕 可是這個疑案至今尚未「定案」。湯一介以之判定：郭象只是對向《注》「述而廣之」，而非「竊以為己注」。見《郭象與魏晉玄學》第五章；周紹賢卻認為是郭象竊取向《注》。見《列子要義》，頁15。

名之而無名，視之而無形，聽之而無聲，則道之全焉。故能昭音響而出氣物，包形神而章光影；玄以之黑，素以之白，矩以之方，規以之員。員方得形而此無形，白黑得名而此無名也。」

　　〈仲尼篇〉：「蕩蕩乎民無能名焉」句下，張湛引何晏〈無名論〉曰：「為民所譽，則有名者也；無譽，無名者也。若夫聖人，名無名，譽無譽，謂無名為道，無譽為大。則夫無名者，可以言有名矣；無譽者，可以言有譽矣。然與夫可譽可名者豈同用哉？此比於無所有，故皆有所有矣。而於有所有之中，當與無所有相從，而與夫有所有者不同。同類無遠而相應，異類無近而不相違。譬如陰中之陽，陽中之陰，各以物類自相求從。夏日為陽，而夕夜遠與冬日共為陰；冬日為陰，而朝晝遠與夏日同為陽。皆異於近而同於遠也。詳此異同，而後無名之論可知矣。凡所以至於此者何哉？夫道者，惟無所有者也。自天地已來皆有所有矣；然猶謂之道者，以其能復用無所有也。故雖處有名之域，而沒其無名之象；由以在陽之遠體，而忘其自有陰之遠類也。」何晏此兩篇論述早已絕傳，今幸猶能於《列子注》得見一斑。

　　3. 其他如：〈湯問〉篇：「九土所資，或農或商，或田或漁；如冬裘夏葛，水舟陸車。默而得之，性而成之。」句下，張湛引慎到之言曰：「治水者茨防決塞，雖在夷貊，相似如一。學之於水，不學之於禹也。」及〈仲尼〉篇引何晏〈無名論〉後又引夏侯玄的講法：「天地以自然運，聖人以自然用。自然者，道也。道本無名，故老氏曰彊為之名。仲尼稱堯蕩蕩無能名焉，下云巍巍成功，則彊為之名，取世所知而稱耳。豈有名而更當云無能名焉者邪？夫唯無名，故可得以天下之名名之；然豈其名也哉？惟此足喻而終莫悟，是觀泰山崇崛而謂元氣不浩芒者也。」

四、保存古字、名物、軼事等

（一）古字

　　如頁 220〈楊朱〉：「何以异哉？」句下，張湛注曰：「异，異也，古字」

（二）名物

　　如頁 92〈周穆王〉有幾個注：「笄，首飾；珥，瑱也」「阿，細縠；錫，細布」「芷若，香草」「承雲，黃帝樂；六瑩，帝嚳樂；九韶，舜樂；晨露，湯樂」「袪，衣袖也」等，不一而足。

（三）軼事

頁數	《列子》原文	張湛注文
135	而位之者無知，使之者無能，而知之與能爲之使焉	荀粲謂傅嘏夏侯玄曰：「子等在世，榮問功名勝我，識減我耳。」嘏玄曰：「夫能成功名者識也，天下孰有本不足而有餘於末者邪？」答曰：「成功名者志也，局之所弊也。然則志局自一物也，固非識之所獨濟。我以能使子等爲貴，而未必能濟子之所爲也。」
140	後鏃中前括，鈞後於前	近世有人擲五木，百擲百盧者，人以爲有道，以告王夷甫。王夷甫曰：「此無奇，直後擲如前擲耳。」庾子嵩聞之，曰：「王公之言闇得理。」皆此類也〔註5〕。
141	矢注眸子而眶不睫，盡矢之勢也	劉道眞語張叔奇云：「嘗與樂彥輔論此云，不必是中賢之所能，孔顏射者則必知此。」

古今注書家都少用今事以證古事，張湛這些注可補史事之闕。

〔註5〕 王夷甫即王衍，見《晉書》卷四十三〈王戎傳〉，庾子嵩即庾敳，見《晉書》卷五十〈庾峻傳〉。此事未見於《晉書》，亦爲《世說新語》所不載。

重要參考文獻

一、專著

【列子】

1. 《列子要義》，周紹賢，臺灣中華，1983.07，初版。
2. 《列子集釋》，楊伯峻，華正，1987.09，初版。
3. 《列子譯注》，嚴捷、嚴北溟，仰哲，1987.11。
4. 《列子探微》，蕭登福，文津，1990.03。
5. 《列子讀本》，莊萬壽，三民，1991.02，6 版。
6. 《列子辯誣及其中心思想》，嚴靈峰，文史哲，1994.08，文 1 版。

【古籍】

1. 《四書集註》，朱熹，世界，1952.07，台 1 版。
2. 《十三經注疏》，阮元，藝文，1955.04，初版。
3. 《韓非子集解》，王先慎集註，商務，1956.04 臺初版。
4. 《漢書》，班固，中華，1962，初版。
5. 《老子》，王弼注，新興，1963.04，新 1 版。
6. 《後漢書》，范曄，中華，1965.05，初版。
7. 《弘明集》，四部叢刊，上海商務印書館縮印，宋刊本，1965，初版。
8. 《韓詩外傳》初編，四部叢刊，上海商務印書館編印，天一閣刊本，1965，初版。
9. 《偽書通考》，張心澂編著，明倫，1970 年版。
10. 《諸子集成》，楊家駱主編，世界，1972，初版。
11. 《宋書新校本》三，楊家駱主編，鼎文，1977，初版。

12. 《晉書新校本》，楊家駱主編，鼎文，1977，初版。

13. 《文選》，蕭統，華正，1977.05，初版。

14. 《無求備齋易經集成》，嚴靈峰編輯，成文。

15. 《關尹子評註》，中國子學名著集成編印基金會，1978.12，初版。

16. 《文子纘義》，中國子學名著集成編印基金會，1978.12，初版。

17. 《抱朴子》，葛洪，中國子學名著集成編印基金會，1978.12，初版。

18. 《嵇中散集》，張燮輯，文津，1979年重校精印。

19. 《晉書》，房玄齡，鼎文，1983.07，4版。

20. 《後漢書集解》，王先謙，中華，1984，初版。

21. 《世說新語箋疏》，余嘉錫，華正，1984.09。

22. 《老子釋譯》，朱謙之，里仁，1985.03。

23. 《三國志》，陳壽，鼎文，1987年版。

24. 《魏書》，鼎文，1987.05，5版。

25. 《素問今釋》，啓業，1988.04，再版。

26. 《荀子集解》，王先謙，華正，1988.08，初版。

27. 《裴啓語林》，裴啓撰、周楞伽輯注，文化藝術，1988.12，1版。

28. 《史記會注考證》，瀧川龜太郎，洪氏，1990年版。

29. 《魏晉玄學資料選編》，北京中華，1990.05北京第一次印刷。

30. 《莊子集釋》，郭慶藩編，萬卷樓，1993.03，初版2刷。

31. 《莊子通・莊子解》，王夫之，里仁，1995.04，初版3刷。

32. 《景德傳燈錄》，張華釋譯，佛光山宗務委員會，1997，初版。

33. 《春秋繁露》，董仲舒，明天啓乙丑西湖沈氏花齋刊本。

34. 《顏氏家訓》，顏之推，抱經堂校定本。

【玄學】

1. 《魏晉思想》，賀昌群等，里仁，1984.01。

2. 《郭象與魏晉玄學》，湯一介，谷風，1987.03。

3. 《魏晉玄學史》，許抗生等，陝西師大，1989年版，1刷。

4. 《魏晉思想與談風》，何啓民，學生，1990.06，4刷。

5. 《嵇康研究及年譜》，莊萬壽，學生，1990.10，初版。

6. 《魏晉清談》，唐翼明，東大，1992.10，初版。

7. 《魏晉玄學探微》，趙書廉，河南人民，1992.12，初版1刷。

8. 《才性與玄理》，牟宗三，學生，1993.02，修訂8版台7刷。

9. 《六朝社會文化心態》，趙輝，文津，1996.01，初版。

10. 《王弼評傳》，王曉毅，南京大學，1996.02，1刷。

11. 《玄學通論》，王葆玹，五南，1996.04，初版1刷。

12. 《張湛評傳》，馬良懷，廣西教育，1997.07，第一版。

13. 《郭象玄學》，莊耀郎，里仁，1998.03，初版。

14. 《中國哲學發展史》·魏晉南北朝，任繼愈主編，人民，1998.05，1版2刷。

15. 《魏晉士人之思想與文化研究》，尤雅姿，文史哲，1998.09初版。

【道家】

1. 《莊子及其文學》，黃錦鋐，東大，1984.09，再版。

2. 《莊學蠡測》，劉光義，學生，1986.05，初版。

3. 《莊子哲學中天人之際研究》，金白鉉，文史哲，1986.08，初版。

4. 《莊子思想及其藝術精神之研究》，鄭峰明，文史哲，1987.10，初版。

5. 《儒道天論發微》，傅佩榮，學生，1988.08，2刷。

6. 《莊子今註今譯》，陳鼓應，商務，1989.05，9版。

7. 《莊子哲學》，陳鼓應，商務，1989.05，增訂18版。

8. 《老子今註今譯》，陳鼓應，商務，1990.03，修訂13版。

9. 《莊子的生命哲學》，葉海煙，東大，1990.04，初版。

10. 《老莊思想論集》，王煜，聯經，1990.05，第3印。

11. 《老子的哲學》，王邦雄，東大，1991.04，7版。

12. 《逍遙的莊子》，吳怡，東大，1991.04，3版。

13. 《莊學中的禪趣》，劉光義，商務，1991.09，初版2刷。

14. 《莊學新探》，陳品卿，文史哲，1991.10，再版2刷。

15. 《莊老通辨》，錢穆，東大，1991.12，初版。

16. 《莊子》，陳冠學譯，三民，1992.02。

17. 《莊子》，吳光明，東大，1992.09，再版。

18. 《司馬遷與老莊思想》，劉光義，商務，1992.09，2版1刷。

19. 《老莊研究》，胡楚生，學生，1992.10，初版。

20. 《智慧的老子》，張起鈞，東大，1992.11，重印再版。

21. 《禪與老莊》，吳怡，三民，1992.11，8版。

22. 《莊子纂箋》，錢穆，東大，1993.01，重印4版。

23. 《老莊新論》，陳鼓應，五南，1995.04，初版2刷。

24. 《道家文化研究》14 輯，陳鼓應主編，三聯，1998.07，1 版 1 刷。

25. 《道家文化研究》15 輯，陳鼓應主編，三聯，1999.03，1 版 1 刷。

26. 《道家史論》，莊萬壽，萬卷樓，2000.04，初版。

【中國哲學通論】

1. 《中國倫理學史》，蔡元培，影印本，1910 年，初版。

2. 《中國哲學原論》·原性篇，唐君毅，學生，1979 年，4 版。

3. 《中國歷史研究法》，梁啓超，商務，1981。

4. 《美的歷程》，李澤厚，谷風，1987.11，初版。

5. 《中國哲學思想史·先秦篇》，羅光，學生，1987.11，增訂重版 2 刷。

6. 《國史大綱》，錢穆，商務，1990.03，修訂 17 版。

7. 《中國古代思想史論》，李澤厚，風雲，1990.08，初版。

8. 《管錐編》（二），錢鍾書，書林，1990.08。

9. 《中國人性論史》，徐復觀，商務，1990.12，10 版。

10. 《中國古代文化的特質》，許倬雲，聯經，1991.11，第 2 次印行。

11. 《中國哲學十九講》，牟宗三，學生，1991.12，4 刷。

12. 《中國哲學史新編》，馮友蘭，藍燈，1991.12，初版。

13. 《中國哲學史話》，張起鈞、吳怡，東大，1992.02，重印再版。

14. 《中國藝術精神》，徐復觀，學生，1992.07，初版 11 刷。

15. 《中國哲學史》，勞思光，三民，1993.10，7 版。

16. 《中國知識階層史論》·古代篇，余英時，聯經，1997.04，初版 5 刷。

17. 《中國人文精神之發展》，唐君毅，學生。

【其他】

1. 《論語譯注》，楊伯峻，藍燈，1987.09，初版。

2. 《荀子學說》，陳大齊，中國文化大學，1989.06，新一版。

3. 《黃老學說與漢初政治平議》，司修武，學生，1992.06，初版。

4. 《論語思想體系》，邱鎮京，文津，1992.08，增訂 3 版。

5. 《孔門弟子志行考述》，蔡仁厚，商務，1992.09，2 版 1 刷。

6. 《荀子與古代哲學》，韋政通，商務，1992.09，2 版 1 刷。

7. 《佛教的概念與方法》，吳汝鈞，商務，1992.11，初版 2 刷。

8. 《簡明佛學概論》，于凌波，東大，1993.08，再版。

9. 《睡眠及其障礙》，洪祖培、林克明主編，水牛，1976.04，初版。

10. 《知識論》，趙雅博，幼獅，1979 年。

11. 《認識你的頭腦》，洪祖培、邱浩彰，健康，1991.12，2 版。

12. 《如何使思想正確》，林炳錚譯，協志，1992.06，初版 20 刷。

13. 《夜間風景——夢》，王溢嘉，野鵝，1993.02，3 版。

14. 《生命與科學對話錄》，王溢嘉譯輯，野鵝，1993.11，8 版。

15. 《賽琪小姐體內的魔鬼》，王溢嘉，野鵝，1994.04，9 版。

16. 《教育心理學》，張春興主編，東華，1997.03，修訂版 2 刷。

17. 《驚異的假說》，克里克，天下，1997.03，初版。

18. Living With Our Genes Dean Hamer And Peter Copeland Doubleday 1998.05，初版。

二、期刊論文

1. 〈劉向列子敘錄非偽作——馬敘倫列子偽書考匡正之一〉，馬達，《大陸雜誌》94 卷 4 期。

2. 〈朱熹認為佛書剽掠列子——列子辨偽文字輯略匡正之一〉，胡昌五，《大陸雜誌》90 卷 5 期。

3. 〈列子一書之真偽及其思想考述〉，陳玉台，《學粹雜誌》15 卷 2 期。

4. 〈列子評述〉，辛冠潔，《中國哲學史研究》1986 年 3 期。

5. 〈列子評述〉（續），辛冠潔，《中國哲學史研究》1986 年 4 期。

6. 〈列子神秘思想之意旨〉（一），楊汝舟，《中華易學》4 卷 6 期。

7. 〈列子神秘思想之意旨〉（二），楊汝舟，《中華易學》4 卷 7 期。

8. 〈列子神秘思想之意旨〉（三），楊汝舟，《中華易學》4 卷 9 期。

9. 〈列子神秘思想之意旨〉（四），楊汝舟，《中華易學》4 卷 10 期。

10. 〈列子神秘思想之意旨〉（五），楊汝舟，《中華易學》4 卷 11 期。

11. 〈列子神秘思想之意旨〉（六），楊汝舟，《中華易學》4 卷 12 期。

12. 〈列子學述〉，吳康，《中華文化復興月刊》1 卷 8 期。

13. 〈列子思想概述〉，陳宗賢，《高雄工商專學報》23 期。

14. 〈列子的幾點意思〉，杜而未，恒毅 8 卷 10 期。

15. 〈略論列子書中的哲學思想〉，周世輔，《中國憲政》4 卷 1 期。

16. 〈列子的宇宙理論〉，譚家健、李淑琴，《遼寧大學學報》1978 年 4 期。

17. 〈列子宇宙論的科學因素〉，楊伯峻，《求索》1982 年 2 期。

18. 〈列子天道觀——兼論魏晉之「自生」說〉，蕭登福，《中華文化復興月刊》15 卷 7 期。

19. 〈論列子貴虛的人生哲學〉，錢耕森、李季林，《孔孟月刊》33 卷 7 期。

20. 〈列子種有幾章的新解〉，莊萬壽，《大陸雜誌》59 卷第 2 期。

21. 〈列子生死學研究〉，鄭基良，《哲學雜誌》14 期。

22. 〈從黃帝篇之義理結構論列子養生觀〉，王令樾，《輔仁國文學報》11 期。

23. 〈列子書中的孔子〉，連清吉，《中國文化月刊》69 年 12 月。

24. 〈論列子的有無、名教觀〉，李季林，《孔孟月刊》35 卷 10 期。

25. 〈列子楊朱篇的思想〉，莊萬壽，《師大國文學報》3 期。

26. 〈列子楊朱思想結構初探〉，蔡維民，《哲學與文化》19 卷 12 期。

27. 〈列子楊朱篇的意識形態〉，鄭志明，《鵝湖月刊》5 卷 12 期。

28. 〈列子楊朱篇人生哲學探微〉，鄭曉江，《江西大學學報》1988 年 3 期。

29. 〈列子楊朱篇享樂主義倫理學批判〉，舒莘，《華東師大學報》1965 年 2 期。

30. 〈列子天瑞、楊朱篇生死觀比較研究〉，李增，《哲學年刊》10 期。

31. 〈老列莊三子書中被廣泛誤解的幾個問題〉，嚴靈峰，《東方雜誌復刊》15 卷 6 期。

32. 〈列子新證——列子與黃老學派思想的關係〉，莊萬壽，《師大學報》30 期。

33. 〈列子張湛注纂要〉，封思毅，《中國國學》23 期。

34. 〈略論張湛的哲學思想〉，陳戰國，《中國哲學史研究》1983 年 4 期。

35. 〈論張湛儒道互補的政治理想〉，馬良懷，《江西論壇》1996 年。

36. 〈從張湛列子注和郭象莊子注的比較看魏晉玄學的發展〉，湯一介，《中國哲學史研究》1981 年 1 期。

37. 〈阮籍和他的達莊論〉，黃錦鋐，《師大國文學報》22 期。

三、學位論文

1. 《列子神話寓言研究》，黃美媛，師大國文研究所碩士論文，1985。

2. 《張湛列子注貴虛思想研究》，吳慕雅，政大中文研究所碩士論文，1985。

3. 《王弼玄學》，莊耀郎先生，臺灣師大博士論文，1991。

4. 《列子「命」概念及其相關問題研究》，謝如柏，台大中文研究所碩士論文，1999。

5. 《張湛列子注與列子思想關係之研究》，鄭宜青，政大中文研究所碩士論文，2000。